Ces Françaises
qui ont fait l'Europe

Dans la même collection

Nicole G. Albert, *Saphisme et décadence dans Paris fin-de-siècle*, La Martinière, 2005.

*Quand les femmes s'en mêlent. Genre et pouvoi*r (sous la dir. de Christine Bard, Christian Baudelot, Janine Mossuz-Lavau), La Martinière, 2004.

Les Enfants des Limbes. Mort-nés et parents dans l'Europe chrétienne, par Jacques Gélis, Louis Audibert, 2006.

Les Grands Reporters. Les débuts du journalisme moderne, par Marc Martin, Louis Audibert, 2005.

Le Culte des grands hommes. Des héros homériques au star system, par Georges Minois, Louis Audibert, 2005.

Histoire du mal de vivre. De la mélancolie à la dépression, par Georges Minois, La Martinière, 2003.

Les Inventeurs de la philanthropie juive, par Nora Seni, La Martinière, 2005.

Yves Denéchère

Ces Françaises
qui ont fait l'Europe

Éditions Louis Audibert

Du même auteur

La Politique étrangère de la France de 1931 à 1936. Une pratique française de rapports inégaux, Paris, L'Harmattan, 1999.

Jean Herbette (1878-1960), journaliste et ambassadeur, Paris, ministère des Affaires étrangères, PIE/Peter Lang, 2003, coll. « Diplomatie et Histoire ».

Femmes et diplomatie. France – xxᵉ siècle (dir.), PIE/Peter Lang, coll. « Regards sur l'International », 2004.

Femmes et relations internationales au xxᵉ siècle (dir. avec Jean-Marc Delaunay), Presses de la Sorbonne Nouvelle, 2006.

À Christine, Cécile, Alice et Irène

Avant-propos

« La place au soleil européen, pendant quelques années,
on nous l'a laissée, et nous les femmes on l'a prise. »

Nicole Péry, députée européenne de 1981 à 1997.

10 juin 1979 : pour la première fois, les Français sont appelés à
élire leurs députés à Strasbourg. Du côté de la majorité, le président
Giscard d'Estaing cherche des candidates et impose facilement
Simone Veil en tête de liste : outre sa popularité parmi les femmes,
qui mieux qu'elle peut incarner la volonté de réconciliation franco-
allemande ? Au PS, il est acquis qu'il y aura aussi des candidates.
Mais combien ? Une seule femme a été élue lors des législatives de
l'année précédente... Et Françoise Gaspard, l'une des étoiles mon-
tantes, ne fait pas l'unanimité lorsqu'elle réclame la parité ; la liste
socialiste et radicale de gauche comptera finalement 30 % de femmes.
Mais la question des droits des femmes ne figure guère que sur le programme des écologistes à la fin de ces années MLF où celles qui travaillent passent souvent pour être responsables du chômage et où
bien des mères au foyer aspirent à trouver un emploi.

Les Français ne se sont pas déplacés en masse pour voter. Mais ces
élections marquent bien l'entrée des femmes en politique : alors
qu'au Palais-Bourbon on ne compte que 4 % de députées, elles sont

dix-huit élues sur quatre-vingt-un représentants français. Lorsque Simone Veil quitte le ministère de la Santé, où elle s'est battue pour faire voter la loi sur l'IVG, Valéry Giscard d'Estaing déclare qu'elle « a illustré l'apport indispensable des femmes à la vie publique de la France ». Une « femme-alibi », commentent les féministes. Elle-même en convient. Parmi celles qu'on appelait les « nouvelles dames de Strasbourg », beaucoup racontent aujourd'hui que si on les a envoyées au Parlement européen, c'est précisément qu'il n'avait pas grand pouvoir.

Tout est à construire dans cette Europe qui ne compte alors que neuf États membres. La première mission de Simone Veil, élue à la présidence, est donc de définir le rôle du Parlement et de faire entendre sa voix sur la scène internationale, tout en se détachant du gouvernement français. Les polémiques seront multiples, mais le fait d'être une femme a joué en sa faveur. À Bruxelles et à Strasbourg, d'autres Françaises réussissent à s'imposer par leurs compétences, souvent sans que leurs compatriotes s'en aperçoivent, tant les médias se focalisent sur les lieux de pouvoir de l'Hexagone : les ministères, la direction des grands partis, l'Assemblée nationale.

Les eurodéputés français, eux, se caractérisent par leur absence. S'ils sont là, c'est souvent après un échec au niveau national, et les problèmes de fond de la construction européenne ne les passionnent guère. Pour les hommes, Strasbourg n'est qu'un passage, pour les femmes, ce sera un véritable engagement. Il ne leur faudra pas moins se battre lors des élections suivantes, pour figurer en bonne place sur les listes, à droite comme à gauche. Il en sera encore de même en 1994, quand la liste paritaire, dite « Chabada-bada », conduite par Michel Rocard, provoquera une volée de sarcasmes sexistes.

Dès 1980, une commission *ad hoc* pour les droits des femmes a vu le jour au Parlement de Strasbourg. À sa tête, Yvette Roudy, veut s'attaquer au sexisme européen. Mais la Commission de Bruxelles, qui joue un rôle moteur dans la construction européenne en préparant les grandes échéances, reste « un club fermé, *for men only* » : c'est seulement en 1989 que Christiane Scrivener et une autre femme y seront nommées.

Après l'élection de Mitterrand, en 1981, plusieurs femmes qui ont fait leurs premières armes sur la scène politique à Strasbourg entrent au gouvernement : Édith Cresson est nommée à l'Agriculture, Yvette Roudy devient ministre déléguée chargée des Droits de la femme. Dans l'ombre ou dans la lumière, elles sont une dizaine à jouer un rôle déterminant dans la politique européenne de la France. D'un secrétariat d'État, sous la tutelle du Quai d'Orsay, à un véritable ministère, les Affaires européennes sont à plusieurs reprises aux mains de femmes : Catherine Lalumière, dont l'engagement est récompensé par son élection au secrétariat général du Conseil de l'Europe au moment des grands bouleversements à l'Est ; Édith Cresson qui s'occupe des dossiers européens dans toutes ses responsabilités ministérielles et lorsqu'elle devient Premier ministre ; Élisabeth Guigou à laquelle échoit une difficile partie : l'élaboration et la ratification du traité de Maastricht. Trois autres femmes se verront attribuer ce portefeuille sous la présidence de Jacques Chirac : Noëlle Lenoir, Claudie Haigneré, Catherine Colonna. De 1981 à 2006, pendant onze années, les Affaires européennes ont été entre les mains de femmes : presque la parité en somme ! Et vingt ans après Simone Veil, une autre Française, Nicole Fontaine, est élue à la présidence du Parlement européen. Entre-temps, l'Europe s'est élargie, ses institutions se sont mises en place, l'union monétaire s'est faite.

« Quand cent millions de femmes parleront ensemble, on les écoutera », annonçait un film pour encourager les Européennes à aller voter en 1979. L'égalité professionnelle était au programme du traité de Rome, il y a tout juste un demi-siècle. Si elle n'est pas encore acquise, la société et les mentalités ont changé. Le temps des campagnes machistes qu'a connues Édith Cresson semble aujourd'hui révolu, même si les vieux démons resurgissent parfois. Si la presse s'intéresse toujours à la couleur des tailleurs des femmes politiques, elle parle aussi de leur discours. Leur légitimité n'est plus contestée, du moins à haute voix.

*

Je remercie vivement toutes les actrices et tous les acteurs de cette page d'histoire qui ont bien voulu me recevoir et me confier leur témoignage. Sauf précision contraire en notes de bas de page, les citations qui figurent dans cet ouvrage sont extraites d'entretiens réalisés auprès des protagonistes entre mars 2003 et février 2005.

I

Les femmes,
une chance pour l'Europe

CHAPITRE 1

Des pionnières

L'Europe n'a que des « pères fondateurs » : les hommes politiques européens qui se sont engagés à la fin des années 1940 et dans les années 1950. Parmi eux, pas de femmes, et pour cause : elles n'ont alors pratiquement aucune place dans la vie politique nationale des six États fondateurs. S'il n'y a pas de « mère fondatrice » de l'Europe, historiens et surtout hommes politiques et journalistes se plaisent à évoquer des « grand-mères de l'Europe ». Aliénor d'Aquitaine (XIIᵉ siècle) ou la reine Marie-Amélie (1782-1866) épouse de Louis-Philippe ou, plus encore, la reine Victoria (1819-1901) sont ainsi parfois affublées de ce titre, afin d'attirer les visiteurs d'une exposition ou pour faire un bon titre d'article. Mais aucune d'entre elles n'a construit l'Europe, même si, grâce à leur descendance nombreuse, elles ont tissé des liens dynastiques sur le continent.

Louise Weiss, « grand-mère de l'Europe »

Incontestablement, Louise Weiss (1893-1983) mérite davantage d'être appelée « grand-mère de l'Europe », en raison de son engagement qui ne s'est jamais démenti pendant soixante années[1]. Dès le

---

1. Voir l'hommage *Louise Weiss, l'Européenne*, Fondation Jean Monnet, Centre de recherches européennes, 1994.

lendemain de la Grande Guerre et jusqu'à son discours inaugural, en tant que doyenne d'âge, du premier Parlement européen élu au suffrage universel en 1979, l'auteure des *Mémoires d'une Européenne*[2] a lutté et œuvré pour une Europe plus unie et pacifique. Mais, si la journaliste, la féministe a fait avancer l'idée de l'Europe, elle n'a pas participé politiquement à sa construction.

Louise Weiss est née en 1893 dans une famille de la grande bourgeoisie. En 1914, elle est agrégée de lettres et participe aux soins des blessés de guerre. À la fin du conflit, le journaliste Hyacinthe Philouze lui propose de créer une revue : ce sera *L'Europe nouvelle* dont le premier numéro paraît le 12 janvier 1918. La paix revenue, Louise Weiss oriente sa carrière de journaliste vers les affaires internationales et dénonce la guerre fratricide que les Européens se sont livrée. En 1920, elle prend la direction de cet hebdomadaire qui se vante d'être « la plus grande revue politique française et internationale », un peu sur le modèle des revues anglaises, où écrivent les responsables politiques et les plumes les plus avisées. Surtout lu par l'élite dirigeante des pays européens, il participe à la diffusion de l'idée européenne en plaidant pour l'établissement d'une paix juste avec l'Allemagne, la libération des peuples opprimés et une organisation internationale puissante capable d'imposer la paix. L'arrivée au pouvoir d'Hitler en 1933 rendant caduc tout projet européen, Louise Weiss quitte *L'Europe nouvelle* en 1934, sans renoncer à son idéal.

En 1930, elle a créé « La Nouvelle École de la Paix », destinée à informer le public sur l'Europe, sur l'Allemagne et sur la nécessité absolue de donner davantage de moyens à la SDN (Société des nations) pour préserver la paix, mais, à partir de 1934-1935, l'existence de l'École paraît impossible[3]. Dans les années 1940 et 1950, sans délaisser la cause européenne, elle se consacre à de grands voyages et au tournage de films documentaires. Nous la retrouverons bientôt au Parlement européen en 1979.

---

2. Louise Weiss, *Mémoires d'une Européenne*, plusieurs tomes publiés à partir de 1968.

3. Corinne Rousseau « Louise Weiss, l'Europe et la paix durant l'entre-deux-guerres », *Louise Weiss, l'Européenne*, pp. 195-250.

Pour la réconciliation

Dès la fin des années 1940, selon Jacqueline Thome-Patenôtre, d'autres femmes « ont compris que les petites mesquineries de certains nationalismes n'existaient pas devant l'importance que représentait la construction européenne[4] ».

Électrices depuis la fin de la Seconde Guerre mondiale seulement, les Françaises n'ont pratiquement pas accès alors au Parlement ni aux portefeuilles ministériels. Parmi les quelques femmes qui siègent à l'Assemblée nationale et au Conseil de la République, à la faveur du scrutin proportionnel, Marcelle Devaud (née en 1908) est favorable à la construction européenne[5]. Conseillère de la République (sénatrice) de la Seine de 1946 à 1958, elle est élue vice-présidente de la haute assemblée, puis députée gaulliste dans le même département de 1958 à 1962.

C'est par le biais de l'impérieuse nécessité de la réconciliation franco-allemande que Marcelle Devaud en vient à l'idée européenne et qu'elle participe à la première rencontre entre des parlementaires français et allemands ; elle est d'ailleurs la seule femme des deux délégations. Si tôt après la guerre, il n'était pas évident de franchir ce pas : « J'ai été très revancharde après la guerre. Je ne pouvais pas supporter ce qui s'était passé dans les camps nazis. […] Je ne suis pas partie là-bas le cœur léger, j'étais d'abord horriblement gênée, je n'étais pas en règle avec ma conscience si vous voulez. » Et les discussions ne sont pas aisées : « Je me souviens de l'erreur de psychologie du ministre Mondel [Mende] lorsqu'il me dit, en oubliant que j'étais française : "J'étais en France en 1940, quel magnifique printemps !" À quoi j'ai répondu : "Monsieur, vous rendez-vous compte de ce que vous me dites[6] ? " » Malgré ces désagréments, le bilan de la réunion est positif, estime Marcelle Devaud. À chaque pas de la

4. Jacqueline Thome-Patenôtre, citée dans Mariette Sineau, *Des femmes en politique*, 1988, p. 202.
5. Victoria Man, *Marcelle Devaud, itinéraire exceptionnel d'une femme politique française*, 1997, pp. 60-61.
6. Marcelle Devaud, citée dans Andrée Dore-Audibert et Annie Morzelle, *Révolutionnaires silencieuses au XXᵉ siècle*, 1991, p. 72. Il s'agit en fait d'Erich Mende, qui alors n'était pas ministre.

construction européenne, la conseillère va prendre position en fonction de ses convictions politiques et personnelles : elle est pour la
CECA (Communauté européenne du charbon et de l'acier), contre la
CED (Communauté européenne de défense), et approuve les traités
de Rome, signés le 25 mars 1957.

Marcelle Devaud évoque plusieurs femmes qui se sont engagées
pour la cause européenne, en particulier son amie Irène de Lipkowski
(1898-1995) avec qui elle avait créé les Françaises libres : « Elle
avait perdu son mari en déportation et l'un de ses fils pendant la campagne d'Alsace. Malgré cela, elle s'était rendu compte que la paix ne
subsisterait pas, sauf si de nouveaux rapports se mettaient en place
entre les pays européens. » Témoin au procès de Nuremberg pour
faire entendre « la voix des cendres », Irène de Lipkowski était elle
aussi hostile à toute idée de réarmement et de réunification de l'Allemagne. Députée RPF (Rassemblement du peuple français), elle sou-
tint la CECA, contre l'avis du général de Gaulle. Elle a raconté cet
épisode : « Au début, le groupe RPF était très uni et cohérent. Le
général de Gaulle nous réunissait régulièrement […]. Je me souviens
qu'un jour il m'interrogea sur mes raisons de vouloir voter pour la
Communauté charbon-acier à l'Assemblée ; lui, voulait que nous la
repoussions. Moi, je pensais que nous ne devions pas avoir l'air
d'être contre l'organisation de l'Europe. Il me laissa libre de voter
suivant ma conscience. J'ai donc voté pour la CECA et je m'en suis
réjouie plus tard[7]. »

Dans les années 1960, en tant que responsable d'associations de
veuves de guerre, Irène de Lipkowski se tourne vers les veuves de
guerre allemandes. En novembre 1969, elle leur dit : « Un jour
comme aujourd'hui, en un geste symbolique, tendons-nous la main,
les uns vers les autres, par-delà les tragiques événements, par-delà nos
tombeaux, pour unir nos volontés et nos cœurs dans un immense élan
de solidarité, prémices d'une Europe unie. » Lorsqu'il lui remet la
croix de commandeur de l'Ordre du mérite de la République fédérale
d'Allemagne, l'ambassadeur allemand rappelle, en décembre 1986,
qu'elle a été « parmi les premières à appeler à la réconciliation avec

---

7. Andrée Dore-Audibert et Annie Morzelle, *Irène de Lipkowski, le combat
humaniste d'une Française du XXᵉ siècle*, 1998, pp. 163-164.

l'ennemi d'autrefois, l'Allemagne, avec un courage et un engagement exemplaires et avait plaidé, dès la fin de la Seconde Guerre
mondiale, pour une coopération entre Français et Allemands[8] ».

Parmi les quelques élues de la IVe République qui participent à
l'élan européen de l'après-guerre, il y a aussi celles que Marcelle
Devaud nomme les « bonnes disciples de Robert Schuman » : Jacqueline Patenôtre, Germaine Peyroles et Germaine Poinso-Chapuis. La
radicale Jacqueline Thome-Patenôtre (1906-1995) est conseillère de
la République, dans le département de Seine-et-Oise, de 1946 à 1958.
Elle préside le groupe d'amitié parlementaire France–États-Unis et
lorsqu'elle revient de Washington en 1956 – où elle a été reçue par
le président Eisenhower –, elle déclare : « Plus que jamais, en étu-
diant la structure géographique, économique et démographique des
USA, on se rend compte que seule une Europe unifiée peut sauver
les nations européennes de la décadence. » Européenne convaincue,
en tant que maire de Rambouillet (à partir de 1947), elle encourage
partout où elle le peut les jumelages entre villes européennes, « pour
que les peuples se rencontrent[9] ». Élue députée en 1958, son engagement lui vaut d'être nommée membre de l'Assemblée des Communautés européennes (mai 1958-janvier 1959), où les femmes se comptent
sur les doigts d'une main.

La députée MRP Germaine Peyroles (1902-1979) se distingue par
son européisme à l'Assemblée nationale. Membre du conseil international du Mouvement européen, né peu après le congrès de La Haye,
en 1948, auquel elle a participé et en a voté les résolutions. En 1950,
au sein du MRP, elle fait partie de ceux que l'on appelle les « ultras
de l'Europe », avec notamment François de Menthon, Robert Bichet[10]
et Germaine Poinso-Chapuis (1901-1981), la première femme
ministre – chargée de la Santé et de la Population – dans le gouvernement de Robert Schuman (novembre 1947-juillet 1948). À l'Assemblée, celle-ci passe pour « la plus européenne de tous les pro-
européens » du MRP. Lors du débat pour l'investiture parlementaire de

---

8. *Ibid.*, pp. 141-143.
9. Jacqueline Thome-Patenôtre, citée dans Mariette Sineau, *Des femmes en
politique*, *op. cit.*, p. 202.
10. Serge Berstein, Jean-Marie Mayeur, Pierre Milza (dir.), *Le MRP et la construction européenne*, 1993, pp. 123, 138 et 145.

Pierre Mendès France, le 17 juin 1954, c'est elle qui est chargée par son parti – les hommes ne se bousculent pas – d'interroger le président du Conseil pressenti. Elle n'hésite pas à l'interpeller sur le traité de la CED qui s'enlise à Paris, alors que les cinq partenaires de la France l'ont déjà ratifié. Comme d'autres européistes, elle mettra longtemps à pardonner le « crime du 30 août », ce jour où, après un long débat, l'Assemblée nationale rejette la ratification du traité[11].

D'autres femmes engagées ont été connues pour leur européisme, mais elles sont aujourd'hui bien oubliées. La fille d'Irène de Lipkowski, Janine Lansier, a joué un rôle pionnier en tant que présidente de « Femmes pour l'Europe », la commission féminine du Mouvement européen. Cette commission a été créée en 1961 par une autre ardente militante européenne, Marcelle Lazard, qui a fondé, dès 1956, la Maison de l'Europe de Paris dont la vocation est d'offrir aux Français des échanges entre les différents habitants de la Communauté.

Les années de Gaulle ne sont pas favorables à l'accession des femmes au monde politique. Dans ce domaine, elles connaissent une véritable « traversée du désert » qui va durer plus de quinze ans. Le septennat inachevé de Georges Pompidou (1969-1974) ne leur est en effet pas plus propice ; même la « nouvelle société » promise par Chaban-Delmas s'élabore sans elles. Au Parlement, leur invisibilité est également bien plus grande que sous la IV⁰ République. Par ses choix en faveur de l'intégration des femmes dans la politique et pour l'élection au suffrage universel du Parlement européen, Valéry Giscard d'Estaing va opérer un tournant marquant à partir de 1974. L'année 1975, proclamée Année internationale de la femme, renforce cette impression. Mais, malgré les années MLF, et contrairement à ce qui se passe dans les autres démocraties de l'Europe, les femmes ont toujours du mal à accéder à la représentation nationale, surtout parce que les candidatures sont désignées par les organes dirigeants des partis qui sont entre les mains des hommes[12].

---

11. Yvonne Knibiehler (dir.), *Germaine Poinso-Chapuis. Femme d'État*, 1998, pp. 80-81.
12. Ce paragraphe s'appuie notamment sur Mariette Sineau, « Les femmes politiques sous la V⁰ République. À la recherche d'une légitimité électorale », *Pouvoirs*, n° 82, 1997, pp. 45-57.

Les choix de Giscard

Le gouvernement Chirac, qui est constitué en 1974 au lendemain de la victoire de Valéry Giscard d'Estaing à l'élection présidentielle, est de loin le plus féminisé que la France ait connu jusqu'alors. Simone Veil est ministre de la Santé et devient ainsi la deuxième femme ministre en titre, après Germaine Poinso-Chapuis. On compte en outre des femmes secrétaires d'État, dont la journaliste Françoise Giroud (1916-2003) à la Condition féminine, un nouveau maroquin qui, avec l'abaissement de l'âge de la majorité à 18 ans et d'autres réformes, doit montrer la volonté du président de créer une « société libérale avancée ». Selon Françoise Giroud : « Avec son intelligence lumineuse, Giscard avait compris que ce mouvement [celui des femmes] n'était pas un remous à la surface des choses, simple séquelle de Mai 68, mais une lame de fond. Il s'agissait de la canaliser et de mettre en œuvre, s'agissant des femmes, l'esprit de réforme qu'il entendait insuffler à l'ensemble de la société française[13]. »

Valéry Giscard d'Estaing écrira avoir été « amoureux de dix-sept millions de Françaises » pendant son septennat et présente comme une « intention délibérée » la nomination de femmes au gouvernement : « Elles pouvaient apporter à notre vie publique les éléments dont celle-ci est souvent démunie : un plus grand réalisme, davantage de prudence dans la formulation du jugement, une intuition plus juste des réalités de la vie quotidienne. » Il affirme avoir dû « batailler pour les nommer, à l'exception de Simone Veil, pour laquelle Jacques Chirac m'avait donné immédiatement son accord[14] ».

Raymond Barre, Premier ministre de 1976 à 1981, déclare aujourd'hui avoir lui-même été « très partisan de faire entrer des femmes en politique. [...] Dans mes gouvernements il y a eu plusieurs femmes qui étaient tout à fait remarquables et dans d'autres gouvernements aussi ». Pour certains, il ne s'agit là que de nominations de

---

13. Françoise Giroud, *Arthur ou le bonheur de vivre*, 1997, p. 136.
14. Valéry Giscard d'Estaing, *Le Pouvoir et la vie*, 1988, tome 1, pp. 265 et 282. Voir également Serge Berstein, René Rémond, Jean-François Sirinelli (dir.), *Les Années Giscard. Institutions et pratiques politiques (1974-1978)*, 2003.

femmes-alibis : Michel Jobert, ministre des Affaires étrangères de
Georges Pompidou en 1973-1974, constate en 1976 que, lorsque les
hommes consentent à faire entrer une femme dans un gouvernement,
c'est pour lui confier, comme à la maison, « les moutards, les
devoirs, le panier de la ménagère, les rhumes, les grippes et les lum-
bagos, les misères psychologiques des voisins, petits ou grands et
même parfois les femmes des autres[15] ».

Dans ses Mémoires, Valéry Giscard d'Estaing rend hommage à
trois femmes qui ont détenu un portefeuille pendant son septennat :
Alice Saunier-Seïté, Christiane Scrivener et Simone Veil. Alice Saunier-Seïté était à un poste difficile, puisqu'elle était chargée d'améliorer l'enseignement supérieur. Selon Christiane Scrivener, c'est
bien le président de la République qui la choisit comme secrétaire
d'État à la Consommation, alors qu'elle dirigeait une organisation
qui travaillait souvent avec le ministère des Finances et qui l'a chargée « de préparer une loi sur la concurrence ». Dans un ouvrage écrit
en 1984, elle considère que cela a été une vraie « chance » et lui rend
hommage pour avoir nommé des femmes[16]. Valéry Giscard
d'Estaing loue sa discrétion et son efficacité : « Ce ne sont pas toujours les membres du gouvernement les plus connus du grand public
qui accomplissent le meilleur travail. Ainsi, Christiane Scrivener a
été un excellent secrétaire d'État à la Consommation. [...] Les textes
nécessaires ont été adoptés par le Parlement rapidement et sans bruit.
On n'a pas fait mieux depuis. »

L'histoire a retenu le nom de Simone Veil comme celui d'une
ministre qui a su faire avancer les droits des femmes en France en
faisant adopter par le Parlement la loi sur l'IVG en décembre 1974[17].
La popularité que la ministre de la Santé gagne à cette occasion sera
déterminante au moment de sa désignation à la tête de la liste UDF
pour les élections européennes de 1979.

Valéry Giscard d'Estaing a l'ambition de mener une politique de
relance européenne. Ses propositions sont très attendues dans le

---

15. Michel Jobert, *Lettre ouverte aux femmes politiques*, 1976.
16. Christiane Scrivener, *L'Europe, une bataille pour l'avenir*, 1984, p. 160.
17. Le discours de Simone Veil du 27 novembre 1974 à l'Assemblée nationale a été publié en 2004, suivi d'un entretien inédit : *Les hommes aussi s'en souviennent. Une loi pour l'histoire.*

domaine institutionnel où la paralysie de la Communauté est alors patente. « La construction européenne était une des priorités de sa politique, indique Simone Veil, l'action qu'il a menée avec Helmut Schmidt en ce domaine a fait progresser l'Europe de façon significative : le SME, l'élection au suffrage universel des parlementaires européens, la mise en place du Conseil européen... »

En ce qui concerne le deuxième point, le président imprime un changement notable à la politique française. En décembre 1974, lors du Sommet européen de Paris, les Neuf conviennent que l'élection au suffrage universel d'une assemblée européenne, prévue par l'article 138 du traité de Rome, doit se réaliser le plus tôt possible. C'était lever « le veto français » posé par le général de Gaulle, explique le giscardien Hervé de Charette, « c'était là une décision très européenne et très moderne ».

Les choses se précisent le 20 septembre 1976 : ce jour là, le Conseil des ministres des Affaires étrangères des Neuf décide que les membres de l'assemblée seront élus au suffrage universel direct pour cinq ans. Beaucoup d'hommes politiques voient dans cette réforme le moyen de permettre « au citoyen de se rapprocher de la construction européenne et de démocratiser la vie politique de l'Europe[18] ». Mais cette décision ne fait pas l'unanimité. Dans *Le Monde* des 5 et 6 décembre 1976, Jean-Paul Sartre publie un appel contre l'élection au suffrage universel qui est signé par des grands noms de la Résistance, affirmant que la nouvelle assemblée « servira seulement d'instrument institutionnel à la domination américaine », et dénonçant l'Europe « germano-américaine ». L'opinion publique semble, elle, assez indifférente à ce débat.

En juin 1977, il revient à Raymond Barre de présenter un projet de loi électorale devant l'Assemblée nationale. En accord avec le chef de l'État, il doit engager la responsabilité de son gouvernement afin de faire passer son texte sans vote, l'opposition des gaullistes restant très forte. Ceux-ci craignaient que la légitimité du vote populaire soit suffisante pour que le Parlement européen prétende à davantage d'autorité. Les huit autres États de la Communauté ayant également

---

18. Jacques Delors, *Mémoires*, 2004, p. 173.

approuvé l'élection de l'assemblée européenne au suffrage universel – mais non le mode de scrutin unique –, cette première échéance électorale d'un genre nouveau, prévue initialement pour 1978, est fixée à juin 1979.

La loi électorale adopte peu après le scrutin proportionnel dans le cadre national (la République française formant une circonscription unique), sans panachage, ni vote préférentiel : les sièges seront donc attribués dans l'ordre de présentation des candidats sur chaque liste ayant obtenu au moins 5 % des voix. Chaque liste doit comporter quatre-vingt-un candidats, nombre des sièges attribués à la France dans la future assemblée européenne. Jusqu'alors, les « députés européens » étaient désignés par les Parlements nationaux, et c'est de cette seule délégation qu'ils tenaient leur légitimité en tant que représentants d'assemblées élues par le peuple souverain. De 1958 à 1979, la France a ainsi délégué en permanence trente-six de ses parlementaires (vingt-quatre députés et douze sénateurs) ; parmi eux, les femmes – dont Jacqueline Thome-Patenôtre – représentaient moins de 5 %. Mais le nouveau type d'élection et de scrutin change la donne : personne ne peut imaginer qu'il n'y ait aucune femme en bonne place sur une liste de quatre-vingt-un noms. Simone Veil est catégorique : « Le scrutin de liste a obligé les responsables des partis à faire figurer quelques femmes en position éligible. Mais vraiment le minimum. »

Les femmes politiques socialistes que nous avons rencontrées disent que ces élections européennes ont constitué une étape importante, si ce n'est une chance, dans leur carrière. « C'est plus facile de placer des femmes dans des listes que dans des circonscriptions, se rappelle Édith Cresson. Je pense donc que le principe de saisir l'occasion de faire la promotion des femmes lors des élections européennes avec liste a été retenu tout à fait judicieusement par le Parti socialiste. » Martine Buron, qui sera députée européenne de 1988 à 1994, est plus explicite : « Comme il s'agit d'une élection nouvelle, on ne marche pas sur les pieds d'élus déjà en place… et en plus le Parlement européen, bof ! Quel véritable impact ? Donc en termes d'enjeu de pouvoir, les bonshommes n'étaient pas trop acharnés. » Selon Marie-Claude Vayssade, députée européenne de 1979 à 1994, le PS a proposé un certain nombre de femmes sur sa liste « parce que le parti considérait qu'il s'agissait d'élections mineures. En somme, on pouvait envoyer des femmes au Parlement européen, puisqu'il n'avait pas de pouvoir. On pouvait leur faire ce cadeau de les envoyer à Strasbourg… ». Élisabeth Guigou estime également que l'élection au Parlement européen a toujours été considérée comme secondaire[19].

Simone Veil,
symbole de la réconciliation franco-allemande

Après les élections législatives de 1978, qui ont été remportées par la majorité, le monde politique se focalise sur la prochaine échéance déterminante, à savoir l'élection présidentielle de 1981. Les premières élections européennes de 1979, le seul scrutin notable entre 1978 et 1981, sont l'occasion pour les forces politiques de se positionner, d'évaluer leurs forces et leur capacité de mobilisation. Il ne fait pas de doute que tous les leaders politiques qui veulent se jeter dans la bataille présidentielle conduiront les listes des européennes. Mais qui conduira celle représentant la ligne politique défendue par le gouvernement Barre et par Valéry Giscard d'Estaing, dont on connaît la volonté de briguer un second mandat ?

Le RPR, opposé à l'élection au suffrage universel de l'assemblée européenne, n'échappe pas à la nécessaire réflexion sur la stratégie à adopter en vue du scrutin. Mais les divergences sont telles entre le jeune parti de Jacques Chirac et le gouvernement que, malgré les appels en faveur de l'union des uns ou des autres, le principe de deux listes à droite semble acquis dès le lendemain des législatives de 1978. En juillet, Jean Lecanuet, le président de l'UDF, définit ce que serait une « bonne liste » pour les européennes : un « alliage [d']hommes politiques en nombre limité [et de] socioprofessionnels représentant les régions et les grands secteurs[20] ». De femmes, il n'est point question.

Pourtant, à partir de novembre 1978, la presse présente Simone Veil comme la candidate du président de la République, la seule capable d'éviter une politisation excessive du scrutin et de mener une

---

19. Élisabeth Guigou, *Être femme en politique*, 1997, pp. 87-88.
20. *L'Année politique 1978*, pp. 68-89.

liste élargie pouvant rassembler au-delà des formations partisanes. Les Lecanuet, Deniau ou Poniatowski n'auraient pas cette capacité[21]. En réalité, Simone Veil présente surtout l'avantage de ne pas stricte-ment incarner une des tendances de l'UDF et de n'être pas susceptible de se découvrir des ambitions à moyen terme. Selon les cotes de popularité établies pour *France-Soir* par l'IFOP et pour *Le Figaro Magazine* par la SOFRES, depuis l'automne 1974, elle est toujours en tête du classement des personnalités politiques. Elle a un autre atout : elle est « la femme la plus plébiscitée parmi les femmes[22] », sa popularité étant présentée comme plus personnelle que politique. Ses déclarations entretiennent l'image d'une femme qui *fait* de la politique, et non d'une femme politique. Dans *L'Express*, elle évoque comment elle s'est rassurée sur sa compétence au gouvernement, où elle a constaté « une certaine suffisance masculine[23] ».

En mars 1979, Simone Veil est officiellement désignée par l'UDF pour conduire une liste élargie qui s'appellera Union pour la France en Europe (UFE). D'après les protagonistes de cette désignation, il n'y a pas eu de lutte au sein de l'UDF pour savoir qui conduirait la liste. Ce choix personnel de Valéry Giscard d'Estaing – elle « a une excel-lente image, et un passé émouvant[24] », écrit-il dans ses Mémoires – est confirmé par d'autres témoignages. Selon Raymond Barre, « il y a eu beaucoup de candidats pour la liste, mais pour la tête de liste, Madame Veil a fait l'unanimité. [...] On l'a choisie pour le symbole. Comme elle avait par ailleurs une grande audience dans l'opinion publique, on pensait que, comme tête de liste, elle mobiliserait l'opi-nion. » Hervé de Charette, alors l'un des responsables politiques de l'UDF, insiste lui aussi sur l'image de la ministre de la Santé qui « avait acquis une sympathie, une notoriété, une image de modernité qui collait bien avec le projet européen ». La capacité de Simone Veil à rassembler

21. *La Montagne*, 13 novembre 1978, « Simone Veil, première de cordée pour l'élection européenne » ; *Valeurs actuelles*, 27 novembre 1978.
22. Selon l'IFOP, 67 % des femmes ont une bonne opinion de Simone Veil, contre 56 % des hommes ; selon la SOFRES, c'est 63 % des femmes et 49 % des hommes.
23. *L'Express*, 3 janvier 1979, « Simone Veil dans l'arène européenne », pp. 64-65.
24. Valéry Giscard d'Estaing, *Le Pouvoir et la vie*, tome 3 : *Choisir*, 2006, p. 235.

les Français autour d'elle, en tant que symbole vivant de l'impérieuse nécessité de construire l'Europe et en tant que figure politique atypique, mais populaire depuis le débat sur l'IVG, semble bien avoir été la motivation essentielle de sa désignation comme tête de liste.

Si les politiques mettent en avant un choix pragmatique, calculé et finalement très politique, Simone Veil ne veut croire qu'en sa force symbolique[25]. « C'était un choix du président de la République et, en 1979, pour cette première élection du Parlement européen au suffrage universel, les lignes directrices qu'il donnait n'étaient contestées par personne. [...] Giscard, qui est sensible aux symboles, voulait mettre en valeur celui de la réconciliation à travers mon histoire personnelle. Il me semble, en revanche, qu'il a mis longtemps pour comprendre le phénomène de la popularité que j'avais acquise à la suite du vote de la loi sur l'IVG. [...] Mais vis-à-vis du Parlement européen, le symbole de la réconciliation lui importait bien davantage. »

Quant à la presse de l'époque, tout en insistant sur l'une et l'autre des motivations du président de la République, elle cherche à expliquer pourquoi Simone Veil tarde à répondre à la proposition de Valéry Giscard d'Estaing : son inexpérience en matière électorale, la division des giscardiens consécutive à sa loi sur l'IVG, sa gêne à combattre son ami Jacques Chirac sur les listes duquel son mari, Antoine Veil, a été élu conseiller de Paris en 1977[26]...

Simone Veil, après cinq années passées au ministère de la Santé et des Affaires sociales, voulait changer d'engagement. Elle se défend aujourd'hui d'avoir tergiversé : « Cela correspondait tout à fait à mes idées, j'étais très intéressée, très contente. Je n'ai pas du tout hésité à accepter. [...] Je l'ai ressenti comme une marque de confiance et la perspective de siéger au Parlement européen correspondait tout à fait au type d'engagement que je souhaitais. » Dans une interview réalisée après la constitution de la liste UFE et alors qu'elle en est officiellement la meneuse, elle déclarait cependant : « Il arrive que je me pose des questions. C'est un sacrifice certain sur le plan per-

---

25. Cette attitude est également montrée dans la biographie écrite par le journaliste Maurice Szafran : *Simone Veil. Destin*, 1994, p. 274.

26. *L'Express*, 3 février 1979 ; *Le Canard enchaîné*, 3 janvier 1979 ; *La Montagne*, 13 novembre 1978.

sonnel et familial. » Cette phrase n'a pas été publiée : elle est biffée sur la transcription de l'interview, où sont notées des rectifications à apporter avant publication. Mais en avril 1979, répondant à une interview de l'AFP, elle déclare simplement : « Je n'ai pas l'expérience de ce qu'est une campagne électorale. [...] Je n'ai été jusqu'ici candidate à aucun mandat électif[27]. » Il y a là sans doute de quoi hésiter avant de se lancer dans une campagne électorale nationale, même – ou surtout ? – si celle-ci est d'un genre nouveau.

Simone Veil sait que son histoire personnelle fait d'elle un symbole vivant de la nécessité de construire l'Europe et fait remonter les origines de son engagement européen à Auschwitz et Bergen-Belsen, où elle fut internée en 1944-1945 : « En déportation, je pensais que si un jour on sortait vivant du camp, il ne fallait pas songer à une nouvelle revanche contre les Allemands, mais tenter de se réconcilier. [...] Je n'ai jamais pensé qu'il faille oublier les atrocités commises. Bien au contraire, c'était un devoir d'en préserver la mémoire, d'inscrire cette tragédie dans l'histoire pour faire en sorte que jamais cela ne puisse se reproduire. Mais il me semblait aussi qu'il fallait essayer de se réconcilier en reprenant l'idée d'une entente européenne et une volonté de coopération entre nous, comme l'avaient proposé sans succès Briand et Stresemann, échec diplomatique que j'avais entendu ma mère déplorer. Il ne s'agissait pas de pardon ni d'indulgence, mais plutôt de méfiance et de raison, puisqu'il fallait vivre avec ces voisins, il valait mieux se réconcilier. »

Cela rappelle le caractère raisonnable de l'idée européenne exprimé par Marcelle Devaud et Irène de Lipkowski. Nous le retrouverons chez d'autres femmes des générations qui ont connu la guerre. La réconciliation avec les Allemands et la construction européenne leur apparaissent comme la seule voie possible, mais elles s'y engagent sans enthousiasme[28].

---

27. AN (Archives nationales), 5 AG 3 (présidence de Valéry Giscard d'Estaing) / PA 40, élections européennes de 1979, candidature de Simone Veil, transcription d'une interview « avec rectifications à apporter avant publication » et interview recueillie par Jean Mauriac, diffusée par l'AFP le 2 avril 1979.

28. Cela rejoint et confirme les travaux d'historiens de la construction européenne, notamment Gérard Bossuat, dans *L'Europe des Français* (1996), qui définit les « mobiles » de la politique de construction européenne de la France dans les années 1940 et 1950.

Dès son retour des camps, Simone Veil a donc suivi avec attention les premiers pas européens : « Je me souviens d'un dîner où la CED a fait l'objet d'un débat très passionné, car ce sujet suscitait des discussions très vives. Certains des convives en m'entendant défendre la CED m'ont interpellée ainsi : "Mais vous n'avez jamais entendu parler des camps de concentration !", ce qui évidemment a fait un choc auprès de nos hôtes qui connaissaient mon passé. » Valéry Giscard d'Estaing avait certainement pris en compte cet aspect lorsqu'il l'a désignée comme tête de liste pour les européennes. Plusieurs journaux de l'époque le disent : « Face à une ancienne déportée, Chirac ne pourra pas développer facilement sa campagne nationaliste et antiallemande » ; « il sera difficile à ses adversaires de la taxer de germanophilie[29] ».

« xx femmes »

Sur la liste UFE, Christiane Scrivener est en sixième position après Jean Lecanuet, Edgar Faure, Jean-François Deniau et Pierre Méhaignerie, mais il faut aller jusqu'à la dix-septième place pour trouver une troisième femme, Louise Moreau, et jusqu'à la vingt-septième pour rencontrer la cinquième. La presse et les adversaires politiques estiment que la présence de Simone Veil à la tête de la liste UDF élargie cache mal le fait que « sa » liste compte peu de femmes.

Dans la transcription de l'interview déjà évoquée, Simone Veil est assez explicite sur ses sentiments à cet égard. À une question évoquant les propos de François Mitterrand, qui considère sa désignation à la tête de la liste UDF comme une « habileté », elle répond : « Je trouve cela particulièrement désobligeant pour moi et fort peu aimable pour les femmes. Je n'ai pas attendu ces déclarations pour dire que j'aurais préféré que ma liste comporte plus de femmes. » Mais la personne qui a relu le texte a rayé cette dernière phrase et l'a remplacée par : « Nous avons tout de même xx (sic) femmes sur la liste, dont cinq au moins en position éligible. »

29. *Le Canard enchaîné*, 3 janvier 1979, « Figure de proue » ; *Valeurs actuelles*, 12 février 1979, « Madame Europe ».

Dans la suite de l'interview, Simone Veil explique que Valéry Giscard d'Estaing « a conduit dans ce domaine une politique très volon-
tariste », mais qu'une liste doit tenir compte de nombreux
paramètres[30]. De toute évidence, elle n'a pas eu grand-chose à dire
lors de la confection de cette liste. Vingt-cinq ans après, elle le confirme : « Même comme tête de liste, il ne m'a pas été facile d'en
imposer davantage [des femmes]. » Hervé de Charette se souvient des
manœuvres politiciennes qui régissaient la composition de cette liste
de quatre-vingt-un noms, par « un dosage très subtil des différentes
couches de la population, des catégories socioprofessionnelles, des
centres d'intérêt… », il fallait représenter « les territoires », mais aussi
trouver « un certain équilibre entre les hommes et les femmes, même
si on était moins exigeant il y a vingt-cinq ans qu'aujourd'hui ».

On retrouve chez Christiane Scrivener, deuxième femme de la liste
UFE, certains points communs avec Simone Veil, notamment en ce
qui concerne l'idée européenne. Alsacienne d'origine, ses ancêtres
ont vécu, tantôt d'un côté de la frontière, tantôt de l'autre : « Faire
l'Europe m'a toujours paru comme une nécessité absolue et je ne me
suis jamais vraiment posé de questions là-dessus […]. Pendant les
conflits, nous étions très anti-allemands, mais en même temps nous
savions qu'il fallait que l'Europe s'entende. » C'est ce sentiment qui
la pousse à soutenir les débuts de la réconciliation avec l'Allemagne
et de la construction européenne : « J'ai donc tout de suite œuvré
dans ma jeunesse pour l'Europe[31]. »

Ce militantisme manque de peu de la mener dans l'administration
européenne, mais elle renonce finalement à intégrer la Commission
de Bruxelles pour des raisons personnelles. Après sa sortie du gouvernement en 1978, à la demande de Valéry Giscard d'Estaing, elle
accepte de devenir secrétaire générale adjointe de l'UDF. Soucieux
de faire entrer des femmes à la direction de son parti, le président
avait également demandé à Françoise Giroud d'en devenir l'une des
vice-présidents.

---

30. AN, 5 AG 3 / PA 40, élections européennes de 1979, candidature de Simone
Veil.
31. Christiane Scrivener, citée par Mariette Sineau, *Des femmes en politique*,
op. cit., p. 202.

Christiane Scrivener garde un souvenir mitigé de cette période :
« Cela m'a permis de voir toutes les difficultés rencontrées dans la
gestion politique, mais je ne crois pas pouvoir dire que ce fut pour
moi l'expérience la plus passionnante de ma vie politique. » Elle
goûte peu les réunions et les marchandages électoraux. L'élection
européenne de 1979 est un bon moyen de s'affranchir de ces tracas,
elle choisit donc de se présenter et gagne le soutien de Raymond
Barre : « Cette idée lui parut excellente et je me trouvais sur la liste
conduite par Simone Veil en bonne place pour être élue. »

Autre forte personnalité de la liste, Louise Moreau (1921-2001),
que *Le Figaro Magazine* qualifie de « Bigeard en jupon[32] ». Engagée
dans la Résistance à Londres dès août 1940, officier de la Légion
d'honneur à titre militaire, elle a été membre des délégations françaises à la conférence de Potsdam, puis à celle de San Francisco qui
créa l'ONU[33]. C'est à ce moment qu'elle crée la revue *Occident Wes-
tern World*[34], avec Paul-Henri Spaak, Emmanuel Monick, Giovanni
Agnelli et Heinrich von Brentano.

Au total, la liste UFE compte dix-huit candidats sur quatre-vingt-
un, mais elles ne sont que quatre ou cinq en position éligible : Nicole
Fontaine, alors secrétaire générale adjointe de l'enseignement catholique, ne figure qu'en trente et unième position. Ce n'est pas moins
que sur les autres grandes listes. Mais les adversaires de la liste UFE
et une partie de la presse s'inquiètent de voir une personnalité comme
Simone Veil conduire une liste pour les élections européennes. Son
charisme, son histoire personnelle, ce qu'elle a fait pour les droits des
femmes, tout laisse penser que le choix de Valéry Giscard d'Estaing
est judicieux. Le Parti socialiste doit trouver une riposte, puisque
celui-ci, au vu des sondages, peut craindre qu'une partie de son électorat ne soit tentée et par la candidature Veil.

---

32. *Le Figaro Magazine*, 13 avril 1979, « Neuf Françaises pour l'Europe des
Neuf ».
33. AN, 5 AG / JR 9, élections européennes de 1979, dossier « candidatures
retenues (individuelles) » : Louise Moreau.
34. Michelle Coquillat, *Qui sont-elles ? Les femmes d'influence et de pouvoir
en France*, 1983, p. 189.

CHAPITRE 2

« La femme est l'avenir de l'Europe[1] »

Si c'est un homme qui a désigné Simone Veil comme tête de liste pour les élections européennes, en revanche, c'est par leur combat que les femmes socialistes obtiennent 30 % des places sur la liste présentée par leur parti et menée par François Mitterrand. Le projet de réforme du règlement interne du PS, rédigé sous la houlette de Pierre Mauroy, le numéro deux du parti, dans la livraison d'août 1978 du *Poing et la Rose* est explicite : « Choix des quatre-vingt-un candidats aux élections européennes en tenant compte : de la représentation géographique, de la proportion de femmes, de l'équilibre majorité/minorité et de l'origine socioprofessionnelle. » Il est donc acquis très tôt qu'il y aura des femmes sur cette liste. Mais combien ? Et à quelles places ?

Le combat des femmes socialistes

Lors des élections législatives de 1978, une seule femme a été élue (Marie Jacq dans le Finistère). Désormais, les militantes socialistes revendiquent davantage de places et de responsabilités dans le parti. Certaines, Françoise Gaspard, Cécile Goldet et Édith Lhuilier en tête, n'hésitent pas à lancer l'idée d'un courant « Femmes autonomes », mais se heurtent à la désapprobation d'autres femmes proches de

---

1. Slogan d'une des affiches socialistes pour les élections européennes de 1979.

Mitterrand, comme Marie-Thérèse Eyquem et Yvette Roudy. Cette tendance ne peut se constituer en courant, car elle n'obtient pas les 5 % de mandats nécessaires lors du congrès de Metz de mars 1979[2]. Pour autant, le mouvement n'a pas été sans résultat : comme le montre la présence des femmes sur la liste pour les élections européennes de 1979.

Si l'on en croit Yvette Roudy, c'est sur son initiative que le PS a décidé de présenter une femme sur trois candidats, ce quota de 30 % lui paraissant « un chiffre à la fois raisonnable et un chiffre clé permettant de peser », mais elle a dû se battre pour convaincre les dirigeants. Martine Buron explique l'attitude du premier secrétaire du PS : « François Mitterrand n'était sûrement pas féministe, mais il avait très bien compris que le féminisme était un phénomène de société qui avait de l'avenir et qu'il ne fallait pas se "laisser griller". Giscard faisait preuve dans ce domaine d'ouverture et même de courage. François Mitterrand a senti qu'il y avait là quelque chose à faire et toute une série d'initiatives a été prise à l'intérieur du parti sur ce point. » Mitterrand a certainement évolué, à la fin des années 1970, sur la question[3]. Mais plusieurs versions circulent sur l'origine et la détermination du quota, les féministes égalitaires modérées s'opposant alors à celles qui attribuent au féminisme un rôle politique radical.

Françoise Gaspard, seule femme élue maire d'une ville de plus de 30 000 habitants (Dreux) en 1977, et alors étoile montante du PS, rappelle ces luttes : « Nous proposons donc que la liste socialiste soit composée à 50 % de femmes. J'avais toujours voté contre les quotas dans le parti au nom de l'égalité en disant qu'il fallait 50/50. Évidemment, à l'époque on me regardait comme une folle. […] Yvette Roudy, qui collait à la position du premier secrétaire, pensait que nos revendications étaient celles de féministes hystériques qui demandaient trop et qu'il valait mieux procéder par paliers. » Cette proposition a montré que « la question de la place des femmes en politique faisait imploser

---

2. Sur cet épisode, voir Jane Jenson et Mariette Sineau, *Mitterrand et les Françaises. Un rendez-vous manqué*, 1995, pp. 123-130.
3. *Ibid.*, « L'aggiornamento », pp. 117-120.

les courants », écrit-elle. C'est elle qui a « permis aux "gradualistes", tenantes des quotas, de remporter une victoire[4] ».

Les féministes modérées auraient donc profité de l'action téméraire des plus radicales pour imposer leur conception et auraient en même temps fait capoter le 50/50 qui, contrairement à leurs dires, n'était peut-être pas si loin. À propos d'un vote de la commission des résolutions du PS – lors duquel François Mitterrand s'est abstenu –, il n'aurait manqué, selon Françoise Gaspard, que quelques voix sur quatre-vingts votants, celles précisément de femmes[5].

La désignation de Simone Veil à la tête de la liste UDF a-t-elle joué un rôle dans la décision d'appliquer un quota de 30 % de femmes sur la liste socialiste ? Martine Buron, Édith Cresson, Yvette Roudy et Nicole Péry ne le croient pas, mais Françoise Gaspard en est convaincue : « J'ai commencé mon intervention au comité directeur en disant que la droite présentant une femme tête de liste, il fallait que nous présentions 50 % de femmes sur la liste socialiste. [...] On s'en est servi comme argumentation qui, je crois, a compté. François Mitterrand se rendait bien compte de la personnalité de Simone Veil, de son impact sur les femmes. »

Reste à composer la liste. Si du côté de l'UDF élargie il a fallu tenir compte de toutes les sensibilités, au PS, le poids des courants est déterminant. Marie-Claude Vayssade reçoit un jour un coup de fil pressant de la responsable « femmes » du courant Rocard, lui disant : « On a obtenu 30 % sur les listes. Maintenant il faut qu'il y ait des candidates en nombre suffisant et même supérieur pour montrer qu'elles ne manquent pas. » Chaque courant propose ses noms. Au total, il y a quatre cent douze candidatures, dont un peu plus d'un tiers de femmes. Par une alchimie complexe, la liste complète est établie. Juste derrière François Mitterrand et Pierre Mauroy, Édith Cresson figure en troisième position : « Le fait qu'une femme soit placée ainsi

---

4. Philippe Bataille et Françoise Gaspard, *Comment les femmes changent la politique et pourquoi les hommes résistent*, 1999, pp. 76-77.

5. Trois voix, selon ses propos rapportés par Jane Jenson et Mariette Sineau, *op. cit.*, p. 126. Elles reprennent ici l'affirmation de Françoise Gaspard dans Colette Piat, *La République des misogynes*, 1981, p. 130. Dans un ouvrage plus récent, *Comment les femmes changent la politique, op. cit.*, Françoise Gaspard écrit : « Il s'en fallut de six voix (dont trois de femmes) pour que ce qu'on appelait pas encore la parité l'emportât. »

n'était absolument pas un hasard, mais quelque chose de voulu », affirme-t-elle.

Édith Cresson est de la génération de Simone Veil et Christiane Scrivener, et son engagement pour l'Europe dans les années 1950 n'était pas différent des leurs : « J'ai pensé, comme tout le monde d'ailleurs, que la réconciliation était sûrement une bonne chose. Mais du fait que j'ai été enfant pendant la guerre et dans une région – la Haute-Savoie – et un milieu de résistance ; du fait que mon oncle, puis mon beau-frère avaient été tués par les Allemands, je ne voyais pas cette réconciliation avec l'enthousiasme qui accompagnait parfois les discours, mais comme quelque chose de raisonnable qui était bon pour la France, bon pour l'Europe. » Indéfectiblement liée à François Mitterrand dès 1965, « la belle Édith », « le petit soldat de Mitterrand », comme la surnomme la presse[6], partage ses idées sur l'Europe. Ses motivations lorsqu'elle se présente aux élections européennes de 1979 ? « J'avais fait ma thèse de doctorat de démographie sur une population rurale de Bretagne et je me suis dit que ce serait intéressant de compléter ce parcours par un mandat au Parlement européen. [...] Je l'ai dit à la direction du parti qui a bien voulu accéder à ma demande et me placer en troisième position. »

Depuis de nombreuses années déjà, Édith Cresson soutient Mitterrand autant qu'elle le peut. Après l'échec aux législatives de 1978, elle s'est rebiffée : « J'en avais assez d'être traitée comme la dernière roue du carrosse sous prétexte que Mitterrand pouvait compter sur moi », raconte-t-elle quinze ans plus tard à la journaliste Élisabeth Schemla. Elle met alors en demeure Mitterrand : « Je ne peux pas à la fois tenir le secrétariat à la Jeunesse, gagner Châtellerault, tenir ma permanence là-bas, et tout ça sans un sou ! J'ai besoin d'argent, vous le savez. Je voudrais devenir député européen. Comme ça, j'aurais un titre prestigieux pour mes électeurs et mon indépendance financière. Sinon, je retourne dans le privé[7]... » Édith Cresson sera sur la liste, et à quelle place !

---

6. *Le Figaro Magazine*, 13 avril 1979, « Neuf Françaises pour l'Europe des Neuf ».
7. Élisabeth Schemla, *Édith Cresson, la femme piégée*, 1993, p. 48.

Quant à Marie-Claude Vayssade, juriste de formation, elle s'étonne encore, vingt-cinq ans après, d'avoir été placée en neuvième position : « À la convention qui a fixé la liste – j'étais dans les tribunes –, j'ai entendu Mitterrand demander d'un ton un peu sec d'où je sortais. Je n'étais pas élue, j'avais été battue dans une commune en 1977... Les rocardiens ont été tellement vexés de cette attitude que de la quinzième place, ils m'ont ramenée à la neuvième. J'étais donc là en tant que rocardienne, femme et lorraine, en fonction des trois critères qu'avait édictés le parti. » Son engagement européen est très limité : elle avoue n'avoir regardé de près ce qu'était l'Europe que lorsqu'on lui a demandé d'être sur la liste pour les élections européennes de 1979.

Françoise Gaspard est la plus jeune des candidates socialistes bien placées. Elle talonne Marie-Claude Vayssade à la dixième place et n'a guère plus de prédispositions que celle-ci pour l'assemblée européenne, mais on la présente néanmoins comme « une brillante élève de l'Europe[8] ». Peut-être parce qu'elle a fait son stage de l'ENA à la Représentation permanente de la France auprès des Communautés européennes, où elle se souvient avoir été « la seule femme en dehors des secrétaires ». Peut-être aussi est-ce parce qu'elle est stagiaire et femme qu'on lui confie le dossier de l'égalité des chances des femmes et des hommes, un chantier ouvert à l'initiative de Valéry Giscard d'Estaing. En neuf mois, elle apprend beaucoup sur la diplomatie, sur l'Europe[9]. Mais ses centres d'intérêt et ses ambitions sont ailleurs, sur la scène politique nationale. Pour autant, elle ne peut déserter le combat pour les droits des femmes : « Je faisais partie du courant Mauroy et on s'était réuni pour savoir qui serait candidat. J'étais candidate et il y a eu un vote à bulletin secret, car les hommes étaient furieux[10]. »

Dans les places éligibles viennent ensuite Gisèle Charzat, Yvette Roudy et Yvette Fuillet qui ne sont pas non plus des « fanas de

---

8. *Le Figaro Magazine*, 13 avril 1979, « Neuf Françaises pour l'Europe des Neuf ».

9. Françoise Gaspard, « Les institutions supranationales et les femmes : une expérience », *in* Yves Denéchère (dir.), *Femmes et diplomatie. France – XXe siècle*, 2004, pp. 137-145.

10. Françoise Gaspard n'avait pas soutenu la motion du « courant femmes » au congrès de Metz de 1979.

l'Europe ». Comme Marie-Claude Vayssade, Yvette Roudy avoue avoir commencé à s'y intéresser au moment où elle est entrée au Parlement européen en 1979 : jusque-là, elle avait « plutôt une vision hexagonale de la politique, comme beaucoup de Français ».

En trente-sixième position, Nicole Péry, d'une génération plus jeune, dont François Mitterrand apprécie l'engagement militant dans une « terre de mission », le Pays basque, où elle est adjointe au maire de Ciboure depuis 1977. Pour le premier secrétaire du PS, un mandat européen représente donc une gratification pour des jeunes militant(e)s socialistes engagé(e)s dans des combats, qui n'ont aucune chance d'être élu(e)s au Palais-Bourbon. Nicole Péry hésite avant d'accepter, car elle est mère d'enfants encore petits et le Pays basque est bien loin de Strasbourg et de Bruxelles. Mais son engagement européen est ancien : « Je suis d'une classe d'âge pour laquelle a été inventé un concours pour les classes terminales. J'en avais parlé avec mon père qui était militant syndicaliste, car je le voyais s'intéresser au travaillisme britannique. Il m'avait dit combien l'engagement européen pour le milieu syndical qui était le sien était une formidable chance. Ce fut ma première éducation européenne. »

Au total, il y a vingt-deux femmes sur la liste socialiste et radicale de gauche. Leur présence est due à leurs qualités politiques, militantes et personnelles, et elles ont été choisies par les hommes qui dirigent les courants et l'appareil du parti. Ce n'est pas leur faire offense que d'affirmer qu'elles doivent leurs places aux services rendus au PS, à leur proximité avec le premier secrétaire, au jeu des courants internes plus qu'à leur poids ou à leur valeur politique, qu'elles n'ont pas encore pu démontrer. Quant à leur engagement européen, elles-mêmes reconnaissent qu'elles ne l'ont pas chevillé au cœur. Le PS donne alors largement la priorité au combat national en vue d'une éventuelle alternance plutôt qu'à l'engagement européen.

Jamais autant de candidates

Lors du XXIIIe congrès de mai 1979, les communistes refusent nettement l'intégration européenne et tout élargissement de la CEE. Pour aller de l'avant en Europe, ils confirment la nécessité de suivre la démarche eurocommuniste. Le PCF, bien qu'hostile à l'élection au suffrage universel du Parlement européen, va évidemment y participer. Les femmes constituant plus d'un tiers des militants, la liste présentée par le Parti communiste ne peut manquer de compter de nombreuses femmes : elles seront vingt-deux – donc autant que sur la liste socialiste.

« Juste derrière Georges Marchais », Jacqueline Hoffmann occupe la seconde place. En neuvième position, Danielle De March, « communiste depuis toujours[11] ». Elle est « née dans le parti » où elle est entrée à l'âge de 15 ans. Devenue sténodactylo, elle ressent comme une injustice le fait d'avoir dû abandonner ses études pour des raisons financières. En 1972, elle entre au Comité central du parti. Élue membre du Conseil général du Var, elle est la seule femme à siéger dans cette assemblée départementale. En 1979, « le parti la récompensera en lui permettant de poursuivre son action à l'échelon européen[12] ». Suivent Sylvie Le Roux, une biologiste de l'université de Brest, Henriette Poirier et Catherine Margaté, toutes deux membres du Comité central du PCF.

Le RPR se retrouve un peu dans la même situation que le PCF : il doit faire une campagne qu'il n'a pas souhaitée puisqu'il est opposé à l'élection des parlementaires européens au suffrage universel, dans laquelle il voit le début d'un abandon de souveraineté nationale. Sur l'Europe, l'opposition à l'UDF est grande, voire grandissante. Le 6 décembre 1978, le célèbre « appel de Cochin », du nom de l'hôpital où Jacques Chirac est alors soigné, à la suite d'un accident de voiture, constitue le point de non-retour. Le président fondateur du RPR y stigmatise le « parti de l'étranger », précisant quelques jours plus tard que l'on trouve des adeptes de celui-ci aussi bien dans la majorité que dans l'opposition.

Sur la liste du RPR, intitulée « Défense des intérêts de la France en Europe » (DIFE), il n'y a que douze femmes : les gaullistes du CFEI (Centre féminin d'études et d'information), créé en 1965 par le

---

11. *Le Figaro Magazine*, 13 avril 1979, « Neuf Françaises pour l'Europe des Neuf ».
12. *Le Monde*, 14 juin 1989, « Portraits d'européennes : Mme Danielle De March ». L'article revient sur dix ans de présence au Parlement européen.

général de Gaulle et qui en 1974 prend le nom de CFEI – Femmes Avenir, sont présentes[13]. Ainsi, très loin, figurent Christiane Papon-Eraud et Noëlle Dewavrin-Danes. En trente-troisième position, Magdeleine Anglade (1921-1998), membre du comité directeur du CNI (Centre national des indépendants). À la vingt-deuxième place, Marie-Madeleine Fourcade (1909-1989), grande résistante, compagnon de la Libération. En meilleure position, la dixième précisément, Nicole Chouraqui-Dahan incarne « une ascension politique éclair ». Amie de Françoise Giroud, déçue du radicalisme et de Jean-Jacques Servan-Schreiber, elle a été attirée au RPR par Marie-France Garaud. C'est pour lui « renvoyer l'ascenseur[14] », dit-elle, que Jacques Chirac l'impose en bonne place. Marie-Madeleine Dienesch (1914-1998), qui pointe au septième rang de la liste, a au contraire sa carrière politique derrière elle. Résistante au sein du réseau Libération-Nord pendant la Seconde Guerre mondiale, elle a adhéré au MRP en 1945. Élue onze fois consécutives à l'Assemblée nationale de 1946 à 1978, elle a été la première femme à présider une commission parlementaire en 1967-1968. Elle entame alors une carrière ministérielle comme secrétaire d'État, chargée de différents portefeuilles dans quatre gouvernements (1968-1974). En 1975, elle est nommée ambassadrice au Luxembourg où elle reste trois ans[15]. Étant vice-présidente internationale de l'Union européenne féminine[16], elle a le profil pour figurer sur la liste des européennes.

Quant à la première femme sur la liste, c'est Louise Weiss à qui Jacques Chirac a promis : « Vous serez notre First Lady ! » En cinquième position, derrière le maire de Paris, Michel Debré, Pierre Messmer et Claude Labbé, la vieille dame de 86 ans est donc assurée de siéger au Parlement. Compte tenu de son âge, il

---

13. CAF (Centre des Archives du Féminisme, Angers), fonds 9 AF Femmes Avenir, notamment 9 AF 8 sur Christiane Papon.
14. Thierry Desjardins, *Les Chiraquiens*, 1986, pp. 261-272. Nicole Chouraqui est la seule femme parmi les seize chiraquiens présentés.
15. Yves Denéchère, « Les ambassadrices : des femmes dans un territoire d'hommes », in Christine Bard (dir.), *Le Genre des territoires*, 2004, pp. 111-120.
16. L'UEF est organisée au niveau européen avec des sections nationales. Elle a pour objectif la défense de la paix, de la liberté et des droits des individus, notamment en diffusant des informations auprès des femmes sur la construction européenne.

apparaît très vite qu'elle en sera la doyenne et qu'il lui reviendra de prononcer la première allocution. Dès avril 1979, « elle se réjouit à l'avance du discours : une volupté qu'elle ne laisserait pour rien au monde... ».

Louise Weiss reçoit alors récompenses, hommages, décorations et titres honorifiques. En 1978, le prix Robert Schuman lui est attribué pour ses *Mémoires d'une Européenne*, et le prix de l'Europe lui est remis par le Syndicat des journalistes et écrivains. Elle-même a créé en 1971 une fondation, qui porte son nom, et qui décerne un prix annuel pour prolonger son action en faveur de l'unité européenne et de l'avancement des sciences de la paix ; en 1978, elle le remet personnellement au chancelier Helmut Schmidt et en 1980 au président Anouar el-Sadate, au Caire.

Louise Weiss est en quelque sorte la caution européenne de Jacques Chirac. Sa présence sur la liste prouve que l'on peut être européen(ne) et opposé(e) aux orientations choisies pour la construction européenne. Cet atout dans le jeu du président du RPR, qui fonde toute sa campagne sur l'opposition à Valéry Giscard d'Estaing, se révèle parfois une carte encombrante, quand Louise Weiss proclame que « les différences entre les visions européennes du président de la République et de Monsieur Chirac ne sont pas aussi importantes qu'on le dit[17] », mais il ne faut sans doute pas exagérer l'impact de ces déclarations – d'ailleurs peu nombreuses.

Sur les « petites listes », on remarque la présence de quelques personnalités féminines. Dans la mouvance radicale, Jean-Jacques Servan-Schreiber est à la tête d'une liste présentée tardivement (21 mai), qui entend jouer les trublions face aux quatre grands partis et est codirigée par Françoise Giroud, elle-même en seconde position. Trois places plus loin, Jacqueline Thome-Patenôtre, vice-présidente du Mouvement européen – France, est la seule candidate à avoir été membre de l'assemblée des Communautés[18].

---

17. *L'Aurore*, 12 avril 1979, « La "First Lady" de Chirac », *Le Monde*, 14 avril 1979.
18. PE (Parlement européen), division du Statut du Député, liste nominative des députés élus en France depuis 1979, 12 p.

C'est sur les listes d'extrême gauche, mouvements qui prennent davantage en compte les droits des femmes, que l'on trouve le plus de candidates – toutes les trois sont d'ailleurs menées par des femmes. La liste « PSU Europe-Autogestion » en compte vingt-sept, dont la tête de liste Huguette Bouchardeau. La liste présentée conjointement par Lutte ouvrière et la Ligue communiste révolutionnaire est la plus féminisée avec quarante femmes, soit la moitié. À sa tête, devant Alain Krivine, Arlette Laguiller, porte-parole de Lutte ouvrière depuis 1973, mène son premier combat électoral européen. Quant à la liste Europe-Écologie, elle est menée par Solange Fernex (1934-2006), cofondatrice en 1973 d'un des premiers mouvements d'écologie politique en Europe : Écologie et Survie[19]. En 1979, elle est surtout connue pour ses combats contre l'implantation de centrales nucléaires à Fessenheim et à Wylh (RFA) et contre l'Euratom.

Les femmes n'ont donc jamais été aussi nombreuses à se présenter à une élection : on en compte deux cent vingt-six sur les onze listes en compétition, pour huit cent quatre-vingt-onze candidats. Les élections européennes de 1979 constituent pour elles une occasion unique d'accéder à la politique, et leur présence sur les listes donne à ces élections une dimension inédite supplémentaire. Parmi les candidates éligibles, beaucoup appartiennent à des générations qui ont connu la Seconde Guerre mondiale, la plupart y ont participé, en ont souffert personnellement ou dans leur famille. Leurs idées sur l'Europe ne sont pas différentes de celles de leurs partis et des hommes qui les dirigent. Beaucoup s'affirmeront comme européennes seulement ensuite.

« Femmes, votons pour l'Europe[20] »

Comme toute campagne électorale, celle qui s'annonce est le reflet des préoccupations de la société. Avec retard, le monde politique

---

19. Élisabeth Schulthess, *Solange Fernex, l'insoumise. Écologie, féminisme, non-violence*, 2004, pp. 110-111 et 183-184.
20. Slogan accompagnant l'affiche lauréate d'un concours international à l'occasion des élections européennes de 1979.

reprend à son compte un certain nombre de revendications féministes des « années Beauvoir[21] ». La présence de candidates sur les listes européennes va dans ce sens. Mais peut-on parler d'une meilleure prise en compte des droits des femmes ?

Trente-cinq millions d'électeurs français sont appelés à élire leurs représentants à l'assemblée européenne. Parmi eux, 52 % de femmes, que les associations, comme les partis politiques, s'attachent à mobiliser. À partir du mois de mars 1979, une grande campagne de sensibilisation est menée pour les inciter à voter. Le moyen ? Leur prouver que l'Europe s'intéresse à elles. Le 23 mars, la télévision diffuse un numéro consacré aux élections dans le cadre de l'émission « Une minute pour les femmes », qui est proposée par le ministère délégué à la Condition féminine. L'enquête, réalisée par la journaliste Arlette Chabot, dit clairement que les femmes doivent profiter de la campagne pour faire avancer leurs droits en politique, puisque les partis vont nécessairement s'intéresser aux électrices pour obtenir leurs voix[22]. Dans le même esprit, le Centre de documentation pour l'élection européenne conçoit un film de quinze minutes intitulé *Les Femmes*, dont le message est le suivant : « Quand une femme seule parle, on ne l'entend pas. Quand cent millions de femmes parleront ensemble, on les écoutera. » D'où ce slogan : « L'Europe, c'est l'espoir. 10 juin 1979 : Choisissez votre Europe[23]. »

Toujours en mars, *Femmes d'aujourd'hui* donne le résultat d'un grand concours d'affiches, lancé le 7 novembre 1978, et qui conviait ses lectrices et ses lecteurs « à créer un dessin incitant les Européennes à participer aux prochaines élections du Parlement européen au suffrage universel ». Un jury européen a choisi l'affiche qui servira de support à « la campagne électorale du Parlement européen auprès des femmes de la Communauté ». En France, le premier prix va à Bernard Follis : il a représenté le visage d'une femme devant les drapeaux des Neuf et déposant un bulletin marqué du « E » européen. Le prix international est remporté par une Belge flamande de 25 ans,

---

21. Sylvie Chaperon, *Les Années Beauvoir, 1945-1970*, 2000.
22. INAthèque, « Une minute pour les femmes », n° 910, diffusé le 23 mars 1979 : « Les Européennes et leur participation à la politique », durée 2'41''.
23. AN, 5 AG 3 / PA 41, élections européennes de 1979, dossier Centre de documentation pour l'élection européenne.

Kathleen Ramboer, qui a dessiné un « petit bataillon d'Européennes en marche » avec ce slogan : « Femmes, votons pour l'Europe[24]. »

Le 20 mars, l'une des plus anciennes associations féministes, le Conseil national des femmes françaises, organise à Paris une journée d'étude sur le thème : « Les associations de femmes et la construction européenne. » Parmi les intervenants, on note la présence de Marie-Madeleine Dienesch et de Pierre Bernard-Reymond, secrétaire d'État aux Affaires européennes[25]. À l'initiative de la direction générale de l'Information des Communautés européennes, le 26, six cents personnes sont réunies à Paris à l'hôtel Intercontinental pour écouter plusieurs intervenantes parler de « L'Europe des femmes ». Lors de l'ouverture de cette « journée de mobilisation », Monique Pelletier, ministre déléguée de la Condition féminine, qui soutient la liste Veil, affirme : « Rien de valable ne se fera pour les femmes en dehors de l'Europe, et rien de valable ne se fera en Europe sans les femmes. » Françoise Gaspard prend ensuite la parole pour expliquer que jusqu'à maintenant « les femmes n'ont joué aucun rôle dans les institutions européennes. L'Europe a commencé à se construire sans elles et souvent contre elles ».

Toutes les intervenantes indiquent que les femmes seront présentes sur les listes, mais que la lutte est serrée : « Les hommes ne nous laissent pas la place d'eux-mêmes, dit Françoise Gaspard. Il faut que nous forcions les portes du pouvoir. » La solidarité féminine, souvent décriée, est ici à l'œuvre et il y a beaucoup à faire. Jacqueline Nonon, directrice du bureau de l'emploi féminin à la Commission européenne, dénonce la « recherche d'un bouc émissaire » au chômage, du côté du travail des femmes, et les discours sur la glorification de la femme au foyer. Évelyne Sullerot, la cofondatrice du Planning familial, rappelle que, selon un sondage de 1977, 58 % des femmes au foyer regrettent de ne pas avoir d'activité professionnelle[26].

---

24. *Femmes d'aujourd'hui*, 21 mars 1979, « Palmarès du grand concours d'affiches ».

25. CAF, fonds CNFF, 2 AF 24, journée d'études du 20 mars 1979, préparation et correspondance.

26. *Le Monde*, 29 mars 1979, « Les femmes et l'Europe : "forcer les portes du pouvoir"».

Sur les professions de foi et programmes des listes européennes de 1979, il ne faut pas s'attendre à trouver beaucoup de mesures spécifiques concernant les femmes. Elles devront se contenter d'une coloration particulière. « L'égalité du droit des femmes dans tous les domaines » est toutefois un point important du programme des écologistes. C'est un peu le même engagement féministe qui se retrouve dans la profession de foi de la liste PSU, conduite par Huguette Bouchardeau. La liste de Jean-Jacques Servan-Schreiber et Françoise Giroud met l'accent sur les réformes à faire pour atteindre le plein emploi en Europe, mais ne parle que des « Français », ou des « hommes », comme si la présence en co-tête de liste d'une ancienne secrétaire d'État à la Condition féminine la dispensait d'aborder les droits des femmes.

Des quatre listes présentées par les grandes formations politiques, seule celle du RPR conduite par Jacques Chirac (DIFE) n'évoque pas les droits des femmes. Son programme, tout entier tourné vers la défense de la souveraineté nationale, comporte « dix orientations principales » dont aucune ne traite de l'égalité entre les hommes et les femmes, bien que la quatrième s'intitule « une action sociale cohérente et généreuse ». Quant à Louise Weiss, elle a publié en 1973 une *Lettre à un embryon*, un pamphlet anti-avortement.

De leur côté, les communistes réclament « une charte européenne de la femme visant à lui garantir une pleine égalité », notamment en ce qui concerne « le travail, la formation et la promotion professionnelle ». On retrouve là de nombreuses propositions issues de la réflexion de militantes et d'intellectuelles au sein du Centre d'études et de recherche marxiste (CERM) qui a donné lieu en 1978 à la rédaction de *La Condition féminine*.

Emmenés par François Mitterrand, les socialistes et les radicaux de gauche stigmatisent surtout l'échec du système libéral, mis en lumière par la crise économique. Quatorze propositions envisagent de construire une nouvelle Europe. Les droits des femmes sont évoqués dans la dernière, assez fourre-tout, qui s'intitule « L'Europe des libertés, de la détente et de la paix » : « Les socialistes apporteront toute leur attention à ce qu' […] il soit mis fin à la contradiction entre l'égalité formelle reconnue aux deux sexes et l'ensemble des pratiques qui manifestent la prépondérance masculine. » Aucune mesure

n'est précisée, mais le tout récent congrès de Metz (mars 1979) a
accordé à la lutte des femmes une place inédite.

Le 5 mai, François Mitterrand lance la campagne des socialistes
pour les élections européennes, lors d'une journée consacrée aux
« Femmes et l'Europe » à Marseille : « La prise de conscience des
droits des femmes doit être placée par nous au sommet des priorités
politiques[27]. » Paraphrasant Aragon, une affiche socialiste proclame :
« La femme est l'avenir de l'Europe[28]. » Encore, le 6 juin, soit quatre
jours avant le scrutin, plusieurs candidates de la liste, dont Françoise
Gaspard et Marie-Claude Vayssade, organisent une conférence de
presse pour « affirmer leur détermination d'agir de façon concertée
avec les autres femmes socialistes et social-démocrates d'Europe[29] ».
Du congrès de Metz aux élections européennes, il y a incontestablement un « effet troisième courant[30] », celui impulsé par les femmes
au sein du parti.

La liste conduite par Simone Veil, « Union pour la France en
Europe », a fait du « rapport Deniau » sa doctrine européenne. « Cent
propositions pour l'Europe » en sont la traduction concrète et résu-
ment son programme électoral. On y trouve, éparses, plusieurs
mesures concernant les femmes, en particulier « des mesures spécifiques en faveur de l'emploi des jeunes et des femmes », mais qui ne
sont pas précisées. Dans le chapitre intitulé « Mieux vivre en France
grâce à l'Europe », l'UDF prône une politique familiale plus étendue : porter le congé maternité à quatorze semaines partout en
Europe et, surtout, augmenter les allocations familiales.

---

27. Discours de François Mitterrand, Marseille, 5 mai 1979 ; Jane Jenson et
Mariette Sineau, *op. cit.*, pp. 126-128.
28. Frédéric Cépède, « Des roses et des étoiles. L'Europe affichée par les socialistes lors des scrutins européens », *Les Socialistes et les élections européennes
1979-2004,* pp. 70-91.
29. *Le Monde,* 8 juin 1979, « Les candidates socialistes plaident pour une évolution européenne des droits des femmes ».
30. Jane Jenson et Mariette Sineau, *op. cit.*, p. 128.

Simone Veil, pivot de la campagne

Menant la liste soutenue sinon issue du gouvernement (elle comporte quatre ministres en plus d'elle), Simone Veil est le pivot autour duquel tourne la campagne électorale. Qu'une femme tienne ce rôle est une première dans la vie politique française. Sans légitimité issue des urnes, femme isolée dans le microcosme politique, sans troupe, l'auteure de la loi sur l'IVG focalise bien des critiques, mais suscite aussi de nombreux soutiens.

Son inexpérience en matière électorale est à la fois un atout et une faiblesse. Elle joue de son charisme, de sa popularité et cultive son image de non professionnelle de la politique, en marge des partis. « Homme politique le plus populaire de France », selon *L'Express*, Simone Veil doit trouver un équilibre entre son positionnement atypique et la recherche de l'efficacité. La presse évoque sa difficile entrée en campagne : une « première prestation touchante de maladresse, le 25 avril à Marseille », après laquelle elle explique qu'« arriver dans un meeting, être pressée de toutes parts, c'est une véritable agression physique[31] ». Avant son discours de Toulouse (9 mai), elle aurait répété plusieurs fois son texte devant son mari et son fils[32]. Les moindres gestes et paroles de la débutante Simone Veil sont attendus, scrutés et le moindre de ses faux pas est donc davantage stigmatisé.

Le 4 mai, les quatre têtes des listes principales confrontent leurs idées sur le plateau de « L'Europe et nous » d'Antenne 2 et sur Europe n° 1. Simone Veil apparaît en décalage par rapport à François Mitterrand, Jacques Chirac et Georges Marchais. Pour les observateurs de l'IFOP, il est indiscutable qu'elle est une « européenne sincère » et « qu'en aucun cas elle n'est suspectée de nourrir des arrière-pensées politiciennes ». Mais trois points sont moins en sa faveur : elle est perçue comme le médium du président de la République, elle n'a pas su trouver de « formules qui restent durablement » et sa prestation n'est « peut-être pas à la hauteur des trois autres ténors ». Simone Veil apparaît dans un « sous-registre[33] ». Mais n'est-elle pas

31. Michelle Coquillat, *op. cit.*, pp. 235-236.
32. *L'Express*, 12-18 mai 1979, « Les boulets de Simone Veil ».
33. AN, 5 AG 3 / PA 40, élections européennes de 1979, candidature de Simone Veil, analyse de l'IFOP de l'émission « L'Europe et nous ».

plutôt dans un *autre* registre qui lui permet de toucher efficacement les Françaises et les Français ? Les conseillers du président de la République sont heureux de voir le scrutin approcher, pensant qu'« elle n'aura pas le temps de s'améliorer[34] ». En effet, la liste UFE est largement en tête dans les sondages avec six à neuf points d'avance sur la liste socialiste.

Trois semaines plus tard, les analystes de l'IFOP, s'appuyant cette fois sur un sondage réalisé auprès des sympathisants UDF, confirment leur approche du style Veil. Ils évoquent sa force « dont l'histoire constitue un argument en soi et un exemple en faveur d'une Europe unie et pacifique » et sa « présence rassurante ». Selon les politistes, « la féminité de Simone Veil semble bien constituer pour elle un avantage important, de par sa portée symbolique et l'impact qu'elle lui vaut entre autres sur l'électorat féminin ». Pour autant, il lui reste des progrès à accomplir, car cette féminité a un revers : « Les femmes n'ont pas assez de poigne ; elle doit manifester dans ses propos plus de conviction et plus d'autorité[35]. » À la fin mai, les sondages se succèdent à un rythme effréné. Celui qui paraît le 28 montre un tassement de l'effet Veil : de 35 % d'intentions de vote, la liste UFE passe à 33 %[36]. Les interactions sont trop nombreuses pour que l'on puisse se risquer à une seule explication, mais il est certain que la candidate du pouvoir subit par ricochet la dénonciation, par les autres formations politiques, d'une propagande du gouvernement, d'une manipulation de l'information, etc.

Refusant toute polémique avec les autres listes, Simone Veil développe des thèmes de campagne qui peuvent se résumer en un mot : l'espoir européen « pour que nos enfants puissent connaître un monde réconcilié où la paix leur soit enfin assurée ». Pour cela, les relations avec l'Allemagne, débarrassées de tout anti-germanisme, sont primordiales. Valéry Giscard d'Estaing et Raymond Barre, comme Simone Veil, insistent sur la nécessité de

---

34. *L'Express*, 12-18 mai 1979, « Les boulets de Simone Veil », p.105.
35. AN 5 AG 3 / JR 8, élections européennes de 1979, « Les sympathisants UDF jugent Simone Veil », étude de l'IFOP, 28 mai 1979.
36. *Le Point*, 28 mai 1979, sondage IFOP des 21 et 22 mai.

l'intégration de la France dans une Europe « espoir de progrès » dans tous les domaines, y compris et surtout dans la vie quotidienne des Français : emploi, protection sociale, environnement, etc. La tête de liste développe aussi l'idée que les nouveaux élus auront un rôle à jouer et soutient le texte qui est en préparation pour interdire aux représentants français le cumul des traitements, « en tout cas, entre leur traitement de parlementaire et leur rémunération en tant que député à l'Assemblée européenne[37] ».

Le jour du scrutin approchant, l'engagement de Simone Veil prend la forme d'un contrat passé avec les électeurs : « Si j'ai annoncé que j'y consacrerai tout mon temps, c'est que l'Europe est pour moi une chose trop sérieuse pour être – comme pour M. Mitterrand, comme pour M. Marchais, comme pour M. Chirac – un métier d'appoint. Le tiers temps n'est pas mon fort et vous pouvez compter sur moi, sur nous, pour ne pas être des députés quart de place[38]. » Le refus de la polémique n'est donc pas strictement observé par Simone Veil. Il ne peut en être autrement puisque son engagement de laisser de côté cette pratique politicienne était unilatéral, les autres listes ne s'étant pas privées de polémiquer.

Il n'est pas toujours facile de déterminer les dimensions politiques et les expressions machistes ou de solidarité féminine dans les attitudes des acteurs politiques ou des associations à l'égard de Simone Veil. On le voit bien avec le soutien que le Comité français des femmes pour l'Europe (CFFE) apporte à la liste UFE. Cette association, qui s'est constituée le 1er décembre 1978, est forte de mille cinq cents adhérentes. *L'Aurore* la présente comme un lobby de femmes giscardiennes, parrainé par le CDS (Centre des démocrates sociaux) que dirige Jean Lecanuet. La présidente du comité, Bernadette d'Angevilliers, confirme bien à un chargé de mission auprès de Valéry Giscard d'Estaing que son approche de l'Europe est celle du gouvernement. Le 8 juin, le CFFE organise une grande réunion de soutien à la liste UFE, à la Mutualité. De son côté, Monique Pelletier, ministre déléguée à la Condition féminine, accepte la présidence du comité de soutien à la liste

---

37. « Club de la presse » d'Europe n°1, dimanche 22 avril 1979.
38. Meeting au palais des Congrès de Nancy, 5 juin 1979.

UFE, à Neuilly[39]. Ces soutiens « féminins » sont clairement organisés dans sa famille politique.

La gauche comme la droite est divisée dans cette bataille. Les
grandes listes jouent donc un curieux quadrille deux à deux : les listes
européennes des socialistes et du gouvernement s'opposant aux listes
anti-européennes des communistes et des gaullistes. Simone Veil
doit compter avec un concurrent de droite, également adversaire sur
le plan européen, Jacques Chirac ; avec un adversaire politique, mais
concurrent européen, François Mitterrand, et avec un adversaire en
politique comme en matière européenne : Georges Marchais.
Compte tenu de sa manière d'envisager la campagne, on comprend
que Simone Veil considère les communistes comme ses principaux
adversaires.

Du côté des socialistes où l'on redoute l'effet Veil sur l'électorat
féminin et européiste, c'est moins la personnalité de la tête de liste
UDF qui est attaquée, que son apolitisme. Outre le caractère « officiel » de sa candidature, il est présenté comme factice. Pierre Mauroy
la considère comme tout autant responsable des difficultés des Français que le gouvernement auquel elle appartient. François Mitterrand
dénonce : « Cette attitude un peu apolitique, il paraît que cela plaît ;
mais cela fait cinq ans qu'elle est ministre. C'est une fausse inno-
cence et je ne voudrais pas que le noviciat de Mme Veil se termine
par des vœux perpétuels[40]. »

Au RPR, avant même le début de la campagne, Pierre Charpy dans
La Lettre de la Nation, organe du RPR, reprend un « argument »
vieux comme la volonté des hommes d'éloigner les femmes du pouvoir : elles n'y sont tout simplement pas à leur place. : « Simone Veil,
tête de liste pour l'élection européenne ? Comment pouvez-vous
imaginer cela ? Pour qui l'a entendue au « Club de la presse »
d'Europe n° 1 dimanche soir, elle n'est qu'une aimable flâneuse dans
ce jardin européen qui joue de son ombrelle en espérant vaguement
qu'il y aura quelques pommes à croquer pour Ève. » Voilà qui augure

---

39. AN, 5 AG 3 / PA 41, élections européennes de 1979, documentation, dossier CFFE ; JR 10, élections européennes de 1979, organisation de la campagne de
Simone Veil, lettre de Monique Pelletier.
40. François Mitterrand, RMC, 7 juin 1979.

mal des relations entre les deux partis de la majorité gouvernementale.

Pour capter les électeurs du RPR, Simone Veil avance que les positions des uns et des autres ne sont pas très éloignées : « Quand je relis les déclarations du RPR en ce qui concerne l'Europe, je n'arrive pas à voir les divergences[41]. » Louise Weiss a déjà déclaré la même chose et a refusé le combat : « Weiss-Veil, il y en a qui prennent des assonances pour des dissonances ! J'ai trop de respect pour la personne et le patriotisme de Simone Veil pour accepter ce rôle d'adversaire. » Mais pour Jacques Chirac, « sur l'Europe, ce qui nous sépare de l'UDF est incomparablement plus profond que ce qui nous unit ». Simone Veil développe aussi le thème de l'héritage gaulliste que sa liste revendique, en rappelant le partenariat franco-allemand, initié par le général de Gaulle avec le chancelier Adenauer. Ce positionnement déclenche la riposte de Jean Foyer, député RPR de Maine-et-Loire, qui s'étonne de voir que « se multiplient les héritiers du général de Gaulle que ce dernier n'a pas enfantés », tandis que Michel Debré dénonce « les beaux orateurs qui se taillent chaque jour un pourpoint dans le manteau royal du général de Gaulle ». Pour démonter la supercherie de la liste UFE, tous stigmatisent le régime d'assemblée qui se prépare : « une sorte de IVe République à l'échelle de l'Europe[42] ».

Mais Simone Veil entretient des relations amicales avec Jacques Chirac qui la poussent à refuser de débattre de l'Europe avec lui. Avant même qu'elle ait lu la lettre du président du RPR lui proposant un débat télévisé, son cabinet a fait publier dans la presse la réponse négative de la tête de liste UFE. Cette position lui convient : « Je préfère une dérobade à une polémique. » Ministre de la Santé depuis cinq ans, elle ne juge pas « convenable » d'affronter son ancien Premier ministre[43]. Cette explication n'est sûrement pas suffisante, puisqu'au même moment elle refuse également de débattre avec

41. La Lettre de la Nation, 24 avril 1979 ; « Club de la presse » d'Europe n°1, dimanche 22 avril 1979.

42. L'Aurore, 12 avril 1979, « La "First Lady" de Chirac » ; meeting de Nantes, 5 mai 1979 ; meeting du parc de Bagatelle, Paris, 2 juin 1979.

43. Le Monde, 10 et 14 mai 1979 ; L'Express, 12-18 mai 1979, « Les boulets de Simone Veil », p.105.

François Mitterrand. Percevant le manque de métier politique de leur tête de liste, Valéry Giscard d'Estaing et Raymond Barre vont la soutenir, tant et si bien que les listes concurrentes présentent l'UFE comme la « liste de M. Barre ». Voilà Simone Veil dépouillée de son rôle. Puisqu'elle n'est pas prête à respecter les règles du jeu politique traditionnel, ses adversaires et concurrents, semblant considérer qu'elle est en dehors de l'arène politique, préfèrent se choisir un autre adversaire. Cela explique sans doute qu'elle fasse l'objet de peu d'attaques personnelles directes de la part des partis politiques institués et de leurs chefs.

Les agressions les plus virulentes à l'encontre de Simone Veil viennent de l'extrême droite qui n'a jamais accepté sa loi sur l'IVG. À l'Élysée, Jean Riolacci, chargé de mission dont le rôle est de suivre la campagne, répertorie toutes les attaques. La liste de Tixier-Vignancour dénonce « la France sans enfants : les Pâques sanglantes de Simone » et lance une campagne contre la « responsable de la loi sur l'avortement[44] ». Le 28 mai à Lille, alors qu'elle s'apprête à prendre la parole devant deux mille à trois mille personnes, des sifflets jaillissent et sur des pancartes on peut lire : « Veil-Hitler, même combat », « Loi Veil = un million de morts ». Alors que ses sympathisants la soutiennent en scandant « Simone ! Simone ! », elle réplique : « Fascistes, sortez de la salle ! J'ai vu vos pancartes : les nazis, c'est vous. » Et ajoute : « J'en ai la preuve par le courrier que vous m'adressez. » Une fois les trublions expulsés, Simone Veil insiste sur la nécessité de l'Europe pour assurer la paix, le principal thème de sa campagne : « Écoutez la voix de tous ceux qui sont morts dans leurs tranchées, écoutez la voix des torturés, de tous ceux qui ont subi l'épouvante des camps ; cette voix du fond de nos mémoires nous avertit que si nous n'organisons pas l'Europe ensemble, les temps de l'horreur reviendront pour nous et pour nos enfants[45]. »

C'est lorsqu'elle dramatise l'enjeu européen, qui reprend l'idée des « pères fondateurs », que Simone Veil est incontestablement la

---

44. AN, 5 AG 3 / JR 10, élections européennes de 1979, documentation de campagne.
45. *Le Monde*, 30 mai 1979, « Mme Veil : si nous n'organisons pas l'Europe, les temps de l'horreur reviendront ».

meilleure, bien plus que lorsqu'elle évoque les bienfaits de la construction européenne pour l'économie nationale ou même pour les
avancées sociales. C'est dans son histoire personnelle qu'elle trouve
les mots et les phrases qui touchent les gens qui viennent l'écouter.
Mais c'est ce même passé et son engagement pour l'IVG qui font
d'elle une cible pour certains extrémistes, et pas seulement pour eux.
Dans une lettre à son ami Jean Riolacci, Jean-Marie Robert, préfet du
Maine-et-Loire (1975-1982), rend compte de la campagne de l'élection européenne dans un département, « bastion de la tradition de
l'Église », qu'il connaît parfaitement et évoque « le problème de
l'avortement, si largement et si brutalement utilisé par le RPR et en
un seul mot "avorteuse"[46] ».

Les problèmes et les dimensions de politique intérieure ont incontestablement dominé le débat européen. Mobiliser l'opinion autour
d'une institution aux contours flous pouvait sembler alors une
gageure, mais la présence à la tête des listes des principales personnalités politiques nationales a permis de contourner cette difficulté.
Même si l'intérêt de l'opinion publique a été croissant pendant la
campagne, il est demeuré faible : l'abstention de 38,8 % est un
record depuis l'après-guerre. Malgré tous ces constats, l'élection
européenne de 1979 est un événement pour les femmes. Pour la première fois dans la vie politique française, une femme a été au centre
d'une campagne électorale nationale et les droits des femmes ont été
mis en avant, peut-être instrumentalisés...

---

46. AN, 5 AG 3 / PA 39, élections européennes de 1979, correspondance, 11
juin 1979.

CHAPITRE 3

La première journée des Françaises, 17 juillet 1979

Le scrutin du 10 juin n'a pas suscité l'enthousiasme des Français(es) : la participation de 61 % se situe dans la moyenne des neuf États membres de la Communauté, sans plus. Quatre listes, celles des grandes formations, dépassent les 5 % des voix et envoient des députés à Strasbourg. La course Veil-Mitterrand pour attirer les suffrages féminins a tourné nettement à l'avantage de la ministre de la Santé. Puisque sa liste arrive en tête (27,6 %), en partie sans doute grâce aux femmes : 31 % d'entre elles ont voté pour la liste UFE (contre 25 % des hommes). La personnalité de Simone Veil, son action concrète en faveur des femmes ont donc davantage convaincu que les invocations tardives du Parti socialiste : seules 22 % des électrices ont accordé leur confiance à la liste de François Mitterrand, contre 26 % des électeurs[1]. En revanche, c'est le Parti socialiste qui a le plus de femmes élues, tant en chiffres absolus qu'en pourcentage : elles sont 6, soit 27,3 %.

Autre conclusion à tirer du scrutin, la campagne contre « l'avorteuse » a eu peu d'effets : avec 1,31 %, la liste de Tixier-Vignancour ne recueille pas les fruits de son acharnement contre Simone Veil. Sans doute a-t-il même été contre-productif en provoquant des

---

1. *Le Nouvel Observateur*, 23 juillet 1979, sondage post-électoral de la SOFRES.

manifestations de soutien envers elle. L'intéressée reste elle-même convaincue que « le débat sur l'IVG et le fait d'avoir tenu tête face à de violentes attaques » ont été à l'origine de sa popularité : « Encore maintenant, il n'y a pas de jour où quelqu'un ne m'arrête dans la rue pour me remercier de ce que j'ai fait pour les femmes, y compris des jeunes qui n'étaient pas nés en 1974 et ne peuvent pas se souvenir de la situation qui prévalait auparavant. »

Dans le flot de réactions à chaud sur les résultats des élections, le couplet de Simone Veil sonne un peu différemment du langage politique habituel. Fidèle à la ligne de conduite qu'elle s'est fixée pendant la campagne, elle ne fait aucun commentaire de politique intérieure, puisque ce n'est pas l'enjeu du scrutin : « Pour moi, il est important que le résultat acquis nous permette, à mes amis et à moi-même, de travailler de façon constructive pour la France et l'Europe. Je m'y engage et je tiendrai cet engagement[2]. »

La première condition est de quitter le gouvernement. Le 4 juillet, la ministre de la Santé participe à son dernier Conseil des ministres, sa démission du gouvernement ayant été acceptée. C'est l'occasion pour le président de la République de lui rendre un hommage appuyé : « Simone Veil a symbolisé l'accès des femmes aux plus hautes responsabilités de la société française. Par sa simplicité et sa compétence, elle a illustré l'apport indispensable des femmes à la vie publique de la France. » « Nous regretterons aussi votre sourire », ajoute Valéry Giscard d'Estaing qui lui donne une « poignée de main exceptionnelle, devant les photographes, en haut du perron de l'Élysée[3] ». L'engagement de Simone Veil dans sa nouvelle tâche va priver la vie politique française d'une grande personnalité féminine, la seule de cette envergure à l'époque.

Dix-huit Françaises à Strasbourg

Compte tenu du mode de scrutin de liste, il n'y a pas de surprise. Parmi les élues, toutes ont une activité professionnelle déclarée et

---

2. Citée dans *Les Premières Élections européennes (juin 1979)*, supplément aux *Dossiers et documents du Monde*, juin 1979, p. 104.

3. *L'Express*, 7 au 13 juillet 1979, « Simone II » ; *L'Année politique 1979*, p. 78.

la plupart d'entre elles ont une expérience politique : mandats électoraux ou responsabilités dans un parti qui sont en quelque sorte récompensées. Les élues communistes ont la moyenne d'âge la plus jeune (37,75 ans) ; les élues de la liste du RPR la plus élevée (64 ans). Les élues UFE (55,25 ans) sont plus âgées que les élues socialistes (44,3 ans). Compte tenu de l'histoire politique de la France depuis 1945, c'est à droite que l'on rencontre les « carrières » politiques les plus étoffées.

Dans la nouvelle assemblée européenne, les députées françaises sont les plus nombreuses (dix-huit) ; en proportion (22,22 %), elles ne sont dépassées que par les Danoises (31,25 % ; cinq élues sur seize). Des « grands pays » qui ont quatre-vingt-un députés, la France est donc nettement celui qui a le plus d'élues : Royaume-Uni et Italie, onze ; RFA, douze. Le nombre de femmes présentes désormais dans l'hémicycle européen n'a plus aucune mesure avec ce qu'elles représentaient dans l'assemblée précédente. « D'entrée de jeu nous étions 15 %, ce qui n'était pas négligeable, se souvient Marie-Claude Vayssade, élue socialiste. Il y avait ce que j'appelle la masse critique qui permet de ne plus être dans l'exception. »

Reste à savoir comment ces Françaises vont prendre leur place et comment elles vont pouvoir jouer un rôle. L'élection au suffrage universel direct doit renforcer la représentativité du Parlement européen, mais les gouvernants des Neuf n'entendent pas se dessaisir du pouvoir décisionnel[4]. De l'avis de tous, acteurs comme observateurs, seule la vie parlementaire pourra confirmer ou infirmer l'hypothèse d'une plus grande légitimité institutionnelle du Parlement européen.

Les sentiments des élues sont sans doute, comme ceux des hommes, marqués par la nouveauté, le terme n'est pas ici galvaudé. « Nous étions, racontait Louise Moreau, comme de jeunes écoliers qui, pour la première fois, découvrent leur nouvelle salle de classe[5]. » Marie-Claude Vayssade évoque « un Parlement tout neuf, à tous points de vue : mode d'élection, nombre (on passe de cent quatre-vingt-dix environ à quatre cent dix), suffrage universel qui légitimait beaucoup

---

4. Marc Abélès, *La Vie quotidienne au Parlement européen*, 1992, p. 49.
5. Cité par Raymond Forni, président de l'Assemblée nationale, dans son discours en hommage solennel à Louise Moreau, 25 avril 2001.

de choses et donnait un tout autre statut ». Christiane Scrivener insiste aussi sur la découverte : « Tout était nouveau pour moi : la vie parlementaire avec ses allées et venues à Bruxelles et Strasbourg et l'impression de vivre dans les valises, la mise en place d'un Parlement qui avait souvent de la peine à trouver ses marques, mais qui finalement avançait. »

Autre découverte, le cosmopolitisme des élus de l'assemblée européenne. « Mes premières impressions, se rappelle Marie-Claude Vayssade, d'abord de rentrer un peu dans un maelström. » « L'atmosphère du Parlement européen était très différente du fait des nationalités et des langues différentes, écrit Christiane Scrivener. Il y régnait un air international qui ne pouvait exister dans une assemblée nationale[6]. » Pour Françoise Gaspard, « le plus intéressant, ce sont les réunions du groupe socialiste où je me retrouve avec les huit autres groupes de députés socialistes. Je vois les cultures socialistes différentes et je prends beaucoup de notes, car l'envie me vient d'écrire quelque chose sur ces différentes cultures socialistes ». Yvette Roudy affirme à *L'Unité* : « Le jour même de mon entrée au Parlement européen, j'ai immédiatement pensé qu'il fallait montrer que ce Parlement était différent des autres, que les femmes qui jusqu'alors avaient lutté pour les droits des femmes, et qui se trouvaient là maintenant, n'avaient pas changé. » Vingt-cinq ans plus tard, elle confirme qu'elle a compris, dès son arrivée à Strasbourg, « que l'on pouvait faire des choses dans ce Parlement ouvert, nouveau, qui offrait des possibilités d'action ».

Une candidature naturelle à droite ?

Dès le lendemain du scrutin, Simone Veil est amenée à commenter des propos de Jean Lecanuet, responsable de l'UDF, qui ont porté sur la possibilité de la voir accéder au perchoir de l'hémicycle européen. Elle estime « tout à fait prématurée » la question de sa candidature à la présidence de l'assemblée et poursuit : « Il n'y a rien d'étonnant à ce qu'on songe qu'un Français, aussi bien qu'un Belge, un Allemand,

6. Christiane Scrivener, *L'Europe, une bataille pour l'avenir*, 1984, p. 51.

un Italien ou un Luxembourgeois, puisse être candidat. Il faut interpréter la déclaration de M. Lecanuet dans cette optique et ne pas y voir davantage[7]. » Sauf que, depuis longtemps, des négociations sont engagées sur la candidature de Simone Veil.

Avant même la fin de l'année 1978, dans quelques entrefilets, la presse française s'est fait l'écho d'une idée de Valéry Giscard d'Estaing de placer Simone Veil à la tête du Parlement européen. Helmut Schmidt serait d'accord, mais les socialistes allemands s'y opposeraient : Willy Brandt, président de l'Internationale socialiste, accepterait un Français à Strasbourg, mais à condition qu'il soit socialiste[8]. L'hypothèse d'une entente Giscard-Schmidt très précoce est confirmée par Hervé de Charette. Selon le responsable de l'UDF, lors de la désignation de la tête de liste par le président de la République, « il était d'ores et déjà convenu – en partenariat avec l'Allemagne évidemment – que si l'on gagnait les élections, Madame Veil serait président du Parlement européen. C'était un calcul politique ambitieux pour la présence de la France au Parlement européen ». Raymond Barre donne un calendrier un peu différent : « D'abord, l'objectif principal est que sa liste arrive en tête. Une fois l'élection assurée, le gouvernement, en plein accord avec Monsieur Giscard d'Estaing, a pensé qu'il était intéressant de la proposer comme présidente du Parlement européen et ceci en liaison avec nos amis allemands. » *L'Express* écrit alors qu'il y a deux « époques Simone Veil », d'où un titre d'article qui rappelle l'industrie du cinéma américain : « Simone II ». Dans la première, « elle fut avant tout ministre », dans la seconde « elle est avant tout une femme politique. Si l'on ne redoutait le brusque éclat d'acier de ses yeux verts, on dirait : "politicienne" ».

Mais le chemin de la présidence du Parlement sera difficile : les fonctionnaires de la Communauté n'envisagent qu'à contrecœur une présidence française, alors que la France refuse d'étudier une évolution des institutions de la Communauté. À quoi s'ajoutent les antécédents politiques de la candidate, notamment sur l'IVG, qui lui valent

---

7. TF1, journal télévisé, 11 juin 1979 ; *Le Monde*, 12 juin 1979, « Mme Veil : la question de ma candidature à la présidence est prématurée ».

8. *Valeurs actuelles*, 27 novembre 1978.

l'opposition de certains parlementaires[9]. La détermination de Valéry Giscard d'Estaing et l'entente franco-allemande ne font pas de doute, mais les relations partisanes à l'échelle européenne ont aussi été un élément décisif.

Simone Veil elle-même dit avoir découvert plus tard l'ancienneté de sa candidature : « Sans doute Michel Poniatowski, qui connaissait bien le groupe libéral du Parlement européen, et qui avait eu beaucoup de contacts avec les représentants des autres pays, était-il au courant d'un engagement pris par le parti démocrate-chrétien de voter pour le candidat libéral à la présidence du Parlement. » Michel Poniatowski, avec Jean Lecanuet, a effectivement joué auprès des parlementaires européens un rôle important pour qu'ils se rallient à une candidature française ; Valéry Giscard d'Estaing se serait occupé personnellement des chefs d'État et de gouvernement, et le ministre des Affaires étrangères Jean François-Poncet de ses collègues européens[10]. De son côté, Simone Veil rappelle seulement qu'elle ignorait tout de l'accord intervenu à la suite du prolongement d'une année du mandat de Emilio Colombo, l'ancien Premier ministre italien qui avait présidé l'Assemblée européenne en 1978. Une fois qu'elle a découvert cet accord, elle s'est sentie « mal à l'aise vis-à-vis de Gaston Thorn, ancien Premier ministre du Luxembourg, qui à bon droit pouvait espérer, étant président de la Fédération européenne des partis libéraux, être élu à la présidence du Parlement européen en 1979 ».

C'est le 10 juillet, un mois après le scrutin, que les démocrates-chrétiens confirment à l'unanimité leur décision de voter pour le candidat libéral à la présidence du Parlement européen (ils respectent ainsi l'accord qui avait permis à Colombo de rester à la présidence une année supplémentaire). Mais comme le laisse entendre à demi-mot Simone Veil, c'est au sein même du groupe libéral que sa candidature pouvait poser des difficultés. Le groupe doit aller jusqu'au vote. Or certains soutiennent la candidature de Gaston Thorn, ministre des

9. *Le Monde*, 12 juillet 1979, « Les démocrates-chrétiens s'engagent à voter pour Mme Veil, candidate du groupe libéral » ; *L'Express*, 7 au 13 juillet 1979, « Simone II ».
10. Maurice Szafran, *op. cit.*, pp. 274-276.

Affaires étrangères du Luxembourg, président de l'Internationale libérale et européen convaincu, qui a beaucoup fait pour l'élection au suffrage universel du Parlement en 1976.

La candidate française l'emporte cependant par vingt voix contre seize au Luxembourgeois. Bien que le vote soit secret, il ne fait pas de doute que les seize Français ont voté pour elle, les quatre voix assurant la majorité étant probablement allemandes. C'est en effet un Allemand qui a été désigné ensuite chef du groupe libéral, alors qu'un Français occupait ce poste jusque-là. Pour beaucoup, l'entente franco-allemande a fonctionné à plein[11]. Le fait d'être une femme est-il entré en ligne de compte ? Simone Veil répond : « Non, certainement pas. » Ce n'est pas le sexe du candidat qui a été discuté, mais plutôt son appartenance politique et sa nationalité.

L'échec de Gaston Thorn engendre des remous. Certains de ses partisans font valoir, dans les couloirs – surtout auprès des démocrates-chrétiens – que le nom de Simone Veil, trop attaché à la libéralisation de l'avortement, n'est pas le meilleur pour figurer à la première place de l'organigramme du Parlement. Les députés démocrates-chrétiens italiens et bavarois (de la CSU) sont particulièrement sensibles à cet argument. Quant à ceux des « petits pays » (Belgique, Luxembourg, Pays-Bas, Danemark), ils souhaitaient que l'un de leurs représentants accède au perchoir européen. Il faut aussi compter avec les conservateurs britanniques (soixante élus) qui comptent bien monnayer leur soutien à Simone Veil et réclament la présidence de la commission de l'Agriculture.

C'est une grosse couleuvre à faire avaler aux Français, surtout aux quinze députés RPR, réunis avec quelques Irlandais dans le groupe des Démocrates européens de progrès (DEP). Les gaullistes ont affirmé ne pas vouloir « prendre la responsabilité d'empêcher l'élection d'un Français », mais les rancœurs de la campagne électorale dans l'Hexagone demeurent. Jusqu'au jour de l'élection à la présidence de Strasbourg, rien n'est joué[12].

11. *Le Monde*, 12 juillet 1979, « Les démocrates-chrétiens s'engagent à voter pour Mme Veil… ».
12. *Le Figaro*, 17 juillet 1979, « Lever de rideau à Strasbourg ».

Le mardi 17 juillet, jour de l'élection, Valéry Giscard d'Estaing, qui est en visite en Nouvelle-Calédonie, harcèle Michel Poniatowski au téléphone, car il craint des réticences des chrétiens-démocrates italiens à l'égard de la responsable de la loi sur l'IVG. Pour Jean Lecanuet : « Les Italiens étaient en effet hostiles. Mais pas à Simone. À Giscard ! Ils étaient persuadés que le président de la République avait pris l'ascendant sur le chancelier Schmidt et ils craignaient par-dessus tout un axe franco-allemand sous férule française. Je les ai calmés[13]. » Pour Pierre Pflimlin, élu de la liste UFE : « Nous eûmes beaucoup de mal, Jean Lecanuet et moi, à convaincre la majorité du groupe PPE à voter pour Simone Veil, contre laquelle existaient au sein de ce groupe certains préjugés[14]. »

Un discours pour l'Histoire

Quelques jours avant la première réunion du Parlement européen, Louise Weiss écrit à Valéry Giscard d'Estaing : « Ainsi que par déférence et reconnaissance je vous l'avais proposé, il m'a paru, comme relevant de la plus élémentaire courtoisie, de vous adresser, à titre tout à fait confidentiel, le texte du discours que je compte prononcer[15]. » Un discours de quatorze pages est joint. Cette communication personnelle n'appelle pas de réponse ni avis. Pas une idée ne sera retranchée ou ajoutée au texte envoyé au président de la République. Pour mesurer toute l'application que Louise Weiss a mise dans cet exercice, il faut savoir qu'elle a assuré personnellement la traduction de son discours en anglais et en allemand. Des proches, Andrée et Hubert Martin, témoignent : « Elle y mit toute son âme, toute sa force, avec un dynamisme, une vitalité, une ardeur qui nous ahurissaient. C'était pour elle un couronnement[16]. » Le titre de son discours, « Un combat pour l'Europe »,

---

13. Cité par Maurice Szafran, *op. cit.*, p. 276.
14. Pierre Pflimlin, *Mémoires d'un Européen*, 1991, p. 327.
15. AN, 5 AG 3 / JR 8, élections européennes de 1979, lettre de Louise Weiss à Valéry Giscard d'Estaing, 9 juillet 1979
16. Andrée et Hubert Martin, « Louise Weiss toujours avec nous », in *Louise Weiss, l'Européenne, op. cit.*, p. 456.

rappelle ceux qu'elle mena dans l'entre-deux-guerres et dont la relation est rééditée en 1979.

À 86 ans, Louise Weiss monte à la tribune « en amoureuse de l'Europe », « pour y vivre, présidente d'un jour, un honneur dont je n'aurais pas osé rêver, et une joie – la joie la plus forte que puisse éprouver une créature au soir de son existence –, la joie d'une vocation de jeunesse miraculeusement accomplie ». Dans son long discours, elle rappelle de nombreuses étapes de l'histoire de l'Europe et évoque les « trois grands Karl » : Charlemagne, Karl Marx et Charles de Gaulle ! Elle fait aussi entrer dans son panthéon européen Jean Monnet et Robert Schuman, Winston Churchill et Konrad Adenauer. Évoquant l'élection du Parlement européen, la doyenne des députés fait la leçon : « Mes Européens chéris, avouez que vos campagnes électorales ont souvent paru plus lourdes d'arrière-pensées partisanes que de préoccupations européennes. » Elle insiste sur le suffrage universel qui consacre la nouvelle assemblée : « Je dis bien le suffrage universel, car les femmes y ont eu la part de plein droit qui leur revenait », et elle « salue chaleureusement celles qui se trouvent parmi nous, conscientes, sans esprit de ségrégation de la tâche qui les attend ». Quant à l'avenir, dit-elle, il se résume à trois problèmes cruciaux pour l'Europe : l'absence trop grande encore d'identité européenne, la dénatalité (« au train où vont les couples, il n'y aura plus d'Européens bientôt ») et les Droits de l'homme. La doyenne termine « cette allocution si peu conforme aux usages », en mettant tout son espoir dans le Parlement européen[17].

Une grande partie de la presse française et européenne salue la performance de Louise Weiss et son engagement européen, mais *L'Humanité* stigmatise un ton d'un autre temps et un aveuglement anti-communiste : « Elle a osé accuser le Vietnam, victime de plus de trente années de guerre, de génocide, et elle s'en est prise aux pays producteurs de pétrole dans des termes franchement colonialistes, parlant de "fils du désert [qui] peuvent, de l'extérieur, tuer une civilisation à laquelle ils doivent leur fortune"[18]. »

---

17. Texte intégral du discours de Louise Weiss, dans *ibid.*, pp. 481-502.
18. *L'Humanité*, 18 juillet 1979.

Certains témoins se souviennent de son discours comme d'un moment fort de la séance inaugurale. Pour Marie-Claude Vayssade, il a aidé à l'intégration des femmes dans le Parlement. Recevant le prix Louise Weiss, en 1988, Jacques Delors évoque « la joie qui rayonnait sur son visage lorsqu'elle a appelé à la réinvention de l'Europe plurielle et solidaire et l'émergence d'une Europe des citoyens[19] ». Pierre Pflimlin s'attarde davantage sur ce discours que sur l'élection de Simone Veil comme présidente. Louise Weiss, « cette femme hors pair, dit-il, dressa une fresque admirable de l'Europe à travers les âges. […] Oui, admirable discours, le plus beau que j'aie jamais entendu prononcer sur la véritable grande Europe, celle des hommes d'État dignes de ce nom et des esprits créateurs[20] ». « Je garde un grand souvenir de la première réunion, se rappelle Françoise Gaspard. J'ai le sentiment de participer à quelque chose d'historique. Louise Weiss préside et prononce le discours d'ouverture. J'étais venue avec elle en avion ; après, j'ai souvent pris l'avion et le taxi avec elle. J'étais historienne, ce qui m'intéressait, c'était de la faire parler, elle aimait raconter sa vie en brodant beaucoup comme on le sait, mais pour moi c'était un personnage fascinant. »

L'élection difficile à la présidence

Après le discours inaugural de Louise Weiss, dont la portée est surtout symbolique, les choses sérieuses sur le plan politique débutent avec l'élection à la présidence du Parlement. Elle se fait par vote secret, la majorité absolue des suffrages exprimés est nécessaire pour les trois premiers tours ; au (dernier) tour suivant, la majorité simple est suffisante. Après plusieurs incidents de procédure, les candidats entrent en lice[21]. Outre Simone Veil, se présentent le communiste Giorgio Amendola et le socialiste Mario Zagari. *In extremis*, deux autres candidats se déclarent : un troi-

---

19. *Louise Weiss, l'Européenne, op. cit.*, p. 399.
20. Pierre Pflimlin, *op. cit.*, p. 327.
21. Incidents liés notamment à la volonté des groupes libéral et démocrate-chrétien de faire entériner leur accord sur la présidence du Parlement en obtenant un vote portant la durée du mandat de un an à deux ans et demi.

sième Italien, la radicale Emma Bonino, et un Français : Christian de La Malène, chef du groupe DEP (RPR). Jacques Chirac ne cache alors pas que la candidature RPR – qu'il ne semblait pas envisager quelques jours plus tôt – va obliger Simone Veil à se rendre compte des déperditions de voix dans les groupes libéral, démocrate-chrétien et conservateur. *Libération* parle de la candidature La Malène comme d'« une peau de banane sous les pieds de la prétendante[22] ».

C'est un scénario peu favorable à Simone Veil qui est en train de se jouer. En raison de la candidature La Malène, la candidate libérale recueille au premier tour cent quatre-vingt-trois voix, alors que la majorité absolue est à cent quatre-vingt-onze : ce sont environ vingt-cinq voix de la coalition libérale, démocrate-chrétienne et conservatrice qui lui ont fait défaut. C'est le résultat de toutes les oppositions suscitées par la candidature Veil. La principale intéressée ne retient que l'absence de voix due à l'IVG : « Certains membres de ce groupe [PPE] n'ont pas voté pour moi, notamment parmi les Irlandais, les Allemands et quelques Italiens. »

Après le retrait de Christian de La Malène et d'Emma Bonino, le deuxième tour apparaît dégagé pour Simone Veil. Elle gagne neuf voix, mais ne dépasse la majorité absolue que de trois voix (cent quatre-vingt-douze pour cent quatre-vingt-neuf). Nul doute que tous les suffrages de Christian de La Malène ne se sont pas reportés sur Simone Veil, ce qui n'empêche pas celui-ci de déclarer le lendemain : « C'est mon retrait au second tour qui a permis cette élection. […] Il faut montrer que nos voix sont indispensables et que les gens qui prétendaient avoir la majorité dans cette assemblée ne l'ont pas[23]. » Les députés DEP règlent en même temps quelque compte avec Valéry Giscard d'Estaing : ils sont nécessaires à la majorité à Strasbourg, comme les élus RPR en France. Si des voix gaullistes ont fait défaut au second tour, le scrutin étant secret, on ne peut pas écarter des défaillances supplémentaires chez les démocrates-chrétiens.

Il ne faut pas chercher du côté des députées françaises une solidarité transpartisane qui aurait pu améliorer le score de Simone Veil.

22. *Libération*, 18 juillet 1979.
23. France Inter, 18 juillet 1979.

Les députées socialistes confirment ne pas avoir voté pour elle : Françoise Gaspard a voté pour Mario Zagari. Édith Cresson rappelle le contexte politique : « On était avant 1981 et j'étais dans un parti d'opposition qui avait à gagner les élections générales en France. Je peux dire que mes relations avec Simone Veil n'étaient pas très chaleureuses. Elles le sont devenues après, quand j'ai appris à la connaître… Les choses évoluent. » Marie-Claude Vayssade confirme : « En 1979, on découvrait les choses. La première attitude a été d'être un peu partisan. Chacune s'affirmant dans son camp d'abord, ça c'est évident. » « J'avais voté pour le candidat socialiste », indique Yvette Roudy, même si « sur le plan du féminisme nous nous entendons bien ».

À l'époque, Yvette Roudy déclare même dans une interview que l'élection de Simone Veil à la présidence de Strasbourg a été « décevante ». La députée socialiste dénonce une « opération de prestige, sans véritable pouvoir, qui témoigne bien de la politique "symboliste" du pouvoir giscardien » et envisage de poser une question pour demander s'il est exact que des négociations ont porté sur « le marchandage de la présidence de la commission de l'Agriculture » du Parlement. Celle-ci échoit à « un Britannique qui est le plus hostile aux options communautaires et aux intérêts des agriculteurs français ». Yvette Roudy ne dit rien alors sur la portée de cette élection pour les femmes, mais elle s'exprime dans un journal régional de Lyon, ville où elle a été candidate aux législatives de 1978. Or, selon ses habitudes, elle ne s'occupe pas de féminisme lorsqu'elle fait de la politique locale.

Quelques jours après l'élection, Françoise Gaspard fait à peu près la même analyse : « La candidature de Madame Veil a été très mal reçue par l'ensemble du Parlement européen, en particulier par les parlementaires des autres pays européens. » Pour autant, Françoise Gaspard brosse un portrait distinguant la femme – et la ministre de la loi sur l'IVG – de la présidente du Parlement européen : « J'ai une admiration sincère pour elle. C'est une femme courageuse[24]. » Il est

---

24. *La Dernière Heure*, 2 août 1979, « Yvette Roudy : Faire la démonstration que cette assemblée est utile » ; *La République du Centre*, 11 août 1979, « Françoise Gaspard à Strasbourg ».

vrai que les deux femmes se connaissent et s'apprécient, puisque, après son élection à la mairie de Dreux, Françoise Gaspard a pu s'appuyer sur la ministre de la Santé pour régler les problèmes de l'hôpital régional. Vingt-cinq ans plus tard, elle conserve la même admiration pour la femme et les mêmes souvenirs de l'élection de Simone Veil. Elle se rappelle avoir dénoncé alors les conditions de son élection : « Elle a été élue avec des voix du MSI [parti italien d'extrême droite]. J'étais allée la voir à ce propos en lui disant qu'elle devrait faire comme Mendès France en 54 : refuser que les voix du MSI soient comptées, comme il avait refusé que les voix des communistes soient comptées. »

Comme on pouvait s'y attendre, au vu du déroulement du vote, la presse française rapporte l'élection de Simone Veil d'une manière très partisane, mais non sans analyse. Pour le quotidien socialiste *Le Matin* : « Nous risquons de payer très cher, en intérêts économiques sacrifiés et en atermoiements, le "coup" de prestige que nous avons réalisé hier. » Ironique, *L'Aurore* évoque « d'inévitables magouilles auxquelles Simone Veil, on le sait, est totalement allergique » et, plus gravement, une « rébellion contre le directoire franco-allemand ». Dans *La Lettre de la Nation*, Pierre Charpy explique sans fioriture que la candidature La Malène a bien été le prolongement de la campagne électorale en France : « Les élus de la liste DIFE se sont battus pour une conception de la construction européenne fondamentalement différente de celle qu'ont défendue Simone Veil et ses colistiers. Il aurait été pour le moins curieux, qu'oubliant ces divergences, ils entérinent par leur vote ces fameuses "convergences" dont la propagande officielle nous a rebattu les oreilles. » Enfin, si *Le Figaro* se réjouit de voir une Française présider le Parlement européen, il est un peu inquiet de constater que cette candidature est apparue comme celle de l'Élysée, avec tous les effets négatifs que cela peut entraîner : « Tout s'est passé comme si l'élection de Mme Veil était un objectif de la politique étrangère de la France et comme si – dans le petit monde politique français – on y voyait un nécessaire prolongement de nos querelles internes[25]. »

_____

25. *Le Matin*, 18 juillet 1979 ; *L'Aurore*, 18 juillet 1979 ; *La Lettre de la Nation*, 18 juillet 1979 ; *Le Figaro*, 18 juillet 1979.

Certes, on peut regretter le manque d'unanimité et de satisfaction nationale devant l'élection de Simone Veil. Mais on peut aussi bien louer les analyses lucides, tant au niveau français qu'européen des conséquences de cet événement. Une élection qui apparaît à certains contemporains comme lourde de conséquences pour la place de la France dans la Communauté.

Le lendemain de son élection, Simone Veil prononce son premier discours. S'efforçant d'apparaître comme « la présidente de toute l'assemblée », elle y indique que l'Europe est confrontée à trois défis : la paix, la liberté, le bien-être, et que pour y répondre la Communauté doit s'orienter vers la solidarité, l'indépendance, la coopération. Elle développe surtout le thème des prérogatives du Parlement, qui tire de son élection au suffrage universel une « autorité nouvelle », expression qu'elle répète plusieurs fois. Cette légitimité doit le conduire « à renforcer son action sur les deux terrains : d'une part exercer plus démocratiquement sa fonction de contrôle ; d'autre part, jouer plus vigoureusement le rôle d'impulsion dans la construction communautaire ». Un point est cher à Simone Veil : « Un Parlement responsable ne doit pas se borner, à l'occasion de l'élaboration du budget, à arrêter un montant des dépenses, mais doit aussi prendre en considération la perception des recettes. Cela n'est que parfaitement conforme à la vocation démocratique qui est la nôtre. » Ce chapitre peut augurer d'une implication beaucoup plus forte du Parlement dans ce qui est un exercice capital du fonctionnement de l'Europe. D'ailleurs, Simone Veil vise expressément le Conseil européen qui réunit les chefs d'États et de gouvernements, lorsqu'elle affirme que « la voix de notre Assemblée, forte de sa légitimité, portera dans toutes les instances de la Communauté, et notamment au niveau le plus élevé de la décision politique[26] ».

Le discours de Simone Veil illustre l'obligation dans laquelle elle se trouve de donner des gages aux parlementaires qui la considèrent comme une présidente française. Son emploi récurrent de la première personne du pluriel vise à gommer cette idée : elle veut apparaître

---

26. Bureau du Parlement européen à Paris, allocution inaugurale de Simone Veil.

comme membre de l'assemblée avant tout et au service de celle-ci. D'où la nécessité de s'affranchir par la parole – en attendant des actes – des exécutifs européens et de la tutelle giscardienne en particulier. Elle ne fait pas d'autres promesses formelles que d'être présente : « C'est la totalité de mon temps et de mes forces que j'entends consacrer à la tâche qui est devant nous. » Très critiquée par des parlementaires a priori méfiants, la présidente doit faire ses preuves, vite… Elle voit les médias s'intéresser à elle : « Quand une femme accède à un poste important, que ce soit dans le monde politique ou ailleurs, on en parle plus, affirme Christiane Scrivener, surtout à cette époque. » Comme toutes les femmes qui accèdent à des postes à responsabilité, Simone Veil sait qu'on ne lui pardonnera rien et qu'elle ne connaîtra pas d'état de grâce.

CHAPITRE 4

La présidente de toute l'assemblée (1979-1982)

L'élection de Simone Veil à la tête du Parlement européen a été très fortement voulue par les autorités françaises, à un moment où les États, davantage que les groupes politiques, pouvaient imposer leurs vues à Strasbourg. Mais en quoi consiste, à l'époque, la fonction de président ? Elle « paraissait alors plus importante sur le plan symbolique que politique, le Parlement lui-même n'avait que des pouvoirs restreints », se souvient Simone Veil à qui il incombe une double tâche : démontrer que ce Parlement est un nouvel acteur de la construction européenne, tout en coupant le lien qui l'attache elle-même à l'exécutif français depuis la campagne électorale.

S'imposer et organiser

Les préventions à l'égard de Simone Veil sont si nombreuses qu'elle ne peut les ignorer. Tout d'abord sa loi sur l'IVG lui vaut l'hostilité de quelques hommes : « J'ai longtemps senti, à cause de l'IVG, une grande réserve à mon endroit de la part de quelques parlementaires, mais c'était très minoritaire. » « Je me souviens d'un député européen avec lequel j'avais de mauvaises relations au Parlement européen. Je pensais que c'était probablement dû à son anti-européanisme jusqu'à ce que quelqu'un m'explique : "Pas du tout !

Il ne vous a jamais pardonné la loi sur l'avortement." [...] La plupart des femmes, elles, m'ont soutenue une fois que j'ai été élue[1]. »

Plus nombreux sont les députés européens qui se méfient de l'ex-ministre de Giscard. Là encore, Simone Veil est bien consciente d'avoir été accueillie avec une certaine méfiance par ceux qui craignaient qu'après cinq années au gouvernement, elle ne reste trop proche de la politique française. De manière concrète, la présidence d'une session donne parfois lieu à des incidents. Lorsqu'elle laisse parler longuement Michel Debré, le député conservateur britannique James Scott-Hopkins fait remarquer : « Madame Chairman, vous êtes trop tolérante avec Monsieur l'ancien ministre français... Tout à l'heure vous avez brutalement interrompu le député allemand. » Connaître tous les députés étrangers aussi bien que les Français n'est pas une sinécure pour la présidente. Lorsqu'elle écorche un nom, elle se fait reprendre : « Depuis ma naissance, je m'appelle Harmar-Nicholls, et j'aimerais bien, madame la Présidente, que vous continuiez à respecter cette habitude[2]. »

À peine élue, Simone Veil prouve aux parlementaires européens qu'elle est leur présidente et non une représentante de la France ou aux ordres des délégations françaises. Le bureau élargi du Parlement[3] a en effet inscrit à l'ordre du jour de la prochaine session une question orale d'un député conservateur britannique et d'un élu allemand, relative à la politique industrielle d'armement de l'Europe. Simone Veil se remémore : « La seule perspective d'avoir une discussion sur cette proposition a suscité, en France, une polémique et des critiques très dures à mon endroit, parce que comme présidente je ne m'étais pas opposée à l'inscription de ce débat qui avait d'ailleurs été préparé par un rapport de l'ancienne assemblée européenne. »

Les députés gaullistes et communistes français, qui voient là une première extension des pouvoirs du Parlement, dénoncent une dérive qu'ils avaient les uns et les autres annoncée. Les 11 et 12 septembre,

---

1. Simone Veil, *Les hommes aussi s'en souviennent, op. cit.*, pp. 75 et 92.
2. Épisodes rapportés par *Marie-Claire*, janvier 1980, « Ces femmes qui font bouger l'Europe ».
3. Le bureau est constitué de la présidente et des vice-présidents, auxquels s'ajoutent les présidents des groupes politiques pour constituer le bureau élargi.

sur Antenne 2 et dans *Le Figaro*, Simone Veil critique vivement le comportement des députés français, comme des « attitudes catastrophiques », et regrette qu'« on présente en France, à des fins partisanes, des positions erronées », notamment en laissant croire que l'on va débattre de la défense de l'Europe ! Elle justifie sa position : « Le président doit être le président de l'ensemble du Parlement, et il ne serait pas conforme à son rôle et à ses obligations d'être le porte-parole d'une tendance politique ou nationale. Son autorité est d'autant plus grande qu'il fait preuve dans la conduite des débats de l'impartialité requise. » Qu'on se le tienne pour dit à Paris !

Sur d'autres sujets, la présidente fait entendre sa différence par rapport aux positions de la France. À propos du siège du Parlement européen, elle déclare qu'elle proposera, dès octobre, l'installation à Strasbourg d'une antenne permanente de l'administration de l'assemblée et dépeint une capitale européenne vide en dehors des sessions[4]. Cette question est à peu près la seule qui intéresse le Quai d'Orsay, avec lequel elle n'a d'ailleurs que peu de relations, à part quelques contacts avec Jean François-Poncet, qu'elle connaît depuis longtemps.

D'autres difficultés, d'ordre strictement interne, ont compliqué l'installation de Simone Veil à la présidence, notamment l'attitude des membres de l'assemblée européenne précédente, relativement nombreux au bureau. « Ils s'étaient déjà organisés pour conserver les places qu'ils avaient auparavant, espérant notamment que le président serait un des leurs, explique-t-elle. N'ayant pu éviter qu'une femme soit élue à la présidence, ils ont, pour certains d'entre eux, tenté de limiter mes prérogatives au profit du bureau et prétendaient constituer eux-mêmes mon cabinet. » Ils ne réussiront pas à empêcher Simone Veil de dresser un triste état des lieux : « Il n'y avait aucune tradition, un règlement inutilisable, pas de méthode de travail : l'organisme administratif n'était plus adapté à ce que nous étions devenus. »

Une des principales tâches de la présidente est donc de redéfinir et de réorganiser l'assemblée, de transférer le pouvoir des fonction-

---

4. *Le Nouvel Alsacien*, 21 septembre 1979 ; *Le Monde*, 22 septembre 1979.

naires aux parlementaires, etc. « Le Parlement était comme un enfant qui aurait eu de grandes difficultés à naître. J'ai eu l'impression de le materner, de jouer le rôle de la mère nourricière[5]. » La métaphore peut laisser supposer des rapports de tendresse, mais l'autorité maternelle n'est guère supportable dans les grands groupes politiques qui peuvent se targuer – à juste titre d'ailleurs – d'avoir fait la présidente. Si les divisions au sein de ces groupes permettent à Simone Veil de disposer d'une certaine marge de manœuvre, elles sont en même temps autant d'obstacles à une meilleure définition des règles du jeu parlementaire.

Pour s'imposer à la tête du Parlement, Simone Veil doit y imprimer sa marque. La priorité est de mettre fin au désordre et à l'obstruction de certains, comme lorsque, en novembre 1979, Marco Pannella, député radical italien, dépose plus de cinq mille amendements sur le rapport Nord (du nom d'un député néerlandais qui proposait une procédure pour limiter le blocage du travail parlementaire), puis soixante-dix pour le seul ordre du jour de la session du 12 novembre… Après une tentative de médiation, Simone Veil décide de passer outre au règlement du Parlement, puisque celui-ci permet de bloquer l'institution. Face à cette procédure insolite qui, de fait, prive certains députés de leur droit d'amendement, Christian de La Malène dénonce une « grave violation du règlement » et Marco Pannella apostrophe Simone Veil : « Qui viole le règlement n'a pas le droit de parler au nom du Parlement[6]. »

Il faut attendre encore un an, pour qu'en mars 1981 le Parlement se dote d'un nouveau règlement, mieux adapté. Il s'agit d'un texte de compromis, comme toujours à l'assemblée européenne, dans la rédaction duquel Simone Veil a joué un rôle déterminant. Le nouveau règlement respecte une grande liberté de parole, renforce le droit de pétition pour les ressortissants des pays membres de la CEE, prévoit des débats d'actualité au cours des sessions, etc. Globalement, il renforce les compétences du président dans l'organisation des travaux

---

5. Simone Veil, citée par Marc Abélès, *La Vie quotidienne au Parlement européen, op. cit.*, p. 201.
6. *Le Monde*, 14 septembre 1979, « M. Pannella reproche à Mme Veil de ne pas respecter le règlement ».

du Parlement européen ; elles sont ainsi bien plus étendues que celles attribuées à ses homologues nationaux[7].

Malgré de nombreuses difficultés et oppositions, Simone Veil réussit à faire entendre sa voix à la tête du Parlement, grâce, dit-elle, à l'application d'un principe simple : « Représenter l'institution sans aucun esprit partisan et ne plus être actif au sein de son groupe politique. Les parlementaires avaient la volonté de s'affirmer, mais souvent dans le désordre. Il fallait, tout à la fois, leur faire accepter une certaine discipline et donner au Parlement une image. Mais ces difficultés elles-mêmes ont renforcé mon autorité. »

Même s'il ne faut pas parler d'unanimité autour de la présidente, il est certain que jusque chez ses opposants politiques, elle a su convaincre. Le symbole qu'elle représente, puis l'autorité qu'elle impose à la tête du Parlement vont servir l'affirmation de l'institution au sein de l'organigramme européen aussi bien que dans le monde.

Incarner et représenter

S'il est un domaine où le rôle du président du Parlement européen est sans commune mesure avec celui des présidents des parlements nationaux, c'est bien celui des relations extérieures. Dans le cadre de la légitimité acquise par le Parlement en 1979, Simone Veil va prendre position sur les grands problèmes internationaux et même engager des conversations de type diplomatique avec des États tiers, qui vont la recevoir « davantage en chef de gouvernement qu'en simple président d'assemblée[8] ».

En fait, la présidente comble un manque en matière de représentation. Sur le plan international, le rôle de la Commission européenne de Bruxelles – sans légitimité populaire – était alors peu connu, et la présidence du Conseil européen assez mal définie et tournante. À l'extérieur, Simone Veil est un peu l'incarnation, la représentante de l'Europe : « Dans bien des cas, c'était l'occasion pour le représentant de la Commission, auquel je demandais toujours de m'accompagner,

---

7. Jean-Louis Burban, *Le Parlement européen*, 1997, pp. 58-61.
8. Alain Souloumiac, « La présidence de l'Assemblée européen », *Revue de droit public*, n° 5, 1980, p. 1320.

d'être reçu par des personnalités qui, jusque-là, l'ignoraient. » Le fait d'être une femme lui a facilité la tâche, explique-t-elle : « J'apparaissais comme le symbole non seulement dans les pays européens, mais aussi au cours de voyages officiels au Canada, États-Unis, Chine, Japon, Amérique latine, etc. » Christiane Scrivener écrit en 1984 : « Elle a su faire bénéficier le Parlement, à l'étranger, d'un éclat particulier[9]. »

Cependant, la mise en avant et les prises de position de la présidente ne sont pas sans provoquer de réactions dans les chancelleries européennes, et surtout en France. L'épisode relatif à la décision du boycottage des jeux Olympiques de Moscou, en réaction à l'intervention soviétique en Afghanistan, en est le meilleur exemple. Le 16 janvier 1980, le Parlement européen vote une résolution condamnant l'ingérence de l'URSS. Auparavant, la Commission européenne et le Conseil des ministres des Affaires étrangères avaient dénoncé l'intervention de l'armée soviétique sans prendre de sanction. Les États membres sont, eux, divisés sur la question des représailles : la Grande-Bretagne est prête à s'associer à celles proposées par les États-Unis, tandis que la France et la RFA y sont hostiles. À la fin janvier, Simone Veil entame une visite officielle aux États-Unis où elle s'affiche comme une personnalité politique européenne de premier plan, mais elle prend des positions que les États membres sont loin de pouvoir soutenir. Elle se déclare en effet, « à titre personnel », en faveur du boycottage des jeux de Moscou, qui « ne se situent pas en dehors de la politique », et rappelle à cet égard la propagande pour le nazisme qu'ont constituée les jeux de Berlin en 1936[10].

Mais Simone Veil parle-t-elle en tant que présidente du Parlement européen, en tant que Française, en tant que citoyenne du monde ? Les trois à la fois ? Ses propos mécontentent beaucoup de monde, sauf les Américains. Maurice Martin, député européen communiste français, qui fait partie de la délégation, accuse tout à la fois Simone Veil d'être asservie aux États-Unis (« plus qu'une

---

9. Christiane Scrivener, *L'Europe, une bataille pour l'avenir, op. cit.*, pp. 63-64.
10. Conférence de presse du 28 janvier 1980 au National Press Club de Washington.

allégeance, plus qu'un alignement, c'est de la servilité »), de forcer la main au gouvernement français sur le boycottage, et d'avoir manœuvré le Parlement européen sur cette question. De son côté, Marie-Claude Vaillant-Couturier, déportée pendant la Seconde Guerre mondiale et ancienne députée communiste, dénonce l'assimilation des jeux de Moscou à ceux de Berlin : « Je trouve cela particulièrement scandaleux de la part de quelqu'un qui doit la vie, entre autres, au sacrifice de vingt millions de Soviétiques. » Les journaux français relèvent que les propos de Simone Veil affaiblissent la France puisqu'ils prennent le contre-pied de la position officielle française ; trois jours plus tôt, à New Delhi face à Indira Gandhi, Valéry Giscard d'Estaing n'a-t-il pas affirmé que le boycottage n'était pas une bonne solution[11] ?

Pendant la suite de son voyage aux États-Unis, même si manifestement Simone Veil se cantonne désormais dans un rôle de représentation, la polémique s'accentue. Après avoir rencontré le président Carter, elle déclare : « Depuis six mois, ma principale préoccupation est de donner davantage d'existence à ce Parlement ; il est réconfortant de constater que, pour les Américains et pour leur président, le Parlement élu représente une force nouvelle importante[12]. » Dès le retour de la présidente, outre les communistes français, certains députés critiquent son attitude. La question du voyage aux États-Unis est rajoutée à l'ordre du jour de la session de février.

Là encore, ce sont des Français qui s'opposent à Simone Veil. Les socialistes Georges Sarre et Claude Estier lancent des attaques virulentes : « Est-ce le rôle du président de l'assemblée européenne de participer à la campagne de Jimmy Carter ? » ; ils lui reprochent également d'avoir « interprété exagérément » la résolution votée en janvier sur l'Afghanistan. Malmenée, Simone Veil se justifie tant bien que mal en indiquant qu'elle n'a exprimé qu'un « sentiment personnel ». Elle est heureusement défendue, comme souvent, par les présidents des groupes libéral et démocrate-chrétien. *Le Monde*

---

11. *L'Humanité*, 1er février 1980 ; *Le Monde*, 30 janvier, 1er et 2 février 1980 ; *L'Express*, du 2 au 8 février 1980, « Les ambiguïtés de Giscard ».
12. *Le Monde*, 31 janvier 1980, « Mme Veil a rencontré MM. Carter et Brzezinski ».

souligne que beaucoup d'élus européens, « peu enclins à la rudesse des joutes oratoires françaises », ont été indisposés par les attaques des socialistes français et qu'un socialiste allemand s'est désolidarisé d'eux. En fin de compte, l'attaque de Georges Sarre s'est plutôt retournée contre lui[13]. Si la forme était maladroite, le fond de la question posée par les socialistes français n'était pourtant pas illégitime.

Le 15 février, la rédaction d'une nouvelle résolution permet de préciser la position du Parlement européen et de dénoncer les mesures de surveillance dont fait l'objet le physicien dissident Andreï Sakharov en URSS. Le texte est en effet plus clair : le Parlement « adjure les gouvernements des Neuf » de choisir le boycottage des jeux. Mais, outre les groupes socialiste et communiste qui ont voté contre, l'absence de Français hostiles au texte, bien que faisant partie de la majorité qui l'a proposé, a été remarquée : Christian de La Malène et Michel Debré, mais aussi Michel Poniatowski, un proche de Valéry Giscard d'Estaing[14]… Décidément, Simone Veil a des difficultés avec les Français.

Pour autant, elle ne se prive pas de donner son avis sur la vie politique française. En juin 1980, elle critique ouvertement le projet de modification de la loi pénale du garde des Sceaux, Alain Peyrefitte, lors de l'émission « Face au public » de France Inter. Même si elle précise qu'elle réagit « en tant que magistrat », il est difficile de ne pas confondre les registres politiques national et européen. En décembre, dans « Cartes sur table » sur Antenne 2, elle rappelle son soutien à Valéry Giscard d'Estaing pour la prochaine élection présidentielle, mais, en même temps, estime que « l'alternance est une bonne chose dans la démocratie ». Une prestation qui, on le comprend, ne satisfait pas pleinement son camp politique[15] !

---

13. *Le Monde*, 13 février 1980, « Les socialistes français contestent les positions prises par Mme Veil ».
14. *Le Monde*, 19 février 1980, « Plusieurs députés français de la majorité n'ont pas approuvé la résolution sur le boycottage des jeux de Moscou ».
15. France Inter, 4 juin 1980 ; Antenne 2, 2 décembre 1980 ; *Le Monde*, 7 juin et 3 décembre 1980.

Assumer et se défendre

Plus encore, c'est lors des discussions budgétaires que la présidente du Parlement européen a rencontré les problèmes les plus délicats avec la France. Les 13 et 15 décembre 1979, à une écrasante majorité, les députés européens rejettent le budget des Communautés. Simone Veil raconte les faits : « C'était alors au président qu'il appartenait de décider si, conformément au vote du Parlement, il déclarait le budget rejeté, avec toutes les conséquences qui s'ensuivent, ou non. […] J'ai estimé que je n'avais pas le choix, d'autant que le Conseil, au cours des négociations, n'avait fait preuve d'aucune souplesse. J'ai déclaré le budget rejeté aussitôt après le vote. » Selon des observateurs, le Conseil des ministres des Finances était plutôt pour un compromis, mais beaucoup de parlementaires y étaient hostiles. Une chose est certaine : le Parlement a vu là une occasion de s'imposer face aux États membres. « Le rejet du budget pour 1980 par le nouveau Parlement avait marqué les esprits. L'indépendance du Parlement s'était affirmée », dit Simone Veil.

Selon Raymond Barre, alors Premier ministre, « tout cela avait en fait peu d'importance. Le budget en fin de compte était décidé par les ministres. Il fallait bien que le Parlement européen manifeste son opinion là-dessus, mais l'effet politique n'était pas considérable. » Mais alors pourquoi une réaction si vive quand, un an plus tard, le 23 décembre 1980, Simone Veil arrête le budget 1981 et le budget supplémentaire 1980 ? Et ce recours devant la Cour de justice de Luxembourg, au motif que le Parlement européen aurait outrepassé ses droits ? Toute la presse se fait l'écho des difficiles rapports entre Simone Veil et Raymond Barre, qui a « peut-être un peu tendance à prendre le fauteuil de "Madame Europe" pour un strapontin ». Pour *Le Canard enchaîné*, en votant des crédits pour soulager les sidérurgistes européens, le Parlement de Strasbourg a coupé l'herbe sous le pied de Matignon, qui entendait distribuer une aide aux sidérurgistes lorrains, juste avant l'élection présidentielle de 1981[16].

---

16. *Elle*, 9 février 1981 ; *Le Canard enchaîné*, 31 décembre 1980, « Un hussard nommé Simone Veil ».

C'est en d'autres termes que Simone Veil analyse ses rapports avec les gouvernants français, mais le fond est bien le même. Le rejet des deux budgets successifs, ceux de 1980 et 1981, a été mal perçu, un peu comme une trahison : « On n'a pas compris que je n'ai pas pu les éviter, ou que je ne m'y sois pas opposée. [...] La presse française, mal informée, ne m'a guère soutenue. » Du côté des gaullistes, Christian de La Malène stigmatise l'attitude des giscardiens qui ont voté le budget, tout en minimisant le rôle de la présidente : « Nous, nous considérons que Mme Veil a donné un *quitus* qu'elle devait donner comme notaire, un point c'est tout[17]. »

Jacques Van Helmont, directeur général honoraire des Communautés européennes et secrétaire général du Comité d'action pour les États-Unis d'Europe, porte le débat à la hauteur des institutions européennes : « Mme Simone Veil, en suivant à la lettre les textes qu'elle a reçu mandat d'appliquer, dévoile au grand jour un conflit persistant entre l'assemblée et les gouvernements. [...] Les gouvernements ont mis l'assemblée européenne dans une situation qui la force à pousser ses pouvoirs budgétaires au maximum en courant le risque de les transgresser. » Christiane Scrivener écrit de même en 1984 : « Le Parlement a des réactions maladroites, mais qui traduisent l'impossibilité qu'il a de se faire entendre. [...] Il voulait affirmer sa volonté d'être considéré comme partenaire à part entière[18]. » Simone Veil n'est pas loin de faire la même analyse : « Je crois que la chose la plus importante était de montrer que ce premier Parlement élu au suffrage universel avait une légitimité et une indépendance par rapport aux autres institutions de la Communauté européenne, symboliquement il incarnait l'Europe démocratique, ce qui conférait à ses résolutions une réelle influence. » Ensuite, il a fallu établir un dialogue plus constructif entre les institutions communautaires et entre celles-ci et les gouvernements.

Assez paradoxalement, après l'arrivée au pouvoir des socialistes en France, au printemps 1981, la position de Simone Veil au Parle-

---

17. *Le Monde*, 15 janvier 1981, « M. de La Malène : Mme Veil n'a été qu'un notaire ».

18. *Le Monde*, 28-29 décembre 1980, « Simone Veil et les gouvernements », par Jacques Van Helmont ; Christiane Scrivener, *L'Europe, une bataille pour l'avenir, op. cit.*, p. 67.

ment européen s'améliore. Désormais, on ne peut plus guère lui reprocher des liens avec l'exécutif français. En septembre, elle évoque des risques de repli de la France, dû à l'intervention de l'État, au cours d'un colloque du groupe libéral européen à Aix-en-Provence. Mais, enregistrant les positions du gouvernement Mauroy, elle déclare : « Nous n'éprouvons donc aucune inquiétude et nous ne pouvons que souhaiter que ses engagements européens se confirment [...], puisque l'organisation actuelle de la Communauté s'accommode sans difficulté majeure de gouvernements et de majorités d'inspirations différentes. » Nul doute que pour elle-même, la situation est plus confortable, notamment lorsqu'elle effectue un voyage officiel en France en novembre 1981. Les entretiens qu'elle a avec les membres du gouvernement ressemblent désormais à ceux qu'elle peut avoir avec les autorités de l'un des Dix. En trois ans, les choses ont bien changé. Du côté des socialistes au pouvoir, les attaques du début de la législature semblent oubliées. À l'Assemblée nationale, le président Louis Mermaz rend hommage à « l'action personnelle » de Simone Veil qui a su faire « du Parlement européen un élément fondamental de la vie politique en Europe[19] ».

Alors que le terme de son mandat approche – et ceci explique peut-être cela –, la prophète de l'Europe semble enfin reconnue dans son pays. *Le Figaro Magazine* propose une autre lecture de cette visite cordiale : « Simone Veil sera-t-elle réélue à la présidence de l'assemblée européenne grâce aux voix des députés socialistes français ? C'est très probable après le récent entretien de l'ancien ministre de Giscard avec François Mitterrand. » L'hebdomadaire indique même qu'un marché a été conclu : « Si elle veut les voix du PS, il lui faudra s'engager à ne pas intervenir dans les affaires intérieures de la France. Elle aurait répondu qu'elle ne l'avait pas fait jusqu'ici et qu'elle n'avait pas l'intention de le faire[20]. »

En attendant les grandes manœuvres de l'élection à la présidence du Parlement de 1982, pour Simone Veil, c'est le temps des hommages.

---

19. *Le Monde*, 8 septembre 1981, « Mme Veil : en matière européenne les prises de position du gouvernement sont claires et nous n'éprouvons pas d'inquiétude » ; 26 novembre 1981, « Mme Veil souhaite que le poids de l'Europe corresponde à sa puissance économique ».
20. *Le Figaro Magazine*, 5 décembre 1981.

Partir et rester

En décembre 1981, Simone Veil reçoit le prix Louise Weiss, « pour son inlassable action en faveur de l'Europe et de la Paix ». Elle est la première femme à obtenir cette distinction. Aux nombreuses questions qu'on lui pose alors sur son avenir politique, elle répond qu'elle souhaite continuer à s'occuper des affaires communautaires plutôt que de chercher à rejouer un rôle dans la politique française[21].

Son mandat de présidente du Parlement européen expire le 15 janvier 1982. En coulisse, l'élection de son successeur se prépare, se négocie. Conformément à l'accord de 1978-1979, la présidence doit revenir à un démocrate-chrétien, mais le candidat choisi a peu de chances d'être élu, faute du soutien d'une partie de son propre groupe ; le candidat socialiste semble donc le mieux placé. À tel point que Simone Veil est sollicitée pour se représenter : « Lors d'une réunion des groupes politiquement concernés, j'ai dit que je me présenterais entre le deuxième et le troisième tour, s'ils étaient tous d'accord sur mon éventuelle candidature. Le président du groupe gaulliste n'y étant pas favorable, j'ai renoncé. »

Face à l'Allemand Egon Klepsch, c'est le socialiste néerlandais Pieter Dankert qui est finalement élu. Les gaullistes ont préféré prendre le risque – avéré – de voir un socialiste accéder au perchoir, plutôt que d'y voir Simone Veil reconduite. Celle-ci, selon *Le Matin*, ne cache pas « son amertume à l'égard des gaullistes qui auraient ouvertement sabordé sa candidature[22] », alors que des socialistes français étaient prêts à voter pour elle et beaucoup d'autres au sein du Parlement : « J'avais reçu le soutien de beaucoup de femmes. […] Beaucoup de ceux qui n'avaient pas voté pour moi en 1979 avaient souhaité que je me représente. »

Au cours de ces séances solennelles de la mi-janvier 1982, la doyenne Louise Weiss, âgée de 89 ans tout juste, prononce un discours

21. AFP, 5 novembre 1981, n° 051609, *Le Monde*, 26 novembre 1981.
22. *Le Matin*, 21 janvier 1982, « Parlement européen : l'adieu à Simone Veil ».

diffusé en eurovision. *Le Matin* décrit une « Simone Veil, les larmes aux yeux, écoutant les applaudissements que lui adressèrent pendant cinq bonnes minutes les quatre cent cinquante députés européens debout ». Que de chemin parcouru depuis l'élection assez laborieuse de juillet 1979. Olivier Duhamel, qui connaît bien le Parlement pour avoir étudié les arcanes européens et pour y avoir siéger de 1999 à 2004, estime que « Simone Veil lui a certainement donné la force, la fermeté, l'honneur de son image ». Dans ses Mémoires, Pierre Pflimlin, lui-même plus tard président du Parlement, écrit : « Simone Veil exerça sa présidence d'une manière qui donna à notre assemblée et à sa personne un surcroît de rayonnement[23]. » Pour un autre bon connaisseur du Parlement européen, Jean-Louis Bourlanges, qui rejoindra Simone Veil lors des élections européennes de 1989, elle a apporté « une formidable image de modernité, de réconciliation, d'allant. Elle a donné un visage enthousiaste au Parlement ». Pour Catherine Lalumière, « par sa personnalité et sa force de caractère – qui ne sont pas des spécificités féminines –, elle a réussi à s'imposer au Parlement européen et à l'imposer comme une institution européenne importante. Elle a été une bonne présidente à un moment important ». Pour Hervé de Charette, « elle a été une excellente présidente du Parlement européen. Elle s'est moins sentie chargée de défendre nos intérêts nationaux que les idéaux de la démocratie au niveau européen, et c'était très bien ainsi ».

Et après ? « Quel avenir pour Simone Veil ? » se demande Maurice Szafran dans *Le Matin Magazine*. Elle lui répond qu'elle ne songe pas à se présenter un jour à l'élection présidentielle, « peut-être parce que je suis une femme. Certains hommes dans ma position, se laisseraient peut-être aller à y penser ; mais les femmes sont plus réalistes ». Être femme est-il un handicap en politique ? « Je suis mal placée pour m'en plaindre. Je suis un paradoxe parce que je n'ai pas eu de carrière politique et parce que je suis une femme. Souvenez-vous : 1974, Giscard cherchait des femmes. J'étais là[24]. »

---

23. Pierre Pflimlin, *Mémoires d'un Européen, op. cit.*, p. 327.
24. *Le Matin Magazine*, 1982, « Quel avenir pour Simone Veil ? ». Cette dernière affirmation a souvent été réitérée par Simone Veil.

CHAPITRE 5

Les nouvelles dames de Strasbourg

Les députés européens de 1979 ont été impressionnés par l'institution qu'ils découvraient d'autant plus que tous ne la connaissaient pas bien. Tout à coup, ils se rendaient compte qu'ils allaient travailler avec des représentants de huit autres pays. Puis très vite, ils ont dû « choisir » les deux commissions dans lesquelles ils allaient siéger. Certaines sont très courues : les budgets, la commission politique, les affaires sociales... La socialiste Marie-Claude Vayssade entend encore Maurice Faure dire : « Moi, je voudrais bien la commission politique, c'est la seule où l'on peut se permettre de ne rien faire avec dignité. » Ayant été membre de l'assemblée européenne, à plusieurs reprises, dans les années 1950 et 1960, peut-être n'a-t-il pas encore pris la mesure des changements en cours. L'attitude de cet homme politique sincèrement européen – il a négocié et signé le traité de Rome en tant que secrétaire d'État aux Affaires étrangères – est symptomatique de la manière dont les députés de l'ancienne assemblée européenne concevaient leur mandat dans une institution dépourvue de pouvoirs.

Élue sur la liste Veil, Christiane Scrivener se souvient que mettre en route ce nouveau Parlement avait un côté passionnant. Elle y côtoie des élus de sa génération, comme Jean-François Deniau, et ceux de la génération précédente qui avaient vécu les événements de la IVe République, tel Edgar Faure. Elle siège à la commission des budgets ainsi qu'à la commission de la protection de l'environnement et de la santé des consommateurs. Marie-Claude Vayssade, juriste de formation, se retrouve à la commission juridique. Comme beaucoup des députés, les Françaises travaillent dans des commissions parlementaires pour lesquelles elles ont des compétences. Simone Martin, élue sur la liste UFE, s'occupe des affaires agricoles : elle est agricultrice.

La plupart d'entre elles – comme les hommes sans doute – ne se sentent pas soutenues par Paris. En même temps, elles souhaitent garder une autonomie, une indépendance[1]. D'où leurs sentiments un peu contradictoires que Simone Veil exprime en ces termes : « Même si nous n'attendions pas d'instructions du gouvernement, nous aurions souhaité être informés, par les ministères concernés, des modifications que telle proposition entraînerait dans la législation française pour en apprécier l'opportunité. » Marie-Claude Vayssade confirme que le SGCI (Secrétariat général du comité interministériel pour les questions européennes) avait du mal à s'adapter aux pratiques parlementaires de Strasbourg : des notes « arrivaient toujours au moment des plénières…, c'est-à-dire quand tout était joué ! Mais je ne me suis jamais sentie la représentante du gouvernement français. On m'a parfois reproché un vote pas conforme aux positions françaises, mais, je n'étais pas fonctionnaire du Quai d'Orsay ! »

Une place au soleil européen

Au début des années 1980, quelles sont les Françaises qui comptent au Parlement européen ? Outre Simone Veil, les députées qui intéressent le plus les médias sont Louise Weiss et Françoise Gaspard, ce qui ne veut pas dire qu'elles sont les plus présentes et les plus actives en commission et en session plénière. La presse écrite, lorsqu'elle décrit « les nouvelles dames de Strasbourg », insiste beaucoup sur leurs aspects vestimentaire et physique. En revanche, la communiste Danielle De March, qui a décroché la vice-présidence du Parlement réservée à son groupe, ne semble intéresser personne.

---

1. Yves Denéchère, « Représenter la France et construire l'Europe », in J.-M. Delaunay et Y. Denéchère (dir.), *Femmes et relations internationales au XXᵉ siècle*, 2006.

Deux noms s'imposent aussi pendant la première législature : ceux de Christiane Scrivener et de Marie-Claude Vayssade qui, pour être discrètes et peu présentes dans les colonnes de la presse, n'en sont pas moins très engagées et très efficaces.

Marie-Claude Vayssade se fraie assez vite un chemin au sein de la commission du règlement, en tant que première vice-présidente et coordinatrice pour les socialistes, et donc responsable, notamment, des positions défendues par ses collègues. Son intégration au sein du Parlement européen et la place qu'elle y prend ne sont pas uniquement de son fait. À Bruxelles, le président de ladite commission est un Danois qui disparaît parfois une matinée entière... Elle assume donc souvent sa tâche, « avec une feuille de présidence bien faite, mais rédigée en danois... ». Outre l'expérience qu'elle acquiert, elle élargit son influence.

Christiane Scrivener va s'attacher en particulier aux dossiers budgétaires, si problématiques dans les relations entre la Commission, le Conseil des ministres et le Parlement. En 1983, elle est nommée rapporteur pour le budget 1984. Sa « technicité encyclopédique » bluffe alors jusqu'aux plus sceptiques, car elle sait conserver l'unanimité des députés face aux deux autres institutions communautaires ; son rapport est voté à une large majorité, ce qui permet de sortir des années de crise budgétaire[2]. Comment arrive-t-elle à ce résultat ? En partageant son temps entre Strasbourg pour les séances plénières, Bruxelles, où se tiennent la commission des budgets ainsi que celle de la protection de l'environnement et de la santé des consommateurs, et Luxembourg où se trouve le secrétariat du Parlement[3].

À en croire Nicole Péry, ces femmes ont une certaine liberté de manœuvre grâce à la relative absence des hommes politiques français, qui préfèrent les mandats nationaux. « Lorsque nous prenions des initiatives, on ne rencontrait pas systématiquement un barrage de peur que l'on se fasse une place au soleil. » Pour autant, à l'instar de Christiane Scrivener, elles ne sont pas dupes de l'attitude des hommes à leur égard : « Les femmes ont moins droit à l'erreur que

---

2. *Le Quotidien de Paris*, 22 février 1984 ; *Le Matin*, 15 décembre 1983, « Strasbourg : vote du budget européen ».
3. Christiane Scrivener, *L'Europe, une bataille pour l'avenir, op. cit.*, pp. 51-52.

les hommes et elles en sont d'ailleurs très conscientes. C'est peut-être aussi un bienfait, car, dans certains cas, cela les rend plus compétentes. De toutes les façons – mais sans vouloir ériger un principe –, elles se montrent souvent plus travailleuses. »

Chez les gaullistes, aucune femme n'a le temps de s'imposer à Strasbourg : pendant la campagne électorale, les candidat(e)s avaient pris l'engagement de ne siéger qu'un an, puis de démissionner pour laisser la place aux suivants. Louise Weiss est touchée par ce mouvement de « tourniquet » dès septembre 1980, ce qu'elle n'apprécie pas. En tant que doyenne du Parlement, elle refuse de démissionner ; contrairement à ses colistiers qui exécutent les ordres du RPR, elle demeure donc députée jusqu'à sa mort en mai 1983. La presse, les politiques, le Parlement européen lui rendent alors des hommages appuyés. De nombreuses personnalités politiques françaises et européennes sont présentes lors de ses obsèques à Paris, dont le ministre délégué aux Affaires européennes, André Chandernagor ; Simone Veil bien sûr est là[4].

Les victoires électorales des socialistes en 1981 déciment la délégation française à Strasbourg. Après l'élection de François Mitterrand en mai, plusieurs député(e)s européen(ne)s entrent au gouvernement. Pierre Mauroy devient Premier ministre, Edgard Pisani, Jacques Delors, Édith Cresson et Yvette Roudy sont nommés ministres. Élue députée à l'Assemblée nationale lors des législatives de juin, Françoise Gaspard décide de démissionner de son mandat de parlementaire européen, conformément aux statuts du PS : « J'étais la première à le faire et je me suis fait mal voir par un certain nombre de gens qui avaient un double mandat et souhaitaient le conserver. Mais je ne vois pas comment j'aurais pu assumer toutes les fonctions. » Peut-être est-ce pour elle une délivrance. Une fois passée la découverte de la première journée, elle déchante très vite : « C'est un Parlement sans pouvoir, inefficace. Je m'y embête avec le sentiment que les gouvernements ne tiennent aucun compte des avis et des recommandations que l'on vote. » Effectivement, moins d'un mois après la séance inaugurale, elle déclare à la presse : « À Stras-

---

4. Célia Bertin, *Louise Weiss, op. cit.*, pp. 477 et 484.

bourg, j'ai eu l'impression de perdre mon temps. On m'a dit que le travail parlementaire, c'était toujours comme ça. Je ne sais pas si je m'y ferai[5]. » Elle ne s'y fera pas.

Nul doute que les socialistes quittant Strasbourg pour Paris lors de l'alternance de 1981 ont le sentiment d'aller vers un destin politique d'une autre dimension. Mais il ne faut pas en conclure à leur désintérêt pour l'Europe. Yvette Roudy « a aimé siéger à Strasbourg ». « Je ne dirai pas que je regrette ces deux années, écrit-elle en 1985. Mais j'y ai beaucoup appris et cet acquis m'est extrêmement précieux aujourd'hui[6]. » Édith Cresson estime elle aussi que le temps passé au Parlement européen a été utile à sa formation politique comme à celle des femmes socialistes : « Je crois que nous avons ensuite justifié le choix qui avait été fait, parce que tout ce que nous avons appris au Parlement européen, nous l'avons mis au service du travail que nous avons eu à accomplir après. Je peux dire personnellement que cette expérience, les responsables politiques que j'ai connus, le fonctionnement des institutions que j'ai pu étudier m'ont été utiles dans mes postes ministériels. »

Après le départ de ces figures vers Paris, une dizaine d'autres socialistes accèdent au mandat européen. Du jour au lendemain, Nicole Péry quitte son métier de professeur de lettres dans l'enseignement secondaire pour devenir députée européenne, ce qui ne bouleverse pas seulement sa vie familiale : « J'ai découvert un univers qui m'a très vite totalement passionnée. […] Quelqu'un qui avait de l'énergie, une conviction pouvait prendre des initiatives, faire des propositions. »

Une commission pour les droits des femmes

Il serait excessif de dire qu'avant l'arrivée en nombre d'élues au Parlement européen, la Communauté n'a pas prêté attention aux questions relatives aux droits des femmes. La question de l'égalité professionnelle entre les hommes et les femmes figure déjà dans le

5. *La République du Centre*, 11 août 1979, « Françoise Gaspard à Strasbourg ».
6. Yvette Roudy, *À cause d'elles*, 1985, pp. 123 et 125.

traité de Rome de 1957 : l'article 119 indique en effet que les niveaux de rémunération entre les hommes et les femmes doivent être égaux. D'après Jacqueline Nonon, une féministe engagée longtemps responsable du Bureau du travail à la Commission européenne, c'est sous la pression de certains lobbies français, en particulier ceux du textile, que ce principe a été inscrit dans le droit communautaire. En France, à l'époque, les écarts de salaires entre hommes et femmes étaient réels, dans ce secteur, mais pas scandaleux, alors que les industriels allemands et néerlandais sous-payaient carrément les femmes. D'où les craintes de la France de devoir faire face à une concurrence violente[7]. Malgré ces motivations, l'article 119 a longtemps servi de référence pour évoquer les problèmes concernant l'égalité hommes/femmes dans le travail. Marcelle Devaud, après une carrière politique remarquable, s'engage sur cette question. En 1965, elle crée un Comité français du travail féminin et multiplie les contacts avec le Bureau du travail de la Commission européenne, alors tenu par Jacqueline Nonon. Ainsi, se constitue un petit groupe européen sur le travail des femmes composé de représentants des pays membres de la Communauté. Il deviendra en 1980 un comité consultatif reconnu.

La Commission européenne s'est donc intéressée aux problèmes des femmes à la fin des années 1960. En avril 1968, elle réunit sur ce thème, à Bruxelles, les rédacteurs en chef des principaux journaux, puis une nouvelle impulsion est donnée lorsque les Nations unies proclament 1975 Année internationale de la femme. En 1976, débute la publication de *Femmes d'Europe*, dirigée par Fausta Deshormes La Vallé (chef du service Information Femmes à la Commission européenne pendant quinze ans) et dont la diffusion est gratuite : il suffit aux associations de la demander pour la recevoir. Cette revue est consacrée aux initiatives de la Communauté concernant les femmes et leur vie militante. Bien qu'elle paraisse d'une manière irrégulière – devenue bimestrielle à partir de 1984, son dernier numéro sort en juillet 1991[8] –, elle permet de savoir ce qui se

---

7. Témoignage de Jacqueline Nonon dans Victoria Man, *Marcelle Devaud*, p. 100.
8. Fausta Deshormes prend sa retraite en 1992. IUE, fonds *Femmes d'Europe*, FDE. F-01 ; F-02 ; F-03 ; F-04. La revue est complétée par des *Suppléments* (de 1979 à 1988), puis par des *Cahiers*. De 1989 à 2000, une *Lettre de Femmes d'Europe*, plus légère, est également distribuée.

passe en Europe pour les femmes, et en particulier de connaître les directives en application de l'article du traité de Rome sur l'égalité professionnelle.

À partir de 1979, la détermination des fonctionnaires de la Commission de Bruxelles à faire valoir les droits des femmes est encouragée par la présence d'un grand nombre de députés dans l'hémicycle qui vont pouvoir relayer leur action. « Elles ont fait un gros travail d'information auprès des femmes politiques et un travail d'assistance aussi auprès des femmes qui allaient être et ont été parlementaires », se souvient Françoise Gaspard : « Pendant la campagne j'ai travaillé avec elles [Jacqueline Nonon et Fausta Deshormes], je suis allée à Bruxelles. C'était comme une formation destinée aux futures élues. Je crois que j'étais la seule Française. »

Dès la première session, Yvette Roudy réclame une commission pour les femmes. En septembre, elle multiplie les interventions – qualifiées d'« actions féministes » par *France-Soir* – et trouve des alliés au sein du Parlement : « Dans le groupe socialiste, ce sont les syndicalistes allemands qui m'ont soutenue, pas forcément les femmes. » Le 25, elle adresse une lettre à Simone Veil et le 27 dépose une proposition de résolution avec demande de discussion d'urgence. Le même jour, la présidente se dit favorable. La décision est votée lors de la session d'octobre 1979, « à une très large majorité, le Parlement a décidé la création d'une commission *ad hoc* pour les droits des femmes. […] Elle sera chargée de préparer, avant les vacances parlementaires de 1980, un débat sur l'égalité des droits de l'homme et de la femme[9] ».

Selon Martine Buron, députée européenne socialiste de 1988 à 1994, le soutien de Simone Veil a joué « énormément, même si elle n'était pas une féministe pure et dure ». Elle-même le confirme : « J'avais insisté au sein du bureau pour que la proposition de créer une commission des droits de la femme soit acceptée. Je crois que, sans mon appui, elle n'aurait pas existé tant le machisme et les résistances étaient grandes de la part de ceux qui avaient siégé dans

---

9. PE, le point de la session 22-26 octobre 1979 (doc. 1-415/79).

l'assemblée précédente. » En France, Yvette Roudy soutient Simone Veil lorsque celle-ci arrête le budget pour 1981. À la presse qui l'interroge souvent sur ce point, elle déclare s'entendre très bien avec la présidente du Parlement, « même si elle sourit un peu et qu'elle se laisse appeler *le* Président[10] ».

La composition de la nouvelle commission est arrêtée en séance plénière du Parlement, le 13 décembre 1979. « Il y a eu au départ une assez grande bousculade pour les postes », affirme Marie-Claude Vayssade. Constituer une commission à la proportionnelle des groupes politiques, et surtout une commission « en plus », n'est cependant pas chose aisée. Il y faudra sept semaines. Désignée présidente, Yvette Roudy est assistée de trois vice-présidentes britannique, allemande et italienne. La commission parlementaire compte trente-cinq membres dont vingt-cinq femmes ; parmi elles, sept Françaises, puisqu'elles sont les plus nombreuses dans l'assemblée. Françoise Gaspard n'est que suppléante, « parce que Yvette Roudy n'a pas voulu que je fasse partie du contingent de Françaises », raconte-t-elle. Un an plus tard, la journaliste Françoise Kramer constate : « Bien qu'elles en soient membres, des personnalités comme Françoise Gaspard ou Maria Antonietta Macciocchi n'ont jamais mis les pieds dans cette commission » ; les femmes de la commission *ad hoc,* ajoute-t-elle, « n'ont même pas eu l'appui des petites copines, féministes en diable (et surtout en vue)[11]. » Les débats entre féministes du PS français semblent se déplacer de Paris à Bruxelles.

Une fois composée, la commission *ad hoc* se met au travail. Il n'y a pas de temps à perdre, puisqu'elle a un terme qui est fixé à l'été 1980. Pour l'heure, Yvette Roudy énonce la priorité absolue : « Établir un état comparatif des diverses situations des femmes dans la Communauté, à partir des problèmes malheureusement classiques et non encore résolus, tels que l'emploi (et donc le chômage, véritable fléau social pour ce qui concerne les femmes), la santé, l'éducation, la formation, le statut juridique, la situation des femmes dans le tiers-

---

10. *Elle*, 9 février 1981, « Europe : quand les femmes s'en mêlent ».
11. *Le Quotidien de Paris*, 27 décembre 1980, « Yvette Roudy (PS) : la présidente a eu raison ».

monde, l'information. » Ensuite, des propositions seront faites dans le sens de l'alignement sur le statut le moins discriminatoire et pour réduire les discriminations dans les pays les moins inégalitaires. Ces propos sont résumés dans pratiquement tous les journaux français. Beaucoup reprennent la formule d'Yvette Roudy qui a annoncé que la commission *ad hoc* va s'attaquer au « sexisme européen[12] ».

L'une des premières propositions d'Yvette Roudy est en effet de modifier la composition de la Commission européenne qui siège à Bruxelles. « Il n'est pas convenable que les treize commissaires soient treize messieurs », déclare-t-elle. Depuis sa création, aucune femme n'en a jamais fait partie, même si selon Christiane Scrivener, « sous Giscard, certains y avaient songé[13] ». « L'an prochain les commissaires doivent être renouvelés, j'espère que nous verrons au moins trois femmes figurer parmi eux. Et peut-être même une quatrième chargée, plus particulièrement, de lutter contre les discriminations. »

Lors des séances plénières du Parlement, d'autres députées européennes ont déjà exprimé cet avis. Des associations féminines envoient au nouveau président de la Commission, Gaston Thorn, des courriers demandant la nomination de femmes. Malgré cette mobilisation, les gouvernements qui renouvellent les commissaires, fin 1980, ne tiennent pas compte des injonctions de la commission *ad hoc*. Il n'y a toujours aucune femme sur les quatorze commissaires qui entrent en fonction en janvier 1981, au grand dam d'Yvette Roudy qui déplore que la Commission demeure un « club fermé, *for men only*[14] ». Les deux premières femmes n'y entreront qu'en 1989.

Le printemps 1980 est une période faste pour sensibiliser l'opinion publique européenne aux droits des femmes, car le 27 mars, la Cour de justice des Communautés déclare qu'une femme est en droit d'avoir le même traitement que celui de son prédécesseur exerçant le même emploi. À la suite de cet arrêt qui a un grand retentissement, la Commission européenne apporte sa contribution au travail de la

12. *Le Provençal*, 24 décembre 1979, « Spécial Femmes. Déclaration d'Yvette Roudy ».

13. Christiane Scrivener, *L'Europe, une bataille pour l'avenir*, 1984, p. 35.

14. CAF, fonds Roudy, 5 AF 117 ; IUE, FDE 292, lettres d'associations féminines à Gaston Thorn, 1980 ; *Le Monde*, 22 février 1981, « *For men only* ».

commission *ad hoc*. En mars et en octobre, le président envoie de la documentation sur le personnel hommes/femmes à Bruxelles[15]. Le Néerlandais Henk Vredeling, commissaire chargé des affaires sociales, propose que la non-discrimination entre hommes et femmes fasse l'objet d'une attention toute nouvelle. La presse française relaie ces évolutions, parfois avec des erreurs, car on confond la Commission européenne et la commission *ad hoc* des droits des femmes du Parlement – elle-même appelée parfois commission ADOC ! Bien peu d'articles évoquent les problèmes de fond dont s'occupe ladite commission, en particulier celui de l'emploi[16]. En juin, un premier grand débat est organisé au Parlement autour du rapport de la Néerlandaise Suzanne Dekker, une juriste de 30 ans, concernant le travail féminin. L'absentéisme des hommes est remarqué. « Peu de parlementaires européens semblent s'intéresser à la cause des femmes », note la presse. Au cours de ce débat, « lancé dans une quasi-indifférence », seuls trois hommes prennent la parole sur une vingtaine d'intervenants, ce qui provoque l'ironie de Maria Antonietta Macciocchi et la colère d'Antoinette Spaak, fille de l'un des fondateurs de l'Europe communautaire[17]. Les droits des femmes demeurent une affaire à laquelle les hommes ne s'intéressent pas.

En février 1981, le rapport final de la commission *ad hoc* est présenté au Parlement européen. Résultant d'un bon nombre de compromis entre toutes les tendances politiques, il est sans doute un peu décevant ; Yvette Roudy se souvient de « la pression d'un président d'un groupe de droite, qui avait vu Simone Veil pour lui demander que je retire la partie qui concernait l'excision. J'ai dit non. Je tenais vraiment à trois choses : la contraception, l'IVG et l'excision. » La résolution est présentée par la Néerlandaise Hanja Maij-Weggen, une démocrate-chrétienne, qui a été très mal traitée, mais qui est allée jusqu'au bout. La résolution est adoptée le 11 février. Sur deux cent quatre-vingt-dix-huit votants, cent soixante-

---

15. IUE, FDE 80, Cour de justice européenne de Luxembourg, litige Macarthys contre Wendy Smith (affaire 129/79) ; FDE 283.

16. CAF, fonds Roudy, 5 AF 117, dossier de presse 1979-1981.

17. *Le Soir*, 20 juin 1980, « Le Parlement européen peu intéressé par les femmes ».

treize se sont prononcés pour, cent un contre et il y a eu vingt-quatre abstentions.

C'est le paragraphe sur l'avortement qui a suscité le plus d'oppositions : il préconise que la Commission insiste auprès du Conseil pour que l'IVG soit autorisée dans toute la Communauté et que les règles et les lois soient les mêmes partout. Selon Marie-Claude Vayssade, « il y avait deux phrases autour des problèmes de l'avortement qui ont suscité quelques insultes, mais ça n'a pas été jusqu'au niveau de celles proférées contre Simone Veil en France en 1974 ». Si tous les groupes ont voté pour, le PPE, le groupe conservateur et le groupe libéral se sont déchirés. Les élus irlandais ont voté contre et les communistes, qui estiment que le texte ne va pas assez loin, se sont abstenus. À la tribune, Yvette Roudy n'a pu que regretter l'absence d'un « grand texte, plein de souffle et de courage [...]. Ce sera pour une autre fois[18] ».

Dans la presse française, Yvette Roudy s'impose alors comme « l'autre présidente », la « championne des droits des femmes au Parlement européen », qui « vole au secours des Européennes » : « Elle a réussi, en quatorze mois de travail, à mettre au point un important ensemble de propositions visant à améliorer la vie des cent trente millions de femmes de la communauté[19]. » Cette notoriété, Yvette Roudy va la mettre à profit au sein du gouvernement de Pierre Mauroy où elle devient ministre déléguée des Droits de la femme. Simone Veil souligne qu'elle s'est ainsi trouvée en position d'introduire certaines avancées dans la législation française. C'est en particulier en s'appuyant sur une directive européenne qu'elle a pu faire voter la loi sur l'égalité professionnelle en France.

Après le départ d'Yvette Roudy de la commission *ad hoc*, la question des femmes ne retombe pas dans les oubliettes ; grâce de nouveau à une Française, Marie-Claude Vayssade, et là encore avec le concours de Simone Veil. À la fin de 1981, la première propose à la seconde de constituer une commission d'enquête sur la situation des

---

18. PE, commission *ad hoc* des droits de la femme, rapport de Mme Hanja R. H. Maij-Weggen, document 1-829/80, 158 p. ; explications de vote, 12 février 1981 ; CAF, fonds Roudy, 5 AF 116, résultats du vote du 11 février 1981.

19. *Elle*, 9 février 1981, « L'autre présidente : une femme en mouvement » ; *France-Soir*, 6 février 1981.

femmes en Europe, ce qui est fait. Bien qu'elles ne soient pas du même bord politique, il y a sinon une complicité du moins une grande estime réciproque entre ces deux personnalités qui se succéderont à la présidence de la commission juridique du Parlement. C'est aussi sur Marie-Claude Vayssade que s'appuie Marcelle Devaud dans ses actions militantes féministes : « un pilier de la représentation française [...]. Marie-Claude est socialiste, mais nous avons toujours été d'accord en ce qui concerne le problème des droits des femmes ».

Trop engagées, trop gênantes...

Pour beaucoup de députées européennes, si les hommes leur ont fait le « cadeau » de les envoyer à Strasbourg, c'est que le Parlement n'avait pas de pouvoir. Selon Simone Veil les femmes « étaient présentes et plus actives que les hommes ». Est-ce parce qu'elles n'avaient pas d'autres mandats, comme on l'avance souvent ? Les premiers de chaque liste étaient en effet tous des députés ou maires de grandes villes, leurs préoccupations restaient centrées sur la France. Nicole Péry le dit explicitement : « C'était plus clair dans la tête des hommes, amis ou adversaires, que c'était un passage, alors que nous, les femmes, prenions notre mandat comme un engagement. » Christiane Scrivener et Marie-Claude Vayssade l'affirment également et ajoutent que certains députés hommes étaient là, bien qu'ils ne soient guère intéressés par les problèmes de la construction européenne, car ils n'avaient pas été élus au niveau national.

Sur les vingt-cinq élus de la liste dirigée par Simone Veil, nous disposons d'une enquête du *Quotidien de Paris*, qui a attribué aux député(e)s une note sur dix en fonction de leur présence, de leur travail et de leur poids politique au Parlement européen[20]. Il n'est pas vraiment étonnant que des élus comme Francisque Colomb, sénateur, maire de Lyon, président de la communauté urbaine, etc. ne mettent jamais les pieds au Parlement européen. Henri Caillavet, Edgar Faure

---

20. Pour ce faire, le journaliste Bernard Brizay a enquêté à Bruxelles et Strasbourg, et a recueilli les appréciations de leurs pairs.

ou le très européen Jean Lecanuet font de même. En revanche, Louise Moreau, député-maire de Mandelieu, est très présente au prix d'incessants va-et-vient entre les Alpes-Maritimes, Paris, Bruxelles et Strasbourg. Considérée par certains parlementaires comme le « chevalier Ajax » de l'assemblée, elle s'est attelée à des dossiers difficiles et a rendu des rapports remarqués, notamment sur l'approvisionnement de la Communauté en métaux rares. Lorsque Simone Veil explique à la presse que le cumul des mandats empêche un député européen normalement constitué de faire son travail à Strasbourg, elle s'empresse de préciser qu'il y a une exception : Louise Moreau. De même, Édith Cresson, malgré son engagement politique sur la scène nationale et dans la Vienne, « sait fort bien partager son temps entre ses différentes activités. […] Elle va souvent à Bruxelles ou à Strasbourg ». Yvette Roudy, qualifiée de « Madame 100 000 Volts », consacre au moins deux semaines par mois à son travail de parlementaire européenne, sans délaisser ses fonctions au sein du PS[21].

Parmi les femmes qui n'ont pas d'autre mandat, le taux de présence est si élevé qu'il en devient suspect. Marie-Jane Pruvot, du groupe libéral, passe pour être « le prototype de l'élue à jetons ». Ses pairs remarquent qu'elle est par ailleurs toujours prête à partir pour des missions éloignées et à s'emparer de dossiers qui intéressent l'opinion : gavage des oies ou jouets guerriers. L'enquête du *Quotidien* insiste sur l'absence des hommes – hormis deux d'entre eux sur vingt – et utilise pour les femmes un langage particulier. À propos de Christiane Scrivener, très bien notée, le journaliste évoque son « air nunuche » ou sa « voix criarde » et la félicite pour avoir « changé de coiffure ». Un parlementaire s'étonne qu'elle ait « tenu le coup » lors du difficile débat budgétaire ! Marie-Jane Pruvot est présentée comme une « cigale » intéressée. Simone Martin apparaît à ses collègues comme inorganisée : « Elle ne sait pas faire de distinction dans son emploi du temps entre ce qui est important et ce qui l'est

---

21. *Le Quotidien de Paris*, « Europe : le hit-parade des députés de Simone Veil » paraît en quatre volets les 16, 17, 21 et 22 février 1984 ; *Le Monde*, 16 décembre 1980, « Édith Cresson aux trois casquettes » ; *Elle*, 9 février 1981, « L'Europe : quand les femmes s'en mêlent ».

moins. » Quant à la très présente Louise Moreau, on insinue qu'elle délaisse son mandat national. Sur les cinq femmes évaluées, Simone Veil est la seule qui s'en sorte sans égratignure ; selon le journaliste, elle « mérite bien le prix d'excellence que lui décernent ses collègues de Strasbourg avec une moyenne de neuf points[22] ».

En dehors de la présidente, dont l'autorité et la compétence se sont imposées à tous, l'appréciation générale des hommes peut être résumée en une phrase : les femmes font de la politique en amatrices, jamais de manière satisfaisante, elles sont toujours trop quelque chose, trop inorganisées, trop maladroites, trop engagées, trop gênantes, trop militantes féministes, en bref elles ne font pas de la politique d'une manière raisonnable. Que signifie ce qualificatif pour les hommes ? Sans doute un « investissement » modéré, proportionnel aux retombées politiques espérées, puisque la plupart d'entre eux sont souvent à l'Assemblée nationale, dans les instances de leur parti, dans leur circonscription ou dans leur ville, ce qui leur rapporte bien plus sur le plan politique. Leur absentéisme à Strasbourg et davantage encore à Bruxelles est pourtant préjudiciable aux intérêts de la France. Christiane Scrivener l'exprime clairement : « Rares étaient ceux – et j'étais du nombre – qui assistaient à toute la semaine de session à Strasbourg ou encore à toute la durée des commissions à Bruxelles. Ceci se traduisait souvent par des positions défavorables pour notre pays. »

1984 : bataille sur les listes européennes

En 1984, les élections au Parlement européen se déroulent dans un contexte bien différent de celles de 1979. Les principaux acteurs de la construction européenne ont changé : le tandem Giscard d'Estaing-Schmidt a laissé la place à Mitterrand et à Kohl. Depuis 1979, le Parlement européen s'est imposé comme un partenaire du Conseil des ministres et de la Commission. Mais, pour les électrices comme pour les électeurs, depuis le départ de Simone Veil de la présidence, l'action des députés européens est quasi invisible. L'immense effort

---

22. *Le Quotidien de Paris*, 17, 21 et 22 février 1984.

de sensibilisation qui avait été fait pour les élections de 1979 est bien oublié. Il faut remettre l'ouvrage sur le métier. Les députées françaises s'étant illustrées à Strasbourg et à Bruxelles doivent elles-mêmes batailler ferme pour être reconduites dans de bonnes positions sur les listes.

Le choix des candidat(e)s est particulièrement difficile à droite. Contrairement à l'élection de 1979, l'UDF et le RPR décident de regrouper leurs forces et partent unis à la bataille des européennes. La liste d'union est conduite par Simone Veil. Personne mieux qu'elle ne peut incarner l'attachement à l'Europe. Après bien des psychodrames au sein de l'UDF, en janvier 1984, elle s'impose comme tête de liste face à Valéry Giscard d'Estaing. L'épisode fait dire à Jean Lecanuet : « Madame, on ne traite pas comme cela quelqu'un qui vous a fait[23]. » Belle illustration de la conception patriarcale de la politique en France. Avec la complicité de Jacques Chirac, elle s'impose ensuite à l'opposition tout entière.

Pour Simone Veil, le plus délicat reste donc à faire avec l'établissement d'une liste de quatre-vingt-un noms, alors que six places seulement lui sont réservées. Dès septembre 1983, elle a dessiné le portrait-robot idéal de l'élu européen en édictant trois critères – efficacité, conviction, présence –, ce qui exclut un double mandat de député national et européen[24]. Pour les sortants, elle affirme : « Je reprendrai ceux qui ont travaillé et ont été assidus aux sessions. » Voilà qui devrait être bon pour les femmes.

Mais Simone Veil doit aussi compter avec tous les battus de 1981 qui espèrent attendre à Strasbourg des jours meilleurs sur la scène politique nationale. Ayant pris l'engagement de n'interférer en rien dans la désignation des candidats par le RPR et l'UDF, il lui faut accepter sur sa liste des adversaires, voire des ennemis politiques d'hier. Christian de La Malène, qui a incarné l'opposition rancunière du RPR pendant toute la première législature européenne, figure en quatrième position. Philippe Malaud, qui a conduit en 1979 une liste et qui s'était assez violemment exprimé contre Simone Veil, notamment à propos de l'avortement, est huitième. La tête de liste est aussi

23. Maurice Szafran, *Simone Veil, op. cit.*, pp. 279-280.
24. Université des Jeunes démocrates sociaux, Forcalquier, 2 septembre 1983.

contrainte d'accepter la présence de sortants qui n'ont pas laissé des traces impérissables au Parlement européen, comme André Rossi ou Pierre Pflimlin, respectivement notés cinq sur dix et quatre sur dix par les enquêteurs du *Quotidien de Paris*[25]. Sur les quatre-vingt-un noms de la liste, on ne trouve que treize femmes, mais huit dans les quarante premières places éligibles. C'est là le résultat du partage UDF/RPR, malgré la détermination de Simone Veil.

Chez les gaullistes, plusieurs femmes : Nicole Chouraqui, victime du « tourniquet » dès 1980, Magdeleine Anglade, Anne-Marie Dupuy, ancien chef de cabinet de Pompidou à Matignon, puis à l'Élysée. Nicole Fontaine est de nouveau sur la liste Veil, mais beaucoup mieux placée qu'en 1979. En tant que secrétaire générale adjointe de l'enseignement catholique, elle a sympathisé avec de nombreux hommes et femmes politiques qui ont soutenu l'enseignement privé pendant les premières années de la présidence Mitterrand. Sur proposition de Jean Lecanuet, elle intègre la liste d'union de l'opposition, ce qui la conduit à démissionner de ses fonctions le 20 mars. Mal placée, la radicale Jacqueline Thome-Patenôtre doit espérer un très bon score pour être élue, tout comme Simone Martin.

Les sortantes du Parlement, élues en 1979, ont eu donc fort à faire pour figurer sur la liste d'union : « Elles ont fait la preuve de leur engagement et de leur assiduité. Pour autant, à la fin de leur mandat, certaines d'entre elles n'y ont pas toujours retrouvé une place comme elles l'auraient souhaité », se souvient Simone Veil. Christiane Scrivener est reconduite en vingt-neuvième place seulement, malgré le travail qu'elle a réalisé pendant cinq ans. Encore a-t-il fallu l'autorité et la détermination de Simone Veil pour l'imposer[26]. Les deux femmes ont mené bien des combats politiques au sein du gouvernement français d'abord, puis au Parlement européen et dans le groupe libéral. Une certaine complicité s'est instaurée entre elles. Pour Hervé de Charette, Christiane Scrivener « était liée personnellement à Madame Veil. Elle la secondait de manière très pertinente et très efficace ». Finalement, la liste de l'opposition comprend moins

---

25. *Le Quotidien de Paris*, 21 février 1984, « Europe : le hit-parade des députés de Simone Veil ».
26. *Le Monde*, 21 mars 1984 et 13 avril 1984.

de femmes que la liste Veil de 1979, mais une de plus que la liste
Chirac.

Les femmes socialistes n'ont pas moins de difficultés pour figurer
en bonne place sur la liste des européennes, bien que, depuis 1981,
beaucoup de députés européens ont été élus à l'Assemblée nationale
ou maires. Elles sont cette fois-ci vingt et une, contre vingt-deux en
1979.

Une fois encore, les femmes du PS ont dû batailler pour obtenir
une certaine reconnaissance : « On l'a vu pour les européennes, là
encore, pour assurer la présence de candidates en nombre suffisant,
à des places à peu près correctes, vraiment on s'est toutes retrouvées,
dans tous les courants du parti… une pression qui a donné des résultats que je trouve corrects[27] », estime alors Martine Buron, secrétaire
nationale à la lutte des femmes. Les femmes socialistes s'appuient
sur le bilan de leur législature que la presse reconnaît[28], mais beaucoup d'élues de 1979 sont absentes des places éligibles. C'est que le
PS veut montrer qu'il y a un rajeunissement de la classe politique,
notamment avec Colette Gadioux et Marie-Noëlle Lienemann. Il n'y
a donc pas de situation acquise.

Toutes les socialistes qui sont entrées au Parlement européen en
1981 sont également oubliées, hormis Nicole Péry qui figure juste
derrière Lionel Jospin en seconde position. Depuis 1981, elle a beaucoup travaillé et s'est investie dans des dossiers qu'elle a su faire
avancer. Au sein de la commission culture du Parlement, elle a
proposé d'aller beaucoup plus loin dans les échanges interuniver-
sitaires et posé les bases des programmes qui deviendront Erasmus
et d'autres. Malgré son efficacité, elle craint alors d'être recalée :
« Parce que le travail fait n'a jamais été suffisant dans une bagarre
pour être sur une liste, même si on a l'estime et l'affection des chefs
– ce que je pensais avoir de Mitterrand et de Jospin – car c'est selon
ce que l'on pèse : combien de voix dans ta fédération ? » Ce qui la
sauve sans doute, c'est qu'elle fait montre discrètement d'une compétence très pointue dans le domaine de la pêche, à un moment de

---

27. Citée par Mariette Sineau, *Des femmes en politiques, op. cit.*, p. 186.
28. *Le Monde*, 14 février 1984.

grande tension avec l'Espagne. Elle sauve ainsi Lionel Jospin, le premier secrétaire du PS, que les journalistes européens malmènent sur ce dossier[29].

Mais ce qui vaut à Nicole Péry de figurer en seconde place, c'est que l'opposition est emmenée à la bataille des européennes par une femme : « Le fait que Simone Veil était tête de liste a joué un rôle, les socialistes ne pouvaient pas ne mettre une première femme qu'en sixième position ! » Comme en 1979, mais d'une manière encore plus nette, l'interaction entre la droite et la gauche a été favorable aux femmes. Elle est consciente – comme Simone Veil – de devoir sa seconde place au fait d'être une femme. Ce n'est pas une usurpation, puisqu'elle a déjà fait ses preuves à Strasbourg et rendu des services au parti sur les questions européennes.

L'Europe et les femmes sont des thèmes peu présents dans la campagne électorale. Simone Veil apparaît elle-même un peu comme l'otage politique du RPR. La presse s'étend sur sa « métamorphose » : « on ne la reconnaît plus », son « originalité s'évapore », etc. Il est vrai que sa campagne est bien loin du code de conduite politique qu'elle avait adopté en 1979. Elle attaque le gouvernement de gauche, appelle à voter utile, stigmatise les petites listes et, finalement, parle d'Europe avec prudence, notamment sur l'entrée de l'Espagne et du Portugal. Ce « mimétisme chiraquien » est dénoncé jusqu'à l'UDF et certains parlent même de son chemin de Damas[30].

Le nouveau discours de Simone Veil change son image. Tout d'abord, elle devient un « personnage politique » comme les autres : « si elle est médiocre, caricaturale et simpliste », dit Lionel Jospin, elle doit être désormais traitée en « responsable politique de la droite comme les autres[31] ». Martine Buron se déclare étonnée de la « simplification outrancière » que pratique la tête de liste de l'opposition, « obligée de se lancer dans un genre de langage politique qui ne cor-

29. *Le Monde*, 16 juin 1989, « Portrait d'Européenne. Nicole Péry : Mme Pêche ».
30. *Les Nouvelles*, 7 juin 1984, « Simone Veil : On ne la reconnaît plus » ; meeting de Bastia du 6 juin 1984 ; *Le Monde*, 8 juin 1984.
31. *Le Quotidien de Paris*, 9 février 1984, « Simone Veil, une campagne à la fois nationale et européenne ».

respond certainement pas à son approche personnelle[32] ». Autre effet du nouveau discours politique de Simone Veil, son message européen est nettement moins affirmé. Elle constate elle-même : « Quand je parle d'Europe, on me dit que je suis ennuyeuse. Quand je parle de politique, on m'applaudit. » *Libération* note que cette « femme politique atypique en mutation » ne recueille des applaudissements que quand elle parle de l'école privée ou du sectarisme socialiste et que, lors des conférences de presse, elle pratique allégrement le tunnel (réponses interminables)... comme les hommes politiques les plus classiques[33].

Pour entendre vraiment parler d'Europe, il faut se tourner vers Christiane Scrivener, peu présente sur les estrades, mais qui publie *L'Europe, une bataille pour l'avenir*, avec une préface de Simone Veil, en avril 1984. L'ouvrage, très pédagogique, se présente sous la forme de questions – que pourrait poser un citoyen de l'Europe – auxquelles la députée européenne apporte des réponses. Malgré un ton assez souvent artificiel – les questions commencent par « ne pensez-vous pas que... » et les réponses par « vous abordez là un point essentiel... » –, il donne une idée très précise de l'engagement européen de l'auteure et du travail qu'elle a réalisé au Parlement européen. Quelques journaux le signalent d'ailleurs comme un bon moyen de se familiariser avec l'Europe[34].

Tout au long de la campagne, la thématique des droits des femmes est rarement évoquée de manière positive. Une des affiches de campagne socialistes expose, sous le slogan « 21 chances pour l'Europe », une mosaïque des portraits des vingt et une femmes candidates. À l'extrême gauche, des candidates souhaitent concilier leur combat féministe et leur combat politique en se présentant à ces élections.

Une fois encore, c'est surtout par le biais de la question de l'avortement que les droits des femmes sont abordés. Plusieurs meetings

---

32. Citée par Mariette Sineau, *Des femmes en politiques*, *op. cit.*, pp. 93-94.
33. *Libération*, 14 juin 1984, « Fin de campagne : le cas Simone Veil ».
34. Christiane Scrivener, *L'Europe, une bataille pour l'avenir*, 1984 ; *Le Monde*, 13 avril 1984, « Information sans prétention ».

de Simone Veil, notamment à Rennes et à Lyon, sont perturbés par des groupes « Laissez-les vivre » qui diffusent des pleurs de bébés[35]. Sur la liste du Front national, figure en sixième position Bernard Antony qui a dirigé le mensuel *Présent* de 1975 à 1982. Il vient de créer l'AGRIF (Alliance générale contre le racisme et pour le respect de l'identité française), qui regroupe des intégristes catholiques et des membres du FN. La lutte contre l'avortement est une des priorités de ce mouvement, les charges contre Simone Veil sont donc régulières. Le Front national diffuse une brochure de quinze pages intitulée « Simone Veil : une femme de gauche ». Alors que la tête de liste de l'opposition attaque de plus en plus la gauche au pouvoir, il s'agit de convaincre les électeurs que ce n'est qu'un leurre et que fondamentalement, Simone Veil n'est pas de droite. Si l'on veut s'opposer vraiment à la gauche, il faut voter FN, CQFD. Le portrait est violent, misogyne et caricatural[36].

Outre Simone Veil et Arlette Laguiller, qui mènent toutes les deux une liste pour la deuxième fois, une troisième femme est tête de liste : Francine Gomez, PDG de Waterman. La liste qu'elle constitue est la plus féminisée de toutes. Elle s'en explique quelques mois plus tard dans un livre-témoignage : « Parce que je voulais me mêler à la vie publique, parce que le hasard a voulu que la plus proche échéance fût l'élection du Parlement européen, parce que je suis une européenne-née autant que professionnelle[37]. » Après avoir cherché en vain une tête de liste, elle se résout à conduire elle-même une liste essentiellement composée de socioprofessionnels, sous l'étiquette : « Réussir l'Europe ». En deuxième position, on trouve le producteur de cinéma Yves Rousset-Rouard, dont la plus grande réussite a été le film érotique *Emmanuelle*. Monique Pelletier est numéro trois, mais la femme de la liste qui suscite le plus l'intérêt de la presse est la championne de ski Marielle Goitschel, ce qui donne lieu à quelques métaphores sportives. Avec 47 % de candidates, les journaux qualifient la liste de

---

35. *Le Monde*, 2 juin 1984, « Les féministes de la troisième liste de gauche » ; *Libération*, 14 juin 1984, « Fin de campagne : le cas Simone Veil ».
36. PE, représentation à Paris, élections de 1984, « Simone Veil : une femme de gauche ».
37. Francine Gomez, *On ne badine pas avec la politique*,1984, pp. 57 et 71.

Gomez de « fémiliste », mais « Francine Gomez ne veut pas donner l'impression d'une liste de "femelles en folie" (c'est elle qui le dit)[38]. » Ce genre de déclarations, et d'autres assez ambivalentes sur l'avortement notamment, montrent que la célèbre pédégère est hostile au féminisme militant. D'où ses relations difficiles avec Monique Pelletier. Et l'Europe dans tout cela ? Autant dire que les questions de savoir pour qui « roule » la liste Gomez et comment elle va se financer occupent plus de place dans les journaux que ses idées européennes. Les sondages ne lui donnent d'ailleurs pas plus de 2 % des voix.

Toujours présentes

Au soir du scrutin, dix-sept femmes sont élues députées européennes, une de moins qu'en 1979, mais les Françaises demeurent les plus nombreuses, juste devant les Allemandes (seize). Leur détermination à figurer à des places éligibles sur les listes a été payante. Globalement, les femmes consolident leur place au Parlement européen : elles étaient soixante et onze sur quatre cent trente-quatre à la fin de la première législature, elles sont soixante-quinze au début de la deuxième.

En France, avec plus de 43 % des suffrages exprimés, la liste de Simone Veil remporte la majorité des sièges, soit quarante et un. Le résultat est à peine à la hauteur des espérances de l'opposition. Parmi les élus, on compte huit femmes, soit un taux de 19,5 %, à peu près égal à celui des listes UFE et DIFE de 1979 (20 %). Avec six femmes sur vingt députés, le PS augmente le taux de féminisation de sa délégation par rapport à 1979 (30 % contre 27,3 %). Un sondage « sortie des urnes » indique que les électrices ont voté moins à gauche que les électeurs et ont permis à la liste de l'opposition de Simone Veil d'atteindre les 43 %[39]. La catégorie des « femmes au foyer » l'a

---

38. *Le Quotidien de Paris*, 3 mai 1984, « Marielle Goitschel, la politique hors-piste » ; 19 mai 1984, « Marielle Goitschel dans le slalom des européennes » ; 15 mai 1984, « Européennes : Francine Gomez a présenté sa "fémiliste" » ; *Le Journal du Dimanche*, 15 avril 1984, « Madame Waterman : pas de "femelles en folie" sur ma liste ».
39. Sondage « sortie des urnes » SOFRES-TF1-*Nouvel Observateur*, *Le Nouvel Observateur*, 22 juin 1984.

plébiscitée en votant pour elle à 54 %. En revanche, ce qui deviendra une constante de l'électorat du Front national est ici déjà perceptible : les femmes ont peu voté, beaucoup moins que les hommes, pour la liste de Jean-Marie Le Pen[40].

La nouvelle législature se met en place en juillet 1984. Après le discours d'ouverture de la nouvelle doyenne de l'assemblée, encore une Française en la personne de Jacqueline Thome-Patenôtre (78 ans), Pierre Pflimlin, qui figurait sur la liste de l'opposition, est élu président du Parlement européen. Incontestablement, plus que son engagement dans le travail parlementaire pendant la précédente législature, c'est sa personnalité et sa carrière politique qui trouvent ici une sorte de couronnement.

Plusieurs Françaises sont élues ou désignées à des postes importants : Simone Veil devient présidente du groupe libéral et Marie-Claude Vayssade accède à la présidence de la commission juridique. Au sein de la délégation du Front national, Martine Lehideux profite de son mandat européen pour créer, en 1985, le Cercle national des femmes d'Europe. À la Commission européenne, le service Information Femmes de Fausta Deshormes s'en inquiète, car cela peut prêter à confusion avec sa publication, *Femmes d'Europe*[41]. Sur le fond, la confusion est évidemment impossible : le CNFE est tourné vers la politique familiale et s'oppose au féminisme, où il voit une « certaine laideur à la fois morale et physique ». Il s'oppose à l'IVG en demandant l'abrogation de la loi Veil, veut restaurer la famille, défend un salaire maternel financé par la préférence nationale. L'Europe, qui figure dans le nom de l'association, est absente de son programme[42].

D'autres initiatives plus européennes émanant de femmes sont à relever pendant la seconde législature. Le quarantième anniversaire

---

40. Cf. notamment Janine Mossuz-Lavau, « Les femmes font de la résistance », *Le Monde diplomatique*, dossier « Les terroirs de l'extrême droite », mai 1998, p. 15.
41. IUE, FDE 278, craintes de Fausta Deshormes et note du service juridique de la Commission, mars 1986.
42. Françoise Laroche, « Maréchale, nous voilà ! Le Cercle national femmes d'Europe », *in* Claudie Lesselier et Fiammeta Venner (dir.), *L'Extrême droite et les femmes,* pp. 153-164.

de la création de l'Union des fédéralistes européens (UEF) est l'occasion de lancer un prix « Femmes d'Europe », visant à « mettre en valeur l'action d'une Européenne – ou d'un groupe d'Européennes – ayant contribué à accélérer l'intégration européenne, ou à accroître chez tous les citoyens européens le sentiment d'appartenance à une communauté de destins ». Dans sa présentation du prix, la Belge Angèle Verdin rappelle que Fausta Deshormes a joué un rôle important dans la naissance de ce prix qui doit combler « l'ignorance du rôle que de nombreuses femmes jouent en faveur de l'intégration européenne ». Au sein de chaque État membre, un comité désigne une lauréate nationale qui concourt ensuite pour le prix européen décerné par un jury, composé pour un tiers de personnalités et pour les deux tiers de journalistes. La « Femme d'Europe » élue reçoit un « bijou symbolisant l'action des femmes construisant l'Europe ».

Pour la première édition du prix (1987), la lauréate française est Danièle Senet, présidente de la commission féminine du Mouvement européen en Anjou. Le choix du comité est motivé ainsi : « Elle réussit après en avoir pris connaissance, au travers des accords de Lomé, à établir des relations exemplaires avec les femmes d'un village du Mali. Construisant, après avoir réuni des fonds considérables, une pompe solaire, puis une garderie et une école[43]. » Près de vingt ans plus tard, l'action initiée par Danièle Senet se poursuit toujours. Après elle, des Françaises aux profils très différents obtiendront ce prix, chacune des éditions s'accompagnant de davantage de médiatisation : « Ainsi, l'opinion publique reconnaîtra que si l'Europe a pu voir le jour grâce à ses Pères fondateurs, l'Europe des citoyens qui s'élabore et se fortifie bénéficie de nos jours de l'action de femmes imaginatives : les Mères de l'Europe[44]. »

---

43. CHEVs, Archives de la FNSP, fonds UEF, n° 8, dossier 1, cahier distribué à l'occasion de la remise du prix « Femmes d'Europe – France » à Évelyne Sullerot, le 26 mai 1997.
44. CAF, fonds Roudy, 5 AF 183, brochure présentant le prix « Femmes d'Europe », 1992.

II

De l'Acte unique à Maastricht

CHAPITRE 6

Au service de l'Europe de Mitterrand

Si Valéry Giscard d'Estaing a ouvert ses gouvernements à des femmes, le rôle de François Mitterrand n'est pas moins grand, il fait même mieux que son prédécesseur : elles sont six dans le gouvernement Mauroy (1981-1983), six encore dans le gouvernement Fabius (1983-1986). La création – progressive – d'un grand ministère des Droits des femmes est aussi à mettre à son actif, tout comme des nominations de femmes à des postes à responsabilités dans la haute administration ou dans les coulisses du pouvoir.

Les « femmes du président », qui entrent au gouvernement en 1981, suivent Mitterrand depuis des années[1]. Parmi les femmes ministres des septennats, trois vont s'occuper directement de la politique européenne de la France : Catherine Lalumière, Élisabeth Guigou et Édith Cresson. Celle-ci sera « le symbole-fait-femme d'une nouvelle division sexuelle du travail politique, puisqu'elle aura en charge successivement l'Agriculture, le Commerce extérieur, l'Industrie, les Affaires européennes, avant d'être nommée à l'Hôtel Matignon[2] ».

---

1. Jane Jenson et Mariette Sineau, *Mitterrand et les Françaises,* pp. 323-331.
2. Mariette Sineau, « Les femmes politiques sous la Ve République », *op. cit.*, p. 50.

Catherine Lalumière et le virage européen du président

En décembre 1983, Roland Dumas, jusque-là porte-parole du gouvernement, accède au poste de ministre des Affaires européennes dans le gouvernement Mauroy. La présidence du Conseil européen revenant à la France durant le premier semestre 1984, il était nécessaire de nommer un proche du président à la tête d'un « ministère plein » afin qu'il puisse avoir une certaine autorité. Mais il était clair que les Affaires européennes n'étaient pour le fidèle de Mitterrand qu'un marchepied : un an plus tard, Roland Dumas devient ministre des Relations extérieures en remplacement de Claude Cheysson qui rejoint la Commission européenne. Catherine Lalumière est nommée secrétaire d'État auprès du ministre des Relations extérieures, chargée des Affaires européennes[3].

Après un doctorat de droit public et un DES de science politique, Catherine Lalumière entame une carrière universitaire qui la mène de Rennes à Paris en passant par Bordeaux. Arrivée au militantisme politique avec son mari, en 1973 elle adhère au tout jeune Parti socialiste, issu du congrès d'Épinay, elle-même se situant « dans la lignée de Jaurès et de Blum. Et de Mitterrand ». Dès 1975, elle est déléguée nationale du PS à la fonction publique. Lors des élections européennes de 1979, elle ne figure pas parmi les quatre-vingt-un noms, mais son mari Pierre Lalumière est en trente-huitième position, ce qui va lui permettre de siéger au Parlement européen de 1981 à 1984. François Mitterrand préfère confier à Catherine Lalumière un poste de conseiller pour préparer l'élection présidentielle. Comme beaucoup d'autres, elle ne porte pas alors une attention particulière à ce qui se passe à Bruxelles : « Ni ma formation, ni ma carrière d'enseignante ne me prédisposait à m'intéresser à l'Europe. Jusqu'en 1981, je n'ai eu aucun contact avec les affaires européennes. »

Compte tenu de son parcours, elle est chargée de la Fonction publique et des réformes administratives en tant que secrétaire d'État auprès du Premier ministre dans le premier gouvernement Mauroy,

---

3. Le très officiel *Annuaire diplomatique et consulaire*, n'attribue pas explicitement le portefeuille des Affaires européennes à Catherine Lalumière pour la période 1984-1986.

celui de la transition (mai-juin 1981). Lors des élections législatives, portée par la « marée rose », elle est élue députée de Bordeaux, mais ne siège pas à l'Assemblée, puisqu'elle devient ministre de la Consommation dans le deuxième gouvernement Mauroy. C'est dans cette fonction qu'elle va découvrir l'Europe.

Au sein du gouvernement, personne ne se précipite pour représenter la France au conseil du marché intérieur dont les Allemands viennent d'obtenir la création. Cela n'intéresse ni le ministre des Relations extérieures ni le ministre délégué aux Affaires européennes. On pense donc à la ministre de la Consommation, dont les attributions sont très flexibles. Cela en dit long sur l'intérêt que l'on peut porter à l'Europe au Quai d'Orsay ! En mai 1984, dans un grand discours prononcé au Parlement européen juste avant les élections, François Mitterrand a pourtant clairement exprimé qu'il entendait faire de la construction européenne une de ses priorités. Sans doute le Quai d'Orsay a-t-il besoin de plus de temps pour se mettre en mouvement… Son désintérêt pour le conseil du marché intérieur laisse un champ libre dans le domaine de la politique européenne de la France que Catherine Lalumière va désormais occuper.

C'est ainsi qu'elle commence à représenter la France à Bruxelles, bien que cela ne relève pas initialement de ses compétences. Immédiatement, elle y prend goût : « Chaque conseil est un psychodrame, un jeu d'échecs, un jeu de billard… Il y a incontestablement un côté ludique – alors que l'on traite de choses très sérieuses – qui me plaît. » Au premier semestre 1984, alors que la France préside la Communauté, elle dirige les conseils du marché intérieur. C'est l'occasion pour elle d'acquérir une certaine réputation au sein des administrations européennes. En août 1984, Laurent Fabius, tout juste nommé Premier ministre, régularise cette situation de fait en nommant Catherine Lalumière secrétaire d'État auprès du ministre des Relations extérieures, mais sans affectation spéciale. Enfin, en décembre 1984, elle reçoit comme attribution les Affaires européennes.

À cette date, la France perd la présidence de la Communauté et la politique européenne entre dans une ère moins excitante. Après Roland Dumas, qui a dû accompagner le grand souffle européen du président, Catherine Lalumière doit « affronter les problèmes de budget, de quotas et d'excédents viticoles dont le détail passionne moins M. Mitterrand que la réforme des institutions[4] ». Pour tous les observateurs, la nomination de Roland Dumas au Quai d'Orsay, qui garde l'autorité sur les Affaires européennes, prouve le renforcement de la mainmise du président sur la politique étrangère et européenne.

Simple secrétaire d'État, Catherine Lalumière doit d'abord se faire accepter des services du Quai d'Orsay et des différentes chancelleries européennes, à une époque où les femmes sont peu nombreuses sur la scène politique européenne. « Au début, on me regardait avec méfiance, avec interrogation, avec suspicion même. Mais après cette sorte d'examen de passage, je n'ai pas eu de problème. » Adepte d'un « professionnalisme asexué, basé sur une capacité de travail importante, des connaissances, etc. », elle estime néanmoins que l'intuition des femmes est un élément à prendre en compte, puisque l'équation personnelle des protagonistes joue énormément dans les relations internationales. Dans la diplomatie, le facteur humain, que ne renient pas les historiens des relations internationales sensibles à cette dimension « duroselienne[5] », est pour elle essentiel. Les femmes, dit-elle, peuvent apporter beaucoup en ce domaine, car elles « sont souvent plus fines que les hommes, font preuve de davantage de psychologie, même si bien entendu, des contre-exemples existent ».

Cette intuition ne sera pas de trop à Catherine Lalumière pour combler un manque certain de poids politique et de moyens pour mener à bien sa tâche. À la différence de ses deux prédécesseurs, elle n'a pas la tutelle sur le SGCI (le Secrétariat général du comité interministériel chargé de coordonner les positions des différents ministères sur les dossiers européens), celui-ci repassant sous l'autorité du Premier ministre, comme c'était le cas depuis sa création en 1948.

En tant que secrétaire d'État auprès du ministre des Relations extérieures, Catherine Lalumière doit donc trouver au Quai d'Orsay

---

4. *Le Monde*, 9-10 décembre 1984, « Succession mouvementée au Quai d'Orsay ».
5. Robert Frank, « Penser historiquement les relations internationales », *Annuaire français des relations internationales,* p. 48.

les moyens nécessaires à son action. Son budget est pratiquement inexistant et se réduit à des dépenses en personnel. Les crédits d'intervention étant bien maigres, elle « ne dispose pas d'une grande marge de manœuvre décisionnelle à l'égard des politiques communautaires[6] ». Elle-même dit s'être cantonnée dans le travail de préparation : « Mitterrand définissait les orientations, Dumas était le premier exécutant et je préparais les dossiers. »

La tutelle du ministre des Relations extérieures et de l'Élysée implique une grande restriction de pouvoir et d'autorité, mais c'est aussi un atout dont Catherine Lalumière affirme avoir pu jouer : « Par rapport au Parti socialiste et par rapport aux autres membres du gouvernement, ma situation était très confortable, car j'étais adossée à une grande force, incontestée. » Hubert Védrine, qui est resté auprès de François Mitterrand à l'Élysée pendant les deux septennats, en est également convaincu : les titulaires des Affaires européennes « étaient entraînés par Mitterrand, qui les poussait, et les portait. Cela les a aidés à s'imposer ». Mais Michel Rocard, alors ministre de l'Agriculture (1983-1985), estime au contraire que le titulaire de ce portefeuille n'avait pas assez de « poids pour faire changer d'avis le ministre des Finances ou de l'Agriculture », et que même le ministre des Affaires étrangères ne l'avait pas.

Les acteurs sont en tout cas chacun à leur place. Roland Dumas pouvait continuer à s'occuper des Affaires européennes avec une personne qui ne lui ferait ni ombre ni concurrence : « C'est lui qui était en représentation, je travaillais en coulisse avec une obligation de résultat et une grande marge de manœuvre. Je pense que nous formions un tandem performant. » Dans l'opinion publique, Catherine Lalumière est alors quasiment inconnue : l'Europe, à cette époque, c'est Mitterrand et Dumas rencontrant Kohl et Genscher. « Bien sûr, je n'étais pas dupe, raconte-t-elle, on me laissait tranquille pour peu que j'arrive à régler les questions qui se présentaient ; la visibilité médiatique était pour Roland Dumas. Mais je trouvais mon intérêt dans le travail de fond sur les dossiers. »

---

6. Marie-Christine Kessler, *La Politique étrangère de la France*, p. 199 ; Christian Lequesne, *Paris-Bruxelles,* p. 66.

Dossiers décisifs : l'élargissement et l'Acte unique

Dans les mémoires des protagonistes au pouvoir à l'époque, on ne trouve pas de référence au travail de Catherine Lalumière : Roland Dumas ne fait pas une seule fois référence à elle. Jacques Attali, conseiller à l'Élysée, non plus[7]. Raymond Barre estime cependant qu'elle a « montré ses capacités » à ce poste. Le pouvoir « de décider et d'agir [est] toujours limité[8] », reconnaît de son côté Catherine Lalumière.

Les archives permettent de cerner son rôle auprès du premier décideur de la politique européenne de la France, le président de la République. Pendant les quinze mois qu'elle passe aux Affaires européennes, elle travaille surtout sur l'adhésion des pays ibériques et la préparation de l'Acte unique qui fixe pour objectif l'achèvement du Marché commun à la fin de l'année 1992.

En ce qui concerne l'élargissement, au début de l'année 1985, les négociations avec l'Espagne et le Portugal traînent en longueur. Les dossiers de la pêche, de l'industrie, de l'agriculture sont particulièrement épineux. En France, les inquiétudes sont grandes. En janvier 1985, Catherine Lalumière évoque ces questions avec Henri Nallet, conseiller technique de François Mitterrand à l'Élysée, à qui elle exprime « le désir d'être reçue en audience par le président de la République pour s'entretenir avec lui des problèmes de l'élargissement ». « Plus tard », écrit Mitterrand dans la marge de la note rédigée par Henri Nallet. La secrétaire d'État se contente donc de faire une note dans laquelle elle propose de mettre en place des programmes intégrés européens, pour répondre au mécontentement des régions du sud de la France, mais elle ne cache pas que « les marges de manœuvre sont extrêmement étroites ». Son analyse est relayée par Élisabeth Guigou, conseillère auprès de François Mitterrand pour les affaires européennes, qui indique au président : « Dans les jours

---

7. Roland Dumas, *Le Fil et la pelote. Mémoires*, 1996 ; Jacques Attali, *Verbatim*, 1993-1995.
8. Citée par Michelle Coquillat, *Qui sont-elles ?, op. cit.*, p. 174.

prochains, nous devrons déterminer notre position en tenant compte des contraintes que rappelle Madame Lalumière dans la conclusion de sa note. » Effectivement, ce sont Élisabeth Guigou et Henri Nallet qui préparent l'argumentaire pour la conférence de presse lors de laquelle Mitterrand explique pourquoi la France est favorable à l'adhésion de l'Espagne et du Portugal[9].

Cet exemple montre de quelle manière la secrétaire d'État peut alerter l'Élysée, sinon le président directement. Elle dit même avoir eu une grande latitude : « J'ai eu beaucoup de contacts bilatéraux sans aucune entrave de la part du Quai d'Orsay. » Elle court d'une capitale européenne à l'autre afin de suivre les négociations au plus près. Au début mars 1985, elle est à Lisbonne, puis à Londres et à Bonn et informe François Mitterrand des impressions recueillies sur les négociations. Elle lui transmet en particulier un « appel au secours » de Mario Soares, le Premier ministre portugais, dont l'inquiétude et l'impatience grandissent devant les interminables négociations : l'adhésion est en effet « le seul projet du gouvernement » et « tout retard risque de déstabiliser le régime », indique Catherine Lalumière. Lorsque la procédure des négociations agricoles prend du retard, elle se risque à avancer : « Je crois pouvoir dire que la France n'y est pour rien. » Pour comprendre cette précaution de langage, il faut se rappeler que Michel Rocard est alors ministre de l'Agriculture et que ses rapports sont pour le moins délicats avec François Mitterrand. On imagine la situation inconfortable de la secrétaire d'État aux Affaires européennes, coincée entre deux poids lourds politiques qui s'opposent quasi ouvertement. Michel Rocard se souvient : « Elle me défendait un peu dans les bagarres interministérielles... »

Alors que le terme des négociations approche, Catherine Lalumière doit compter avec la nervosité et les pressions des ministres qui s'enquièrent de la manière dont elle fait son travail. Le 5 juin 1985, elle répond aux ministres de l'Agriculture et de la Pêche qui craignent qu'elle ne mène pas une action assez énergique dans la

---

9. AN 5 AG 4 / EG 64, note d'Henri Nallet à Jean-Louis Bianco (secrétaire général de l'Élysée), 14 janvier 1985 ; note de Catherine Lalumière au président de République, 31 janvier 1985 ; note d'Élisabeth Guigou au président de la République, 13 février 1985.

dernière ligne droite. À Henri Nallet, qui a succédé à Michel Rocard et qui connaît bien le dossier, elle écrit : « Sur aucun des points sur lesquels vous appelez particulièrement mon attention, je n'ai le sentiment que la position de la France ait été dénaturée ou remise en cause. [...] Je suis moi-même intervenue à deux reprises lors des conseils des ministres des Affaires étrangères tant de façon publique que par des contacts bilatéraux[10]. » L'acte d'adhésion de l'Espagne et du Portugal est signé officiellement une semaine plus tard, le 12 juin, avec effet au 1er janvier 1986.

Une fois l'adhésion signée, il faut continuer à rassurer les Français sur les effets de l'élargissement. Mais un autre dossier important se profile, avec la préparation d'une nouvelle étape de la construction européenne. Le Conseil européen de Bruxelles du début mars 1985 a reçu le rapport du comité Dooge sur les problèmes institutionnels de la Communauté et celui du comité Adonnino sur l'Europe des citoyens. Il a été alors décidé d'en discuter lors du Conseil de Milan à la fin juin[11]. Malgré la méfiance réciproque entre les pays membres et la confusion générale, le sommet de Milan aboutit à la convocation d'une Conférence intergouvernementale, bien que le Royaume-Uni, le Danemark et la Grèce y soient hostiles.

Catherine Lalumière est chargée de préparer ces négociations qui s'annoncent difficiles : « Mitterrand était très pessimiste sur les chances d'aboutir à un accord. J'ai alors mobilisé toutes les énergies au sein du secrétariat aux Affaires européennes en faisant valoir que nous avions une obligation de résultat. » En août, elle indique au président de la République qu'il ne faut pas oublier la dimension monétaire dans ces négociations, afin de préserver l'unanimité nationale sur l'Europe. « Une telle omission [...] pourrait être interprétée en France comme un recul de notre politique européenne qui recueille par ailleurs un large consensus. [...] La simple mention du SME dans un traité révisé serait le signe attendu, un symbole visible et actif. » Mais la décision ne peut

---

10. AN 5 AG 4 / EG 64, lettres de Catherine Lalumière à Henri Nallet (ministre de l'Agriculture) et à Guy Langagne (ministre de la Pêche), 5 juin 1985.

11. Le rapport Dooge préconisait de donner vie à une véritable entité politique européenne et traçait les objectifs prioritaires pour aller vers une Union européenne.

venir que d'en haut et elle en est bien consciente[12]. Catherine Lalumière est entièrement mobilisée par les négociations qui se déroulent à Luxembourg. Dans la presse, elle regrette que la France n'ait plus la présidence de la Communauté et reconnaît la difficulté de peser : « C'est évidemment plus facile de donner des impulsions lorsqu'on est président du Conseil des ministres, comme nous l'avons été au premier semestre 1984. À telle enseigne qu'il est même frustrant de ne plus l'être[13]… »

Les notes prises en décembre 1985 par Élisabeth Guigou lors des dernières discussions de Luxembourg – elle y assiste en tant que conseillère du président – prouvent que Catherine Lalumière participe aux négociations entre les ministres des Affaires étrangères et remplace parfois Roland Dumas[14]. Lors de ces sommets européens, explique Hubert Védrine, Mitterrand est en général en séance avec le ministre des Affaires étrangères. Comme il n'y a que deux sièges par pays, le ministre des Affaires européennes est obligé de prendre son mal en patience, en attendant que son collègue des Affaires étrangères lui cède un moment sa place, ou que le président le fasse venir lorsqu'il sort se dégourdir les jambes.

Lors du sommet des 16 et 17 décembre, un accord est trouvé : « En fin de compte, même les plus résistants ont cédé. La détermination de Mitterrand et Kohl a été décisive jusqu'au dernier moment, lorsque, stylo en main, avec Margaret Thatcher, ils aboutirent au compromis final et à la signature », se souvient Catherine Lalumière. Reste à finaliser l'accord et à convaincre le Parlement européen de ne pas l'entraver, le compromis de Luxembourg étant très en deçà de ce qu'avaient proposé les députés européens en matière de réorganisation institutionnelle. La France et l'Allemagne prévoient une démarche commune auprès de Pierre Pflimlin, le président du Parlement européen. C'est encore Catherine Lalumière qui s'en charge le

---

12. AN 5 AG 4 / 6546, lettre de Catherine Lalumière au président de la République, 21 août 1985.
13. *Libération*, 26-27 octobre 1985, « Catherine Lalumière : atmosphère sérieuse, parfois lourde, mais finalement très européenne ».
14. AN 5 AG 40 / EG 43, notes sur les discussions de Luxembourg du 1er décembre 1985 (Conseil des ministres des Affaires étrangères) et du Conseil européen des 2 et 3 décembre 1985.

9 janvier 1986 « au nom de nos deux gouvernements[15] ». Une fois levées les réserves du Parlement européen et obtenu l'accord danois, la signature de l'Acte unique a lieu les 17 et 28 février.

En France, en mars, l'opposition remporte les élections législatives. La première cohabitation s'ouvre et Catherine Lalumière abandonne le portefeuille des Affaires européennes. Tête de liste socialiste en Gironde, elle est réélue députée et va continuer à s'intéresser aux dossiers européens.

« Être secrétaire d'État ou ministre délégué aux Affaires européennes n'est pas facile, indique Jacques Delors. […] Les Affaires européennes, c'est l'Élysée et parfois le Quai d'Orsay, c'est tout. Alors, mettez-vous à la place d'une secrétaire d'État ou d'une ministre déléguée aux Affaires européennes. […] Il faut regarder la place relative de chacun. » Catherine Lalumière a tout à la fois alerté, suppléé et négocié. Elle a alerté le principal décideur de la politique européenne de la France sur les questions essentielles qui ressortaient de ses analyses ; elle a suppléé le ministre des Relations extérieures ; elle a négocié au nom de la France dans deux dossiers de première importance pour la construction européenne : l'élargissement à l'Espagne et au Portugal et l'Acte unique.

Édith Cresson ou l'Europe des bras de fer

« Vous savez bien qu'on ne nomme jamais une femme aux Finances, à l'Intérieur, ou au Quai d'Orsay[16] ! » indiquait Simone Veil en 2004. Nul doute que, sans Édith Cresson, la liste serait plus longue, elle qui fut la première femme nommée ministre de l'Agriculture, du Commerce extérieur et de l'Industrie[17], trois fonctions où la dimension européenne est évidente.

Édith Cresson a été nommée ministre de l'Agriculture dès mai 1981. François Mitterrand lui indique alors ne craindre qu'une

---

15. An 5 AG 4, lettre de Catherine Lalumière au président de la République, 10 janvier 1986.
16. Simone Veil, *Les hommes aussi s'en souviennent, op. cit.,* p. 97.
17. Parcours et fonctions détaillés dans Édith Cresson, *Histoires françaises,* 2006.

chose pour elle : « Que vous ne résistiez pas aux nuits marathons de Bruxelles. C'est difficile pour une femme. » Si, dans ce ministère, l'Europe est un domaine très important, elle-même identifie les principaux problèmes ailleurs : « Le problème, c'est d'abord les agriculteurs… Quand je suis arrivée à la première manifestation, c'était effrayant : des hurlements, des jets de tomates, des œufs pourris, et des banderoles très insultantes. C'était donc très dur, ils disaient "non seulement c'est une socialiste, mais en plus c'est une femme". »

Des déclarations machistes du président de la FNSEA, François Guillaume, aux slogans grossiers à connotation sexuelle, rien ne lui est épargné. Après un an passé à l'Agriculture, elle n'explique ses relations violentes et impossibles avec les agriculteurs que par la misogynie du monde agricole, relayée par la presse : « J'ai vu des articles annonçant "qu'une rousse parisienne devenait ministre de l'Agriculture". Je me suis demandé pourquoi, par exemple, quand il s'agissait de M. Edgar Faure, on n'avait pas dit "qu'un chauve parisien devenait ministre de l'Agriculture". » Être de gauche est un facteur aggravant, déclare un dirigeant de la FNSEA, « si ça avait été Madame Veil, nous l'aurions respectée[18] »… Sans doute pas pour ses compétences en agriculture !

Édith Cresson se souvient avoir « discuté des prix agricoles pendant des nuits entières dans des conditions difficiles » : « Les négociateurs de la Commission carburaient au whisky. Moi, je ne bois que de l'eau. » En novembre 1981, elle a demandé à participer au Conseil européen de Londres, puisqu'on devait y parler des prix agricoles. François Mitterrand a donné son autorisation. Mais si l'on en croit Jacques Attali, mal lui en prit. Le 26 novembre au soir, Mitterrand et Schmidt étaient parvenus à un accord sur les prix agricoles et laissaient leurs ministres finaliser l'accord pendant la nuit… Au matin, il n'y avait plus d'accord. « La leçon sera retenue, conclut Jacques Attali, ne jamais emmener de ministres techniques à un sommet européen[19]. »

---

18. Élisabeth Schemla, *Édith Cresson, op. cit.*, p. 49-50 ; *Elle*, 1er mars 1982, « Édith Cresson : je n'ai nul besoin d'être consolée ».

19. Jacques Attali, *Verbatim*, tome 1, 1993, pp. 202 et 204, 24 et 27 novembre 1981.

En mars 1983, Édith Cresson gagne la mairie de Châtellerault, ce qui lui vaut des félicitations appuyées du président en Conseil des ministres : bien rares sont les socialistes à avoir remporté des villes de quelque importance. Son départ de l'Agriculture n'est donc pas considéré comme une sanction, d'autant qu'elle hérite du Commerce extérieur dans le troisième gouvernement Mauroy : « Ce poste est fait pour vous. Vous aimez les chefs d'entreprise, l'économie, les voyages et votre anglais fera merveille », lui dit Mitterrand. Au Commerce extérieur et au Tourisme, la dimension européenne est tout aussi évidente qu'à l'Agriculture, mais pour Édith Cresson, Europe rime avec défense des intérêts français. Une de ses autres priorités est d'alléger le poids de l'administration qu'elle a découvert au ministère de l'Agriculture. D'où une série de déclarations, parfois maladroites, qui la font passer pour une libérale, ce qu'elle accepte, précisant : « Oui, au sens vrai du terme, pas au sens dévoyé[20]. »

Bien avant que l'on parle de la mondialisation, elle comprend que la partie se joue sur l'ensemble de la planète. Plus que vers l'Europe, elle tente d'agir en direction des États-Unis, du Japon. Or le protectionnisme le plus spectaculaire, comme le blocage des magnétoscopes japonais à Poitiers en 1982, ne suffit pas : il faut vendre. Dans ses voyages elle emmène les chefs d'entreprises françaises pour leur faire prendre conscience que des marchés existent, qu'ils ont des atouts, qu'elle les aidera. L'efficacité de cette méthode, tout à fait nouvelle au ministère du Commerce extérieur, est reconnue par des chefs d'entreprise et par Jacques Delors qui évoque « une excellente ministre du Commerce extérieur, sans doute un des meilleurs qu'on ait eus…, peut-être le meilleur. Elle joignait le côté concret des femmes et une bonne connaissance du milieu ».

Forte de cette pratique et de ces résultats, elle réussit à convaincre Mitterrand, qui, selon elle, n'entend pas grand-chose dans ces domaines, qu'il est nécessaire de coupler dans une même main le Commerce extérieur et l'Industrie. Dans le gouvernement Fabius, elle est ministre du Redéploiement industriel et du Commerce extérieur. Beaucoup de ses prédécesseurs ont certainement rêvé d'un tel

---

20. Élisabeth Schemla, *Édith Cresson, op. cit.*, p. 52 ; *Le Matin*, 24 mars 1983, « Celle qui commença par faire rire. Comment on devient Édith Cresson ».

portefeuille ouvrant l'industrie française sur l'extérieur. Elle-même y voit une « sacrée promotion ». Promotion certes, mais la voilà désormais en charge des secteurs industriels sinistrés et des problèmes attenants. Bien que les journaux continuent à s'étendre sur ses tenues vestimentaires ou sur sa coiffure, tout en la présentant comme un « homme de terrain », de plus en plus, c'est sa politique qui est au centre des articles, sa ténacité aussi, son dynamisme de « battante », notamment face aux partenaires européens[21]. Mais la ministre se plaint de la « technostructure » et du manque de moyens des ministères techniques, comme celui de l'Industrie. Pour elle, la modernisation de la France productive et exportatrice passe par le démantèlement du ministère de l'Économie et des Finances de la rue de Rivoli.

À partir de mars 1986, elle entre dans l'opposition où elle va avoir tout le temps de marteler cette idée. Comme Catherine Lalumière, elle a été réélue députée et ne se contente pas des joutes parlementaires – qui l'ennuient –, elle garde le contact avec les « vrais entrepreneurs », partie moderne du patronat, et sait les comprendre. Par exemple, elle ne prend pas de position dogmatique sur les privatisations du gouvernement Chirac… si elles sont utiles aux entreprises[22]. Lors de l'élection présidentielle de 1988, elle fait partie de l'équipe de campagne de Mitterrand.

À la tête d'un vrai ministère des Affaires européennes

Après la réélection de François Mitterrand, Édith Cresson devient, sans enthousiasme, ministre des Affaires européennes. Elle est la seule femme ministre du premier gouvernement Rocard. « L'Industrie m'intéressait, l'Industrie et le Commerce extérieur, c'est ça que j'aurais souhaité garder. Mais bon, les Affaires européennes… »

Il est clair qu'Édith Cresson fait partie des ministres que Mitterrand a imposés à Michel Rocard. On ne pouvait pas la nommer simple ministre déléguée, alors qu'elle avait été pendant cinq ans à la tête

---

21. *Le Matin*, 20 juillet 1984, « Les trois femmes de Fabius. Édith Cresson : une sacrée promotion ».
22. *Le Monde*, 14 mai 1988, « Affaires européennes : Mme Édith Cresson. La battante ».

de ministères difficiles, et la seule femme ministre du troisième gouvernement Mauroy. De là découlent bien des difficultés. Il est assez logique que le président ait souhaité qu'un de ses proches soit titulaire des Affaires étrangères (Roland Dumas pour la deuxième fois) et une autre des Affaires européennes. « C'est le système français qui veut cela, indique Jacques Delors. C'est la théorie, toujours contestée depuis Chaban-Delmas, du domaine réservé. »

Édith Cresson ne peut avoir la même liberté d'action dans son nouveau domaine de compétences que dans ses précédentes fonctions ministérielles. Et elle le sait : « Traditionnellement, c'est un ministère très difficile parce qu'il est à l'ombre du ministère des Affaires étrangères. Le couple franco-allemand – le couple Mitterrand-Kohl – fonctionnait alors à plein et c'est Roland Dumas qui organisait tout, avec son homologue Hans-Dietrich Genscher. Les Affaires européennes, en réalité et pour leur partie la plus intéressante, c'est-à-dire la partie politique, dépendent de l'Élysée et du Quai d'Orsay. » Selon Michel Rocard, François Mitterrand « se considérait comme personnellement responsable des Affaires européennes... Il avait subtilisé le dossier quoi ! ».

Il ne devrait rester à Édith Cresson que des miettes. Outre la prééminence élyséenne et diplomatique, elle sait que son action sera sinon contrariée, du moins surveillée de près par tous les ministres du gouvernement. Elle dispose cependant d'un atout pour tenter de s'affranchir de ces contraintes : en tant que « ministre plein » des Affaires européennes, comme l'était Roland Dumas en 1983-1984, elle peut espérer avoir la même marge de manœuvre que lui. Mais le contexte est bien différent : à la tête du ministère des Relations extérieures, Claude Cheysson était en difficulté après des prises de position maladroites et n'était pas un proche du premier cercle de Mitterrand. Cette fois, c'est justement Roland Dumas qui est au Quai d'Orsay.

Le décret d'attribution de ses compétences précise qu'elle est chargée de préparer l'achèvement du marché intérieur pour 1992 et de « favoriser l'adaptation de l'économie à cette fin, en concertation avec les agents économiques et les partenaires sociaux[23] ». Or la

---

23. Marie-Christine Kessler, *La Politique étrangère de la France, op. cit.*, pp. 198-199.

France aura à jouer un rôle important dans cette marche vers 1992, notamment au second semestre 1989, lorsqu'elle présidera la Communauté. Édith Cresson, comme Roland Dumas pour la présidence française de 1984, est chargée de préparer cette échéance. Mais d'autres ministres veulent marcher sur ses plates-bandes. Au Conseil des ministres du 20 juillet, Édith Cresson doit remettre à sa place Lionel Stoléru, qui entend lui aussi préparer la France au grand marché européen en tant que secrétaire d'État auprès du Premier ministre chargé du Plan[24].

L'une des premières décisions de la nouvelle ministre est de couper le cordon ombilical entre les Affaires européennes et abriter les Affaires étrangères et de s'installer dans un hôtel particulier de la rue Raymond-Poincaré : « J'étais ministre à part entière, j'ai donc voulu avoir un endroit qui soit identifiable pour les Affaires européennes. J'ai constitué un cabinet qui fonctionnait pratiquement sans administration. » Et pour cause, puisque rien n'était prévu pour abriter les Affaires européennes en dehors du Quai d'Orsay. D'où des problèmes de moyens, de définition des compétences et des relations difficiles avec les services du Quai d'Orsay, lesquels n'apprécient guère qu'il n'y ait qu'un diplomate de carrière sur les quatorze membres de son cabinet. De quels moyens va-t-elle pouvoir disposer sans l'appui ni le relais de la diplomatie française, même si elle a accès aux services du SGCI[25] ?

Pour pallier cette difficulté, avec Abel Farnoux, son chargé de mission, Édith Cresson décide de créer, en septembre 1988, six groupes d'étude et de mobilisation (GEM). Constitués surtout de socioprofessionnels, d'élus de toutes tendances politiques (sauf FN) et de représentants des administrations et des ministères concernés, ils sont chargés de réfléchir sur des secteurs soumis aux politiques intégrées européennes et sur ceux qui peuvent le devenir, comme l'audiovisuel. Le GEM social est ainsi présidé par Martine Aubry, ancien directeur des relations du travail au ministère du Travail[26]. Autant

---

24. *Libération*, 21 juillet 1988, « Stoléru et Cresson se disputent 1992 ».
25. Christian Lequesne, *Paris-Bruxelles, op. cit.*, p. 71.
26. Conférence de presse d'Édith Cresson, 8 septembre 1988 ; *Libération*, 10-11 septembre 1988, « Europe : Édith Cresson adopte la stratégie du coucou » ; *Le Figaro*, 8 septembre 1988, « Trois priorités pour l'Europe ».

dire que, sous prétexte d'harmonisation européenne, Édith Cresson sera ainsi présente dans la plupart des dossiers de ses collègues ministres : une « stratégie du coucou » en quelque sorte. Ces groupes d'étude permettent en effet de rédiger pour le président des notes très bien documentées sur les sujets les plus techniques et sur les points les plus particuliers : un projet de charte des patronats européens, la nomination d'un membre français à la Cour des comptes européenne, le protectionnisme allemand[27]... Autant de sujets qui n'intéressent que très peu Mitterrand dont la conception de l'Europe est avant tout politique.

« Craignant d'être un ministre fantôme, Édith Cresson a choisi d'être omniprésente », écrit *Libération* en septembre 1988. Mais les GEM font un peu double emploi avec les commissions du Plan, et les administrations voient dans leur activité sinon une provocation, du moins une concurrence déloyale. Même si les prétentions budgétaires de la ministre ont été revues largement à la baisse et si elle est privée d'administration autonome, elle entend bien montrer qu'elle assume sa mission. En octobre 1988, elle organise un séminaire du gouvernement, présidé par le Premier ministre, sur les questions européennes. Avant sa tenue, Matignon tient à signaler que « l'idée de cette réunion est due à Madame Cresson » et qu'il s'agit non pas d'une réunion décisionnelle, mais d'une réunion informelle pour sensibiliser les membres du gouvernement à la préparation de la présidence française de la CEE au second semestre 1989. Édith Cresson y présente trois dossiers importants : l'Eurêka audiovisuel, la construction d'un espace social européen et les relations de la CEE avec ses partenaires[28].

Occuper le terrain, communiquer à partir du travail des GEM, c'est la méthode Cresson. Une méthode novatrice, dynamique, sans tabou à propos de l'argent, des entreprises, de la défense des intérêts français, mais où elle semble bien isolée.

---

27. AN 5 AG 4 / 6606, notes d'Édith Cresson au président de la République, 2 novembre et 6 décembre 1988.
28. *Le Monde*, 16 octobre 1988, « Vingt ministres français vont "plancher" sur l'Europe le 22 octobre ».

En deux ans et demi (mai 1988-octobre 1990), Édith Cresson va devoir traiter de nombreux dossiers européens. La préparation et l'exercice de la présidence française de la Communauté au second semestre 1989 lui donnent l'occasion de jouer un rôle de premier plan. Ainsi, lors du Conseil européen du 9 décembre à Strasbourg pour lequel Jacques Delors note qu'elle « a parlé, de manière très positive, pour la France[29] ». À propos de Strasbourg justement, elle veut bien se battre pour que la ville conserve le siège de la présidence du Parlement européen, mais elle stigmatise l'absentéisme des euro-députés français qui ne se mobilisent pas assez pour cette cause. En mars 1990, en accord avec les membres français du bureau du Parlement, elle envoie une lettre à tous les députés français de Strasbourg afin d'éviter que cette question ne soit débattue en séance plénière, ce qui serait l'assurance d'un échec pour la ville[30]. Elle ne manque pas une occasion d'affirmer : « En Angleterre, on ne touche pas à la Reine ; en France, on ne touche pas à Strasbourg. »

L'un des dossiers les plus lourds auxquels Édith Cresson se trouve confrontée est celui de l'automobile. Il se présente sous plusieurs aspects. Il y a d'abord les aides publiques versées par l'État français à Renault que la Commission condamne. En octobre 1989, Édith Cresson alerte l'Élysée sur ce point. Pour elle, la faute du Premier ministre est entière : dans un entretien avec Leon Brittan, commissaire chargé de la concurrence, Michel Rocard « s'est limité à prendre acte du désaccord de la Commission », alors que le commissaire est prêt à un compromis. La ministre propose de changer de cap. Jean-Louis Bianco précise pour François Mitterrand : « Édith Cresson souhaiterait être chargée de régler ce conflit, qui est mal parti (intransigeance de M. Rocard). Elle voudrait en être chargée officiellement. Elle peut obtenir un accord avec M. Brittan. J'y suis très favorable[31]. » En mai 1990, la Commission s'oppose toujours aux aides de la France à Renault : « Édith Cresson est furieuse

---

29. Jacques Delors, *Mémoires, op. cit.*, p. 283.
30. Réponse d'Édith Cresson à une question d'actualité à l'Assemblée nationale le 7 décembre 1988 ; AN 5 AG 4 / 6606, note d'Édith Cresson à Élisabeth Guigou, 22 mars 1990.
31. AN 5 AG 4 / 6606, note d'Édith Cresson au président de la République, 23 octobre 1989.

et communique sa colère au président[32] », note Jacques Attali. Cette question se posera encore après le départ d'Édith Cresson des Affaires européennes. Il faudra de longues négociations avec la Commission pour qu'un accord soit enfin trouvé.

Les quotas européens appliqués aux importations de voitures japonaises dans la Communauté constituent un autre volet de la question automobile dans lequel Édith Cresson a joué un rôle primordial. En juillet 1989, elle indique que la position du commissaire Martin Bangemann (demander aux États la suppression des quotas d'importation de voitures japonaises et négocier ensuite) est « une base de négociation fondamentalement inadéquate, pour utiliser des termes modérés[33] ». Elle ne part pas seule à la bataille. La chambre syndicale de l'automobile aurait demandé à Michel Rocard de confier le dossier à la ministre des Affaires européennes plutôt qu'au ministre de l'Industrie, Roger Fauroux, dont elle craint la faiblesse au nom du libéralisme économique. D'autres États membres de la Communauté soutiennent Édith Cresson, mais les réunions se passent en secret : « C'était sûrement le combat le plus difficile que j'aie eu à mener comme ministre des Affaires européennes. »

Édith Cresson critique l'organisation du ministère de l'Industrie et du Commerce extérieur, ensemble qu'elle aurait voulu construire vraiment après la première expérience de 1984-1986. Elle critique aussi la cohabitation en claironnant que « la dégradation de nos échanges industriels est spectaculaire » et crée une polémique entre les deux ministres. L'opposition larvée éclate au grand jour, à l'occasion de la visite à Paris du Premier ministre japonais, Toshiki Kaifu. Finalement, Roger Fauroux est contraint de durcir sa position et d'emboîter le pas sinon de s'aligner sur la politique défendue par la ministre des Affaires européennes. Édith Cresson a su se battre et convaincre tout à la fois la plus grande partie du gouvernement et l'opinion publique[34]. Les 5 et 6 février 1990, c'est elle qui représente la France au Conseil des ministres européen pour demander un amé-

---

32. Jacques Attali, *Verbatim*, tome 3, p. 483, 1er mai 1990.

33. *Libération*, 25 juillet 1989, « Édith Cresson : la présidence française doit impulser une vision plus politique ».

34. *Le Monde*, 12 janvier 1990, « Mme Cresson et M. Fauroux s'opposent ».

nagement de la proposition de la Commission d'abandonner les quotas nationaux au 1er janvier 1993.

La négociation des accords de Schengen a donné lieu à d'autres débats laborieux au sein du gouvernement comme de la société civile : « Des discussions très âpres avec le ministère de l'Intérieur, avec les organisations humanitaires, qui ont beaucoup de mérite, mais sont parfois peu réalistes », selon Édith Cresson. Comme dans beaucoup de domaines, le problème, c'est Matignon. Et elle ne manque pas une occasion de le faire savoir directement au chef de l'État. Ainsi, cette note : « Pour la réunion Schengen de dimanche et lundi prochains, il serait souhaitable d'avoir un arbitrage : Matignon est, sur ce sujet, sur une ligne très restrictive […]. Je suis désolée de vous solliciter sur ce sujet ingrat, mais je souhaite aboutir dans le sens que vous souhaitez. Merci de me donner vos instructions. Édith[35]. »

Seule contre tous

L'effondrement du communisme bouleverse la donne en Europe. Édith Cresson y voit la possibilité d'affirmer la position de la France. En juin 1990, elle estime que « la France dispose d'une chance unique de pénétrer le marché allemand en s'implantant industriellement, par le rachat des combinats, dans les cinq Länder de la RDA ». Et de proposer à François Mitterrand quelques actions à mener lorsqu'il rencontrera le Premier ministre de RDA, Lothar de Maizière, deux jours plus tard[36]. En juillet, elle participe, avec son homologue belge, Anne-Marie Lizin, et le ministre est-allemand de l'Énergie, à une réunion afin d'étudier les possibilités pour EDF d'entrer dans un consortium, dans le but de développer le parc de centrales électriques est-allemandes[37]. La ministre des Affaires

---

35. AN 5 AG 4 / 6606, note manuscrite d'Édith Cresson au président de la République, sans date.
36. AN 5 AG 4 / 6606, note d'Édith Cresson au président de la République, 16 juin 1990.
37. *Le Monde*, 28 juillet 1990, « Les Français et les Belges pourraient être associés à la production d'électricité en RDA ».

européennes envisage son rôle en VRP des industries françaises, en facilitateur de projets et de développement économique pour le plus grand intérêt de la France.

Les dossiers Télévision haute définition européenne (TVHD) et production audiovisuelle sont suivis avec grande attention par Édith Cresson et par le président de la République. Alors qu'une démonstration de ce nouveau système est faite à Brighton, la ministre française présente à ses homologues de la Communauté, en septembre 1988, un projet de création de programmes européens[38]. Mais mobiliser tous les partenaires présente des difficultés. Au printemps 1989, la ministre des Affaires européennes est isolée. Elle doit abandonner la revendication française d'un quota de diffusion de 60 % d'œuvres européennes et se replier sur un accord plus consensuel. À Paris, Georges Marchais comme Valéry Giscard d'Estaing et Philippe de Villiers, mais aussi des créateurs l'accusent d'avoir cédé trop vite. Dans la presse, Édith Cresson se défend bec et ongles en montrant qu'elle a obtenu une formulation indiquant que les pays doivent aller vers les 50 % et que ceux qui sont au-dessus ne peuvent pas reculer.

Les critiques dont elle fait l'objet en France relèvent essentiellement de la politique intérieure, mais on la sent touchée sur un point sensible : « J'ai, quant à moi, rempli l'intégralité du mandat que le Premier ministre m'avait confié. Le ministre des Affaires européennes ne fait pas la politique de la France, il la défend. Je suis scandalisée par la campagne de presse dont je suis l'objet. Jamais encore, on ne m'avait accusée de brader les intérêts de mon pays. C'est honteux[39]. » Ce qu'elle laisse entendre, c'est qu'elle souhaitait résister davantage, mais que Roland Dumas souhaitait conclure. Cette version est confirmée par Jacques Attali qui évoque à ce propos, lors d'un Conseil des ministres, un « duel à fleurets mouchetés[40] » entre les ministres des Affaires étrangères et des Affaires européennes.

---

38. *Le Monde*, 29 septembre 1988, « Eurêka audiovisuel et télévision de haute définition : l'image unie des Européens ».
39. *Le Monde*, 6 avril 1989, « Un entretien avec Mme Édith Cresson : agir autrement était suicidaire ».
40. Jacques Attali, *Verbatim*, tome 3, p. 181, 1ᵉʳ mars 1989.

L'épilogue montre que Roland Dumas a imposé sa conception sur celle d'Édith Cresson. Mais six mois plus tard, la directive européenne, adoptée le 3 octobre 1989, reprend pratiquement le texte qu'elle avait négocié au printemps précédent. C'est incontestablement une réussite pour elle : du système français d'aides et de quotas à la production audiovisuelle, qui était unilatéral et aurait pu être condamné par la Cour de justice européenne, on est passé à une directive européenne qui fixe des règles communes.

Au printemps 1990, la TVHD européenne semble plus hypothétique que jamais. Connaissant l'importance que Mitterrand accorde à ce dossier, Édith Cresson tente de mobiliser les différents acteurs concernés au plan européen. Elle estime que la France, avec Thomson, doit jouer dans cette affaire un rôle de premier plan. Une fois encore, elle dénonce une mauvaise organisation du travail gouvernemental et en tire les conclusions dans une note adressée à François Mitterrand : « Le dysfonctionnement actuel, qui vient en partie de ce que le Premier ministre ne considère pas ce problème de son ressort, amène chacun des ministres concernés à s'y impliquer en désordre. Je ne peux plus être considérée comme responsable, même partiellement, de ce dossier sur lequel je n'ai aucun pouvoir réel. » La dernière phrase de la note dramatise la situation : « Vous seul pouvez encore sauver la situation[41]. » Puisque le président ne répond pas et n'agit pas, à la fin mai, elle rend publique sa décision de ne plus s'occuper de cette affaire en développant les mêmes arguments que dans sa lettre à Mitterrand. En plus, elle stigmatise les collaborateurs du président qui « disent que changer le bouquet de programmes de TDF 1 ferait de la peine à André Rousselet », PDG de Canal Plus et grand ami de Mitterrand !

Cette manière ostensible de rendre son tablier est tout de suite interprétée par la presse comme un signe annonçant que la ministre cherche à abandonner son poste[42]. Depuis la fin de la présidence française de la Communauté, le 31 décembre 1989, plus les mois passent

---

41. AN 5 AG 4 / 6606, note d'Édith Cresson au président de la République, 27 mars 1990.
42. *Profession Politique*, 25 mai 1990 ; *Le Monde*, 26 mai 1990 et 17 juin 1990.

et plus Édith Cresson s'asphyxie au ministère des Affaires européennes : « Je m'ennuyais. Ce qui n'est jamais bon. C'était la première fois[43]. » Sa campagne pour une réforme en profondeur des ministères économiques du gouvernement est vaine.

En juin 1990, elle décide de quitter le gouvernement, mais, sous la pression de Mitterrand, elle doit attendre un moment plus favorable que l'été pour partir, la crise de l'invasion du Koweït par l'Irak compliquant tout. Restant donc malgré elle, le ton de ses notes change. Elle attaque sans détour la politique de Matignon, des Finances et de l'Industrie, qui retarde sans fin les réformes nécessaires pour soulager les PME françaises. Dans une note intitulée « La mobilisation », elle fait un plaidoyer pour une vraie politique économique à long terme : formation des ingénieurs, renforcement du commerce extérieur, etc. La note se termine par « Allons-nous continuer encore longtemps comme ça[44] ? ». La presse se fait l'écho des « états d'âme » de la ministre. En juillet, *Le Figaro* a la dent particulièrement dure contre elle : « En un peu plus de deux ans, elle n'est pas parvenue à associer son nom à un grand dossier européen. Il n'y aura que les spécialistes pour se souvenir qu'elle a signé les accords de Schengen. Alors continuer dans ces conditions ne la motive plus[45]. »

Il lui faut attendre le début du mois d'octobre 1990 pour pouvoir enfin démissionner. On imagine des mois difficiles. Selon Jacques Attali, en septembre, elle vient de plus en plus souvent à l'Élysée se plaindre de Michel Rocard. Mitterrand, impressionné par ses analyses, n'est peut-être pas loin de lui donner le grand ministère qu'elle réclame, mais la crise du Golfe empêche toute nouvelle combinaison gouvernementale[46].

Sa démission, le jour de la réunification allemande, est donc pour elle un soulagement. Ses déclarations parlent d'elles-mêmes : « J'en avais assez de parler dans le vide » ; « Je me faisais taper dessus de tous les côtés » ; « On n'a mené aucune action pour mobiliser le

43. Édith Cresson, *Histoires françaises, op. cit.*, p. 122.
44. AN 5 AG 4 / 6606, note d'Édith Cresson à Jean-Louis Bianco, 18 juillet 1990 et note d'Édith Cresson au président de la République, sans date, 4 p.
45. *Le Figaro*, 7-8 juillet 1990, « Les états d'âme d'Édith ».
46. Jacques Attali, *Verbatim*, tome 3, pp. 589, 593, 599, 600, les 12, 18 et 27 septembre et 1er octobre 1990.

pays » ; « On n'a rien fait en matière de politique industrielle » – le « on » fait bien sûr référence au gouvernement et, en premier lieu, à son chef. Lorsque les journalistes lui demandent ce qu'elle retire de l'expérience du ministère des Affaires européennes, elle répond : « Mon principal sujet de satisfaction est d'avoir très activement participé au fait que la France est le premier pays aujourd'hui à avoir pu s'implanter dans les Länder de l'Allemagne de l'Est… Ça, c'est ce ministère qui l'a fait. » Sa plus grande crainte ? « Construire l'Europe sur un déséquilibre avec l'Allemagne. » Elle ne mâche pas ses mots sur les difficultés d'être femme en politique : « Il y a une grande misogynie dans le monde politique, il y a un réel machisme. S'il n'y a pas, là encore, une volonté délibérée pour contrer cette tendance, les choses suivent leur pente naturelle : que dans la politique, il n'y ait que des hommes[47]… » Désormais, elle aura les coudées franches.

Recrutée par Didier Pineau-Valencienne pour Schneider, Édith Cresson est à la tête d'une structure créée pour elle, la SISIE. Son objectif est de faire du lobbying essentiellement en direction de l'Europe de l'Est qui s'ouvre aux investissements étrangers, et où les besoins de modernisation sont considérables. Loin des ministères, elle a eu vraiment l'impression d'agir pour la défense des intérêts français et leur projection à l'extérieur : « Dans le privé, j'ai pu aider bien davantage, notamment EDF à implanter une centrale nucléaire à Morovce en Slovaquie. J'ai aidé Peugeot et Renault à installer des usines à l'Est. J'ai discuté avec les Allemands au moment de la privatisation de nombreuses entreprises en Allemagne de l'Est par la Treuhand pour que nous puissions participer à la reconstruction à l'Est. »

---

47. *Le Figaro*, 3 octobre 1990, « Édith Cresson : on n'a pas mobilisé le pays » ; 4 octobre 1990, « Cresson fatiguée des querelles de clochers entre ministères » ; *Le Monde*, 4 octobre 1990, « Édith Cresson : une battante contrariée ».

CHAPITRE 7

« Madame Europe », de l'ombre à la lumière

Comme conseillère technique à la présidence de la République, où elle suit les affaires économiques internationales et la construction européenne à partir de 1982, et en tant que secrétaire du SGCI de 1985 à 1990, Élisabeth Guigou est l'un des acteurs essentiels dans la phase de formulation de la politique européenne de la France. Avant de devenir à son tour ministre déléguée aux Affaires européennes (1990-1993), elle « accompagne » plusieurs titulaires de ce portefeuille : les socialistes Catherine Lalumière et Édith Cresson et entre les deux, pendant la période de la cohabitation, Bernard Bosson.

Avec Élisabeth Guigou, nous avons affaire à un parcours très différent de ceux évoqués jusque-là. Elle n'est pas une militante socialiste particulièrement zélée ni une fidèle de Mitterrand depuis longtemps et pour cause : elle est née après la Seconde Guerre mondiale. C'est une fonctionnaire qui va jouer d'abord un rôle technique au sein du cabinet présidentiel avant d'accéder, par ses compétences plus que par son engagement politique, à des responsabilités ministérielles. Elle fait partie de ces « jeunes femmes brillantes et surtitrées[1] » que Mitterrand promeut à partir du vivier que constituent les cabinets.

---

1. Jane Jenson et Mariette Sineau, *Mitterrand et les Françaises, op. cit.*, p. 328.

Élisabeth Guigou,
la « boîte à idées » de Mitterrand pour l'Europe

Enfant, Élisabeth Guigou vit au Maroc et découvre l'Europe à l'occasion de voyages pour visiter la famille installée un peu partout : en Italie, en Espagne… Mariée à vingt ans, licence d'anglais en poche, elle entame un DES de littérature américaine à Montpellier, mais veut faire Sciences Po à tout prix pour préparer le concours d'entrée à l'ENA et choisir la diplomatie à la sortie. Refoulée de la rue Saint-Guillaume – parce que femme ? –, sa motivation triomphe de tous les obstacles et elle intègre l'ENA en 1971. En 1973, elle adhère au PS avec son mari ; tous deux sont évidemment déçus par l'échec de Mitterrand en 1974. Quelques mois plus tard, ils le rencontrent lors du mariage d'Hubert Védrine, qui de l'ENA rejoint l'équipe de campagne de Mitterrand : « On était là, tous béats d'admiration[2] », écrit Élisabeth Guigou. Elle ne le reverra pas avant 1982. Entre-temps, elle a abandonné l'idée de la diplomatie et choisit le Trésor à sa sortie de l'ENA.

En février 1982, elle entre au cabinet de Jacques Delors, ministre de l'Économie et des Finances, en tant que conseillère technique, pour suivre les affaires de la Direction du Trésor et de la Direction des assurances. « Je suis restée peu au cabinet de Jacques Delors, confie-t-elle, mais il s'est noué évidemment une relation forte sur le plan professionnel et amical. » Cette relation ne se démentira pas et se poursuivra lorsque l'un et l'autre, à la Commission européenne et à l'Élysée ou au ministère des Affaires européennes, participeront d'une manière très étroite à la construction de l'Europe.

Dès octobre 1982, Élisabeth Guigou doit rejoindre l'Élysée, au grand dam de Jacques Delors qui n'a pu la retenir que quelques semaines tant la pression présidentielle était forte. À l'Élysée, la conseillère technique pour les relations économiques internationales travaille avec Jean-Louis Bianco et Christian Sautter, respectivement secrétaire général et secrétaire général adjoint, et avec les autres conseillers, tel Jacques Attali. C'est une femme d'influence, tout

---

2. Élisabeth Guigou, *Une femme au cœur de l'État*, entretiens avec Pierre Favier et Michel Martin-Roland, 2000, p. 38-39.

comme Yannick Moreau, également conseillère technique à l'Élysée : « Leur influence est officielle et officiellement reconnue. Or Élisabeth Guigou, chargée des problèmes économiques internationaux, occupe une fonction traditionnellement réservée aux hommes : son influence en est d'autant plus importante[3]. »

Élisabeth Guigou fait bientôt partie des « européens » qui s'opposent aux « visiteurs du soir » à propos de la politique économique à suivre. Les premiers plaident pour un virage afin de réduire les déséquilibres et un alignement sur les politiques économiques des partenaires européens ; les seconds réclament une politique de relance industrielle à l'abri des frontières et un franc décroché du SME. En mars 1983, le président tranche : le gouvernement Mauroy procède à une troisième dévaluation et un plan de rigueur, qui ne dit pas son nom, est lancé. Les « européens » ont convaincu.

À partir du début de l'année 1984, François Mitterrand décide donc de relancer toute sa politique sur un réveil de l'Europe. Pour ce faire, il s'appuie sur des « proches » : Roland Dumas, Jacques Attali, Jean-Louis Bianco, Hubert Védrine... Ce dernier écrit : « Élisabeth Guigou surtout, va devenir la boîte à idées, le relais, la cheville ouvrière de sa politique européenne. » Le Conseil européen de Fontainebleau, prévu en juin 1984, va poser la question de la participation financière britannique à la Communauté. Lors de la préparation de ce Conseil décisif, Élisabeth Guigou planche sur le scénario du pire. Si Margaret Thatcher ne veut rien entendre, la Communauté pourra fonctionner à neuf, sans la Grande-Bretagne. Selon Jacques Attali, alors conseiller spécial de François Mitterrand, cette éventualité va peser sur l'issue du Conseil : « Élisabeth Guigou a bien travaillé. Londres le sait[4]. »

Ayant fait ses preuves, elle devient, à la fin de l'année 1984, conseillère pour les affaires européennes, succédant à Pierre Morel, nommé dans une ambassade. François Mitterrand « avait apprécié ses compétences et sa clarté » et « les qualités et la détermination de sa conseillère », écrit Hubert Védrine. Mais la perspective

---

3. Michelle Coquillat, *Les Femmes d'influence, op. cit.*, pp. 60-61 et 163-164.
4. Hubert Védrine, *Les Mondes de François Mitterrand*, p. 295 ; Jacques Attali, *Verbatim*, tome 1, p. 999, 25 juin 1984.

d'aborder un autre domaine n'enchante guère Élisabeth Guigou :
« Je n'étais pas très emballée. […] J'ai réfléchi et j'ai pensé que cela
me permettrait d'élargir mon horizon. J'ai répondu oui. Et c'est
vraiment là que s'est éveillé mon intérêt pour l'Europe[5]. »

Au cours de l'année 1985, Élisabeth Guigou – qui reste en outre
chargée des Affaires économiques internationales – assiste désormais à
tous les entretiens de François Mitterrand avec les dirigeants européens. Les archives de la présidence montrent qu'elle voit tous les télé-
grammes des postes diplomatiques dans les pays européens au sujet des
affaires de la Communauté, les synthétise et les fait suivre au président
avec ses analyses et ses commentaires[6]. Si de 1982 à 1984 elle a surtout
produit des notes et peu vu le chef de l'État, il en va autrement à présent,
puisque l'Europe est du ressort du fameux domaine réservé.

Élisabeth Guigou a-t-elle pu influencer d'une manière ou d'une
autre la politique européenne de François Mitterrand ? Elle-même
analyse ainsi son travail : « L'essentiel est la fonction d'information,
puisque le conseiller est fait pour ça, il n'est pas là pour décider. » Un
haut fonctionnaire rapporte qu'« avec l'arrivée d'Élisabeth Guigou, le
travail de l'Élysée devint plus organisé, plus huilé[7] ». Pour Hubert
Védrine, qui n'a pas quitté la présidence durant les deux septennats,
et qui défend l'héritage de son mentor, « personne ne peut dire l'avoir
influencé très directement sur telle ou telle décision qu'il a prise, et
ceux qui disent avoir guidé sa politique étrangère mentent. Mitterrand
sollicitait beaucoup de gens, écoutait beaucoup, faisait son miel de
tout, et prenait ensuite ses décisions ». Il poursuit : « Élisabeth Guigou a eu une vraie influence. En 1986-1988, à un poste clé, elle a eu
plus d'influence que le ministre délégué. »

Dès novembre 1985, voyant venir ou craignant la victoire de la
droite aux élections législatives de mars 1986, Mitterrand prend des
mesures pour protéger le pré carré de ses prérogatives présidentielles.
Élisabeth Guigou est une pièce maîtresse sur l'échiquier qu'il dresse. Il
lui demande de s'occuper des affaires européennes à l'Élysée. Elle

---

5. *Ibid.*, pp. 398-399 ; Élisabeth Guigou, *Une femme…*, *op. cit.*, p. 61.
6. AN 5 AG 4 / EG 64.
7. Cité par Christian Lequesne, *Paris-Bruxelles, op. cit.*, p. 155, témoignage
recueilli en 1991.

devient en outre secrétaire général du SGCI. Ce cumul n'est pas une première, mais le sens de cette nomination n'échappe à personne : nommée en Conseil des ministres, Élisabeth Guigou ne pourrait être remplacée qu'avec l'accord de Mitterrand. C'est pour les Français l'occasion de faire connaissance avec elle. *Libération* présente tout à la fois le SGCI, organisme inconnu des Français, et sa nouvelle secrétaire générale : « une des femmes du président », « une des *president's girls* ». *L'Express* écrit qu'elle est « la calculette de Mitterrand[8] ».

À la tête d'un organisme placé sous l'autorité du Premier ministre, dirigeant cent cinquante personnes, Élisabeth Guigou est chargée d'harmoniser les positions des ministères en matière de politique européenne. Hubert Védrine confirme une autre de ses missions : avec elle à ce poste, François Mitterrand est sûr de rester parfaitement informé dans un domaine où il entend faire prévaloir ses vues, malgré les obstacles que le nouveau gouvernement pourrait dresser sur sa route.

On comprend qu'une fois nommé Premier ministre, Jacques Chirac demande le remplacement d'Élisabeth Guigou et que Mitterrand ne lui cède pas.

Un poste stratégique en période de cohabitation

Le premier challenge qu'Élisabeth Guigou doit relever est de trouver un mode de fonctionnement efficace qui permette à la France de parler d'une seule voix sur la scène européenne : « Tant qu'il ne s'agissait que de coordination, je faisais entièrement mon travail de secrétaire général du SGCI ; quand j'identifiais des problèmes politiques éventuels à partir des positions des différents ministères, à ce moment, j'en parlais au cabinet du Premier ministre et au président et nous faisions en sorte que nos patrons respectifs puissent en parler ensemble[9]. »

---

8. *Libération*, 7 novembre 1985, « Cohabitation : Mitterrand tisse sa toile » ; *L'Express*, 29 novembre 1985.
9. Élisabeth Guigou, *Une femme...*, *op. cit.*, p. 63.

Au début, à Matignon, il y a eu des velléités pour gêner le travail de la secrétaire générale, mais celle-ci y répond avec l'autorité que lui confère le total soutien de François Mitterrand. Grâce à elle, Mitterrand reste en contact avec les capitales européennes et dispose d'informations directes, surtout au début de la cohabitation, lorsque le gouvernement entend faire le blocus de la présidence. Élisabeth Guigou est alors la seule à l'Élysée à diriger un service interministériel qui lui donne accès à l'ensemble de l'information des administrations s'agissant de ce vaste domaine. Jacques Attali écrit qu'elle va être « une source irremplaçable d'informations ».

Le 24 mars, le gouvernement de Chirac à peine nommé, Élisabeth Guigou transmet à l'Élysée une note sur la position que le nouveau ministre de l'Agriculture, François Guillaume, entend défendre à Bruxelles sur l'entrée de l'Espagne dans la Communauté[10]. Son rôle, comme courroie de transmission entre le chef de l'État et les institutions et capitales européennes, est d'autant plus important qu'il n'y a plus de portefeuille des Affaires européennes, celles-ci étant directement gérées par le ministre des Affaires étrangères, Jean-Bernard Raimond. Mais dès l'été 1986, il apparaît que cette situation n'est guère tenable : pour les « européens » de la majorité, l'absence de ce poste apparaît comme le signe que le gouvernement de Jacques Chirac se désintéresse de l'Europe. À l'Élysée, on est également convaincu de la nécessité d'un tel portefeuille. Élisabeth Guigou indique dans une note à propos de la procédure de ratification de l'Acte unique par le Parlement : « M. Raimond n'aura, à l'évidence, pas le temps de faire ce travail. Pour que le secrétaire d'État puisse mener à bien ce travail, il faudrait qu'il soit nommé sans tarder[11]. » Dans cette courte note, elle utilise quatre fois le terme « secrétaire d'État », sans savoir quel rang ministériel sera réservé au titulaire des Affaires européennes. On peut penser qu'elle a tout intérêt à ce qu'il soit le moins élevé possible et sans l'écrire clairement, elle le fait savoir au président.

---

10. Jacques Attali, *Verbatim*, tome 3, p.24, 24 mars 1986.
11. Jean-Bernard Raimond, *Le Quai d'Orsay à l'épreuve de la cohabitation*, 1989, pp. 120-121 ; AN 5 AG 4 / EG 66, note d'Élisabeth Guigou au président de la République, 22 juillet 1986.

Le titulaire sera un ministre délégué, Bernard Bosson, député centriste nommé le 19 août 1986.

Élisabeth Guigou doit prendre en considération cet élément nouveau de la politique européenne de la France, tout comme Bernard Bosson doit composer avec elle. En septembre, la veille de la présentation en Conseil des ministres du projet de loi de ratification de l'Acte unique par Bernard Bosson, elle propose à François Mitterrand de faire faire une déclaration sur ce sujet par la porte-parole de l'Élysée, afin de bien montrer la prérogative présidentielle. Manifestement inquiet, Bernard Bosson laisse entendre, par des intermédiaires officieux, qu'il souhaite préparer le débat du 9 octobre à l'Assemblée nationale sur le projet de ratification. Il veut savoir ce que le groupe socialiste a prévu. Élisabeth Guigou écrit au président : « Il faudrait briefer de près le PS sur le sujet. Une réunion avec Le Pensec, Allègre (et d'autres ?) me paraît nécessaire[12]. » Cela permettrait d'éviter toute envie socialiste de mettre en difficulté un ministre qui ne semble pas très sûr de lui.

La vigilance de la conseillère va plus loin. L'ex-ministre des Relations extérieures, Roland Dumas, souhaite intervenir à l'Assemblée lors de ce débat en élargissant sur quatre thèmes bien définis (sécurité, impôt européen, réforme de la PAC, institutions), et lui demande de recueillir l'avis de Mitterrand sur ses intentions. En clair, Roland Dumas veut savoir s'il pourra s'exprimer en laissant entendre qu'il traduit la position du chef de l'État. Transmettant la demande au président, Élisabeth Guigou conseille et propose d'autres thèmes à développer (« je ne crois pas non plus très habile de parler d'impôt supplémentaire ») : « – Défendre d'abord l'Acte unique qu'il a négocié avec vous. – Qu'il souligne la nécessité d'en tenir tous les engagements. – Qu'il pose le débat entre politique ancienne (PAC) et politique nouvelle (recherche). – Qu'il marque le souhait, qui a été exprimé par la France, de faire davantage et qui doit rester son objectif : transformer les institutions en Union européenne. » Et de demander au chef de l'État s'il est d'accord avec ces propositions. Jean-Louis Bianco est en « accord avec Madame Guigou ». Mitterrand, « tout à fait d'accord ». Roland Dumas fera donc le discours (re)construit par Élisabeth Guigou.

---

12. AN 5 AG 4 / EG 66, note d'Élisabeth Guigou au président de la République, 23 septembre 1986.

Un mois plus tard, alors que le Premier ministre a donné raison à Jean-Bernard Raimond et Bernard Bosson qui ne veulent pas accepter d'amendement sur le projet de ratification, Élisabeth Guigou ne trouve rien à redire : « En revanche, il faut s'assurer que le Premier ministre reconnaisse le rôle prééminent du président de la République en la matière. » Elle suggère à Mitterrand que l'Élysée demande communication du projet du discours que doit prononcer Jacques Chirac sur ce point : « Vous pourriez en parler ensuite avec le Premier ministre. » Ce qui sera fait[13].

L'épisode de la ratification de l'Acte unique montre l'influence que peut avoir Élisabeth Guigou à l'Élysée, mais aussi auprès du Parti socialiste – alors qu'elle n'est pas une élue – et même auprès de l'ancien ministre des Relations extérieures (et qui aspire à le redevenir). Dans ces conditions, on comprend que le ministre délégué aux Affaires européennes n'a pas grande autorité face à la conseillère technique / secrétaire générale du SGCI. Élisabeth Guigou le reconnaît volontiers : « En période de cohabitation, c'est sûr qu'il y avait quand même un fil direct avec Matignon et entre Matignon et l'Élysée, ce qui ne rendait pas très commode la situation du ministre en charge de l'époque. Mais il prenait ça avec bonne humeur. J'avais un bon contact avec son cabinet, tout le monde avait intérêt à ce que ça se passe bien et moi je n'ai jamais cherché à médiatiser les choses... » C'est bien un travail dans l'ombre qu'elle effectue, mais non un travail occulte, puisqu'elle s'appuie sur la légitimité et la force que lui donnent ses deux fonctions officielles. Au niveau des conseillers et des hauts fonctionnaires, elle a incontestablement un ascendant dans le processus décisionnel sur les directeurs de cabinet des principaux ministres impliqués dans les dossiers européens.

Plus qu'avant 1986, période durant laquelle François Mitterrand reçoit sur les questions européennes les avis de Roland Dumas et de Catherine Lalumière, Élisabeth Guigou apparaît comme la source unique de conseils, du moins officiellement. C'est elle qui lui indique que par l'article 30 de l'Acte unique, « contrairement à ce qu'affirme Madame Thatcher, la Communauté est parfaitement habili-

---

13. AN 5 AG 4 / EG 66, note d'Élisabeth Guigou au président de la République, 1er octobre et 6 novembre 1989.

tée à coordonner ses positions en matière de politique étrangère ». Elle suggère au président les questions qu'il pourrait poser au président de la Commission européenne : « Vous pourriez interroger M. Delors sur... » Même chose lorsque Mitterrand doit rencontrer le ministre des Affaires étrangères : « Vous pourriez indiquer à M. Raimond[14]... » La cohabitation n'entrave pas la politique européenne de la France. Lorsque les deux têtes de l'exécutif sont en désaccord, comme c'est le cas sur les fonds structurels, puisque le Premier ministre ne veut pas entendre parler d'une augmentation des ressources communautaires, c'est l'hôte de Matignon qui cède ; celui-ci ne veut pas prendre le risque d'apparaître comme étant à l'origine d'une discorde française portée sur la place publique européenne. Même si, à l'approche de l'élection présidentielle de 1988, les relations entre Mitterrand et Chirac sont de plus en plus tendues, le message de la France au niveau européen n'est pas brouillé.

Une cheville ouvrière de l'Union économique et monétaire

La réélection de François Mitterrand, suivie de la victoire de la gauche aux législatives de 1988, change de nouveau la donne pour Élisabeth Guigou. Elle conserve sa fonction à la tête du SGCI et devient chargée de mission à l'Élysée pour l'Économie internationale, les Affaires européennes, les Sommets, le Commerce extérieur. À lire cette liste, on a l'impression de voir défiler les domaines dans lesquels la ministre des Affaires européennes, Édith Cresson, entend s'impliquer afin de préparer la présidence française de la Communauté au second semestre 1989 et l'ouverture du grand marché européen. Sans qu'il soit question de répartition des tâches, puisque leurs fonctions ne sont pas comparables, comment évaluer l'influence de l'une et de l'autre dans la politique européenne de la France de 1988 à 1990 ?

On a vu comment Édith Cresson s'est investie dans des dossiers très concrets de la construction européenne de ces années-là et qu'elle estimait la France mal armée dans la compétition internationale. Souvent,

---

14. AN 5 AG 4 / EG 66, notes d'Élisabeth Guigou au président de la République, sans date et 13 avril 1987 et 15 mai 1987.

lorsqu'elle alerte le président sur tel ou tel problème, Élisabeth Guigou est sa première lectrice à l'Élysée. La question des relations entre les deux femmes se pose donc, la presse, lors de la démission d'Édith Cresson, faisait état de « heurts avec le secrétariat général dont l'objet est de coordonner l'action gouvernementale[15] ». Élisabeth Guigou affirme : « Il n'y a jamais eu d'opposition entre Édith Cresson, les Affaires européennes et moi. » Édith Cresson estime également que tout s'est bien passé. Vouloir montrer une inévitable lutte d'influence des deux femmes autour de François Mitterrand serait faire fi des statuts et des parcours très différents de l'une et de l'autre. Pour avoir suivi de près son action aux Affaires européennes, étant elle-même au SGCI, Élisabeth Guigou porte sur Édith Cresson un jugement plutôt élogieux : « Édith est une femme volontaire, extrêmement compétente dans ses domaines de prédilection. Je l'ai vue remporter des négociations européennes que tout le monde jugeait perdues d'avance[16]. »

Michel Rocard étant à Matignon, on peut penser que le président envisageait le maintien d'Élisabeth Guigou au SGCI un peu dans la même optique que sous la cohabitation. Elle informe le nouveau Premier ministre des dossiers, comme elle le faisait pour Laurent Fabius ou pour Jacques Chirac, mais elle indique : « Je le sentais précautionneux. Il considérait que l'Europe, c'était le terrain d'élection du Président. Ça l'intéressait énormément, mais il ne s'en mêlait pas[17]. » Pourtant, Matignon a un rôle d'arbitrage déterminant dans l'ensemble des politiques menées, y compris dans la politique communautaire. Cette défaillance du système politico-administratif est palliée par Élisabeth Guigou qui est en mesure de « pré-arbitrer bon nombre de litiges[18] » entre les ministères à propos de l'Europe.

Pendant la cohabitation, Élisabeth Guigou était à peu près seule. Maintenant, les avis officiels se multiplient autour de Mitterrand. Jean-Louis Bianco tente d'y mettre bon ordre comme le montre une note adressée au président par trois ministres : Hubert Curien (Recherche), Roger Fauroux et Édith Cresson, à propos d'une éven-

15. *Le Monde*, 4 octobre 1990, « Édith Cresson : une battante contrariée ».
16. Élisabeth Guigou, *Une femme…, op. cit.*, p. 96.
17. *Ibid.*, p. 87.
18. Christian Lequesne, *Paris-Bruxelles, op. cit.*, p. 167.

tuelle démonstration de la TVHD européenne à Paris. Élisabeth Guigou demande au président une réponse rapide, mais le secrétaire général de l'Élysée regrette le manque de coordination : « Ce type de notes, comme les autres, doit passer par moi. Cela permet d'éviter, entre autres choses, les doubles emplois[19]. » Après une période où elle a eu un rôle très particulier à l'Élysée, elle doit reprendre une place plus normale dans l'organigramme. Peut-être est-ce parce qu'elle pressentait cette situation qu'elle avait demandé à Mitterrand, au printemps 1988, de quitter l'Élysée. Il lui avait répondu : « Non restez, je pense à d'autres choses pour vous. »

Cette réponse la conforte dans sa position à l'Élysée. Son rôle demeure déterminant dans la formulation de la politique communautaire de la France, d'autant que la présidence de l'Europe lui revient au second semestre 1989 : « Le chef de l'État était totalement impliqué, là c'est vrai que mon rôle n'était pas seulement d'information, mais aussi de proposition. Pendant toute l'année qui a précédé la présidence française, nous l'avons préparée – j'en étais chargée fonctionnellement au SGCI. La double casquette me donnait évidemment une influence sur l'administration. » Elle est à Évian le 3 juin, lors du tête-à-tête entre Kohl et Mitterrand, chacun ayant un preneur de notes à ses côtés. Ce jour-là, les deux hommes scellent leur pacte : Mitterrand accepte la libéralisation des échanges et Kohl de marcher vers la monnaie unique. Pour Élisabeth Guigou, « préparer cela avec les conseillers de Kohl, c'est là un rôle diplomatique actif. […] Dès lors qu'il s'agissait d'une rencontre du président où les ministres n'étaient pas présents, je préparais directement cela avec l'entourage du chancelier ».

La présidence de la France, pendant le second semestre 1989, est décisive à un moment où la communauté est en marche vers l'Union économique et monétaire (UEM). Une petite équipe autour d'Élisabeth Guigou (Jean-Claude Trichet, Pierre de Boissieu, Bernard Kessedjian essentiellement) est chargée de réfléchir aux priorités de la présidence. Ce sont : « 1) fixer les dates précises pour l'ouverture

---

19. AN 5 AG 4 / 6606, note d'Hubert Curien, Roger Fauroux et Édith Cresson au président de la République, 27 septembre 1988.

de la Conférence intergouvernementale sur l'UEM ; 2) faire adopter une charte sociale ; 3) mettre en place un Eurêka audiovisuel ».

À plusieurs reprises, Élisabeth Guigou donne des impulsions décisives au cours de la marche vers l'UEM. Le 14 avril, Jacques Delors, qui connaît son influence, lui remet le rapport de la Commission sur l'UEM, afin qu'elle le transmette directement à François Mitterrand. Ce qu'elle fait le jour même, en l'accompagnant d'une note qui préconise également la mise en place rapide du processus. En mai, elle rappelle par deux fois au président l'accord passé à Évian avec Helmut Kohl. Lors des décisives rencontres entre Roland Dumas et Hans-Dietrich Genscher (19 juin) et François Mitterrand et Helmut Kohl (22 juin), elle joue un rôle éminent comme lien entre le président et le ministre des Affaires étrangères. Roland Dumas veut arracher au chancelier une date pour le lancement de la Conférence intergouvernementale sur l'UEM, lors du sommet de Strasbourg, qui doit se tenir en décembre ; l'idée a déjà été lancée par Élisabeth Guigou dans l'une de ses notes au président datée du 14 avril[20]. Après le sommet de Madrid (fin juin), Mitterrand entame une tournée des capitales. Il demande à Élisabeth Guigou de l'accompagner, les ministres n'étant pas conviés. Elle propose de nouveau au président qu'une date pour la conférence soit fixée au Conseil européen de Strasbourg.

En septembre, la présidence française prend effectivement l'initiative de constituer un comité à haut niveau chargé de préparer le passage à l'UEM. C'est Élisabeth Guigou qui préside – « avec beaucoup de talent », écrit Jacques Delors – ce groupe composé d'un représentant du ministère des Affaires étrangères et du ministère des Finances de chaque pays membre[21]. Fin octobre, le « groupe Guigou » rend un rapport qui sert de base aux Conseils des ministres européens des Affaires étrangères et des Finances de novembre. Les observations sont transmises au Conseil européen de Strasbourg des 8 et 9 décembre, qui doit déterminer s'il y a lieu de convoquer la Conférence intergouvernementale, et surtout à quelle date, pour aller vers l'UEM.

---

20. Tilo Schabert, *Mitterrand et la réunification allemande. Une histoire secrète (1981-1995)*, 2005, pp. 381-382 et 391-393.
21. Jacques Delors, *Mémoires, op. cit.*, p. 344.

Les Allemands butent alors devant l'obstacle à franchir. La chute du mur de Berlin (9 novembre) a posé la question de la réunification allemande. Trois jours seulement avant l'ouverture du sommet, Joachim Bitterlich téléphone à Élisabeth Guigou afin qu'elle transmette à l'Élysée l'accord d'Helmut Kohl pour une convocation rapide de la Conférence intergouvernementale. Diplomate francophone ayant fait l'ENA à titre étranger et marié à une Française, Joachim Bitterlich est un membre influent du cabinet du ministre allemand des Affaires étrangères, Hans-Dietrich Genscher. Si l'on en croit Hubert Védrine, son influence et les relations de confiance qu'il entretient avec Élisabeth Guigou sont pour beaucoup dans la réussite du rapprochement des positions française et allemande[22].

À la veille du Conseil de Strasbourg, la presse présente Élisabeth Guigou comme la principale cheville ouvrière de la politique européenne de la France. Au SGCI, « aucune consigne ne peut être expédiée à l'un des trente conseillers, membres de la représentation permanente à Bruxelles, sans avoir été estampillée par Élisabeth Guigou ou l'un de ses deux adjoints » ; « la présidence française qui s'achève est un peu la sienne ». On insiste sur la dimension européenne qu'elle a acquise : « Une des figures les plus en vue, les plus influentes également, du petit monde des affaires européennes » ; « À Bruxelles, elle est créditée d'une réelle compétence technique ». Comment ressent-elle le fait d'être une femme dans un milieu d'hommes ? « Bien que d'une nature réservée, elle éprouve une intense jubilation "à montrer qu'une femme peut aussi bien faire que les hommes, et parfois mieux"[23]. »

Au Conseil européen de Strasbourg, la majorité nécessaire pour réunir, avant la fin de 1990, la Conférence intergouvernementale visant à modifier le traité en vue des étapes finales de l'UEM, est acquise. La présidence française se termine par un succès dont une partie de la paternité revient au travail réalisé par Élisabeth Guigou. À la tête du Comité à haut niveau, elle a non seulement joué un rôle

---

22. Hubert Védrine, *Les Mondes de François Mitterrand, op. cit.* pp. 413, 431 et 438.
23. *Le Monde*, 2 décembre 1989, « Élisabeth Guigou, femme d'influence » ; *Ouest-France*, 6 décembre 1989, « Élisabeth Guigou, Madame Europe-Élysée » ; *Paris-Match*, 21 décembre 1989, « Élisabeth Guigou "Madame Europe" de l'Élysée ».

déterminant dans la politique européenne de la France, mais plus généralement dans la construction européenne. Élisabeth Guigou est en contact permanent avec les conseillers personnels des dirigeants européens : Joachim Bitterlich, Charles Powell (Margaret Thatcher), Pascal Lamy (Jacques Delors)… La « principale force [de Mitterrand] était sa conseillère aux Affaires européennes dans l'équipe de l'Élysée, écrit Tilo Schabert. C'est elle qui travailla avec lui à l'œuvre européenne[24] ». Ce travail est également reconnu par Jacques Delors qui voit en elle « une tête bien faite, […] très connue de nos partenaires étrangers. Elle avait de l'influence. À l'Élysée elle en avait beaucoup, et souvent des chefs de gouvernement qui ne pouvaient pas parler directement à François Mitterrand s'adressaient à elle ».

Élisabeth Guigou connaît si bien tous les dossiers européens que le 31 janvier 1990, en Conseil des ministres, elle est chargée de la coordination interministérielle des actions relatives aux pays de l'Est, action déterminante pour les années à venir[25]. Cette casquette supplémentaire sur la tête de la conseillère/chargée de mission/ secrétaire générale est peut-être destinée à la parer de tous les viatiques nécessaires pour en faire une ministre.

Les Affaires européennes, enfin

Au vu du travail accompli par Élisabeth Guigou et de l'envergure qu'elle a acquise au sein de la Communauté européenne, on est tenté de voir une suite logique de son parcours dans sa nomination comme ministre déléguée aux Affaires européennes. Ce serait oublier qu'elle est un pur produit de la haute administration qui ne dispose d'aucune légitimité politique, ce dont elle est consciente : « Il me semblait qu'un ministre devait d'abord être un élu, et je n'avais jamais eu envie de me lancer dans l'arène électorale[26]. »

Les événements en décident autrement avec la démission d'Édith Cresson en octobre 1990 : « Le président m'a demandé de la remplacer.

---

24. Tilo Schabert, *Mitterrand et la réunification allemande, op. cit.*, pp. 391-393.
25. *Le Figaro*, 1er février 1990, « Une coordinatrice pour les actions en Europe de l'Est ».
26. Élisabeth Guigou, *Une femme au cœur de l'État, op. cit.*, p. 6.

J'ai réfléchi pendant vingt-quatre heures, c'est quand même un changement de vie, et puis voilà » ; « Je ressentais cela comme la récompense
du travail accompli auprès du président pendant huit ans, ainsi que
comme un honneur et une chance[27] ». Mitterrand résume ainsi les
différences entre les deux femmes : « Édith Cresson n'était pas à
l'aise au milieu des diplomates qui méprisaient son origine et
s'inquiétaient de ses parti pris. Élisabeth Guigou est plus malléable.
Elle saura se mouvoir au milieu des technocrates de Bruxelles[28]. »

Alors que les articles de presse qui lui étaient jusque-là consacrés
– relativement peu nombreux – insistaient surtout sur son action,
ceux qui présentent la nouvelle ministre aux Français la caricaturent
en quelques qualificatifs. « Sexy, froide, intelligente, technocratique : les quatre clichés les plus souvent appliqués à Élisabeth Guigou, 44 ans, correspondent assez à la réalité », dit *Libération*, qui en
ajoute un cinquième : « élyséenne en diable ». Pour *Le Figaro*,
« cette jolie jeune femme aux yeux clairs traite sa longue chevelure
blonde avec la même rigueur qu'elle expédie ses dossiers » ; « ceux
qui l'approchent lui trouvent du charme, tout en regrettant pourtant
qu'elle apparaisse froide et même parfois distante ». *Le Monde* :
« On la croirait plutôt venue de Neuilly ou de Passy, tant son élé-
gance et sa courtoisie sont réservées. Il ne s'agit pas de froideur, tout
au plus d'un masque protecteur, bien utile quand on est femme et
qu'on veut s'imposer au plus haut dans un monde peuplé surtout
d'hommes[29]. »

Le passage d'Élisabeth Guigou à la stature ministérielle s'accompagne de classiques discours machistes sur les femmes en politique,
comme si elle était légitime en tant que conseillère, mais illégitime
en tant que ministre. Elle écrit justement : « En politique, les femmes
sont regardées avant d'être entendues. Ce que l'on juge en elles,
c'est d'abord la femme, et seulement ensuite la responsable poli-

---

27. Élisabeth Guigou, *Être femme en politique*, *op. cit.*, p. 91. À l'Élysée, Élisabeth Guigou est remplacée par Sophie-Caroline de Margerie en tant que chargée
des Affaires européennes (jusqu'en février 1992).

28. Jacques Attali, *Verbatim*, tome 3, p. 601, 2 octobre 1990.

29. *Libération*, 3 octobre 1990, « Élisabeth Guigou remplace Édith Cresson » ; *Le
Figaro*, 3 octobre 1990, « Guigou : made in Élysée » ; *Le Monde*, 4 octobre 1990,
« Élisabeth Guigou : l'Européenne du Président ».

tique[30]. » Comme pour lui donner raison, *Le Canard enchaîné* cite *Paris-Match* pour évoquer « son physique à la Kim Basinger ». Catherine Nay lui trouve plutôt « un faux air de Lauren Bacall du temps de Bogey » : « une jolie personne assez distante, à la crinière blonde ». La presse assimile son refus de la politique politicienne à « la crainte d'affronter le suffrage populaire » et présente sa volonté de préserver sa vie de famille et son fils, âgé de dix ans, comme des prétextes faciles[31]. Mais aucun journal ne va jusqu'à laisser entendre que, n'étant pas élue, elle n'est ministre que par la volonté du prince ; tous lui reconnaissent une réelle compétence en matière européenne. Son absence de légitimité politique est largement compensée par sa légitimité de compétence. Cette compétence, issue d'une expérience longue de six années au cours de laquelle elle a maîtrisé l'ensemble des dossiers, sera sa seule arme pour tenir à distance les propos égrillards de la presse et les jalousies politiques. Élisabeth Guigou a en outre l'avantage de venir du sérail de Mitterrand.

Malgré sa grande expérience, Élisabeth Guigou pénètre dans un territoire qu'elle connaissait pour l'avoir côtoyé, comme conseillère à l'Élysée, mais où elle ne s'était pas encore véritablement engagée. Comme baptême du feu, elle doit répondre, le jour même de sa nomination, à une question d'actualité à l'Assemblée nationale en lieu et place du ministre des Affaires étrangères, Roland Dumas, empêché[32]. Ce genre d'épreuve l'inquiète bien davantage que les dossiers dont elle doit s'occuper et qu'elle connaît déjà.

Sa première mesure est de réintégrer les Affaires européennes au Quai d'Orsay, puisqu'elle-même est placée sous l'autorité de Roland Dumas. Les relations entre la ministre déléguée et les fonctionnaires – de toutes les administrations – ne sauraient être comparées avec celles que pouvait entretenir Édith Cresson et qui ont compliqué la tâche de celle-ci dans tous ses postes ministériels. Et puis l'envergure européenne et internationale d'Élisabeth Guigou la protège contre

---

30. Élisabeth Guigou, *Être femme en politique, op. cit.*, p. 190.
31. *Le Canard enchaîné*, 17 octobre 1990, « Élisabeth Guigou : des chiffres et des maîtres » ; *Le Figaro Magazine*, 9 février 1991.
32. Élisabeth Guigou, *Une femme au cœur de l'État, op. cit.*, p. 90.

toute suffisance éventuelle de la part des services du Quai d'Orsay, de même que contre tout sexisme dont la présence n'est plus à démontrer dans ce ministère. Même si certains diplomates du Quai l'appellent « la Guigou », elle est au-dessus : « Je n'ai jamais senti de problème particulier de ce côté-là, d'abord parce que je crois que j'avais une légitimité qui n'a jamais été mise en doute. » Considérée par les grands dirigeants européens, sinon comme l'une des leurs, du moins comme une interlocutrice de premier ordre, elle ne pouvait être rejetée par les fonctionnaires des Affaires étrangères.

Pour sortir les Affaires européennes de la confidentialité, elle compte sur l'appui du président. À propos du travail de la Conférence intergouvernementale sur la marche vers l'UEM, elle écrit à Jean-Louis Bianco que « de plus en plus nombreux sont ceux qui réclament que le Parlement soit mieux informé par le gouvernement et même dans certains cas, ait des débats sur des projets européens et pas seulement sur les décisions déjà prises[33] ». C'est l'un des grands chantiers qu'elle entend mener à bien à la tête du ministère : que la nation tout entière, dans un premier temps à travers ses parlementaires, se sente concernée par la question européenne.

Les évaluations du travail d'Élisabeth Guigou au ministère des Affaires européennes comme à l'Élysée sont toujours positives. Lorsque Jacques Delors évoque la faible influence des ministres des Affaires européennes, il précise : « Il y a eu une exception, c'est Élisabeth Guigou, parce qu'elle avait fait un gros travail à l'Élysée. […] Comme elle était connue à peu près de tout le monde, elle avait de l'influence aux Conseils des ministres [européens]. » Pour Hubert Védrine, « elle a très bien réussi. Même si elle a eu davantage de pouvoir et d'influence à la tête du SGCI que comme ministre délégué où elle devait composer avec Roland Dumas ». La principale intéressée ne semble pas de cet avis. Dans la presse, elle dit ne pas regretter le temps de « Madame Europe à l'Élysée[34] ». Quant aux relations avec le ministre des Affaires étrangères : « Roland Dumas m'a laissé toute

---

33. AN 5 AG 4 / 6619, lettre d'Élisabeth Guigou à Jean-Louis Bianco, sans date, décembre 1990 sans doute.
34. *Le Monde*, 8 mai 1991, « Élisabeth Guigou, l'ambition d'une technocrate douée ».

latitude ; on se concertait pour les grandes décisions ; j'avais mon espace, et ça s'est bien passé ainsi », affirme-t-elle.

Lors des négociations de ce qui deviendra le traité de Maastricht, elle va jouer effectivement un rôle important. Lors du référendum pour la ratification de ce traité, elle disposera de tout l'espace qu'elle voudra et même bien davantage, car peu nombreux seront ses collègues ministres à lui prêter main-forte dans une campagne difficile.

CHAPITRE 8

1989, une revanche du bicentenaire ?

La Révolution de 1789 n'a pas suivi Condorcet, Guyomar et d'autres défenseurs de la citoyenneté étendue aux femmes, mais plutôt Sieyès. Les femmes seront considérées comme faisant partie des « citoyens passifs », alors qu'elles participèrent, parfois en masse, à des actions révolutionnaires décisives et/ou symboliques. La « Déclaration des droits des femmes » (1791) d'Olympe de Gouges et sa mort sur la guillotine (1793) inaugurent une longue lutte pour établir ce que la Révolution et les régimes lui succédant n'ont pas eu envie de faire[1].

En 1989, lors de la célébration du bicentenaire, les féministes et les historien(ne)s rappellent ces occasions manquées par la Révolution. À côté de la réédition, présentée par Françoise Giroud, des *Femmes de la Révolution* de Michelet, des travaux universitaires tentent de renouveler l'historiographie. Entre histoire et philosophie, dans son ouvrage *Muse de la Raison. La démocratie exclusive et la différence des sexes*, Geneviève Fraisse met en lumière l'événement originel d'une singularité de la démocratie française : l'exclusion des femmes, et la difficulté de celles-ci à entrer en politique encore deux siècles plus tard[2]. Sur la scène

---

1. Sur ce point, voir notamment Frédérique Roussel, *Les Femmes dans le combat politique en France. La République selon Marianne*, 2002.
2. Jules Michelet, *Les Femmes de la Révolution*, présentation de Françoise Giroud, 1989, 345 p. ; *Les Femmes et la Révolution française*, colloque de Toulouse, avril 1989 ; Geneviève Fraisse, *Muse de la Raison. La démocratie exclusive et la différence des sexes*, 1989, 226 p.

européenne, en cette même année 1989, les Françaises conquièrent des places jusque-là réservées aux hommes. Une avancée qu'il faut relativiser.

Christiane Scrivener :
la pédagogie au service des réformes fiscales

Depuis 1985, Jacques Delors présidait la Commission européenne à laquelle il avait donné une impulsion nouvelle. En 1988, il est reconduit dans ses fonctions et François Mitterrand, qui vient d'être réélu, décide de choisir le deuxième commissaire français au sein de l'opposition[3]. Le 27 octobre, par un communiqué, l'Élysée fait savoir que Christiane Scrivener a été désignée par la France. Quelques jours plus tôt, la Grèce a désigné Vasso Papandreou, ministre du Commerce et membre influent du PASOK (Parti socialiste grec), au seul poste de commissaire dont elle dispose. Ce sont les deux premières femmes à intégrer la Commission.

Christiane Scrivener a posé sa candidature en s'appuyant sur son expérience au Parlement européen pendant deux mandats, car elle pensait que le président souhaiterait nommer quelqu'un de la droite modérée. En 1984, en lançant son livre, elle a créé l'association Europe-Avenir, qui publie une « lettre trimestrielle d'information politique sur la construction européenne ». Elle a fait jouer ses relations : « Le président Giscard d'Estaing m'avait fait savoir qu'il y avait de bonnes chances que le président Mitterrand me nomme membre de la Commission. [...] De la même façon, Jacques Delors m'avait indiqué qu'il pensait que ma candidature serait retenue. » *Le Monde* relève que, « profitant des états d'âme des centristes maintes fois sollicités, Mme Simone Veil n'est pas non plus étrangère à cette spectaculaire promotion de son amie, devenue à son tour grand témoin de l'ouverture[4] ». Mais l'ouverture de la majorité socialiste

---

3. De 1985 à 1988, c'est le socialiste Claude Cheysson qui a été le second commissaire français, après avoir été ministre des Relations extérieures. Pourtant Jacques Delors avait souhaité la nomination d'un membre de l'opposition, mais n'avait pas été entendu : « On me parlait courtoisement, mais je n'avais pas mon mot à dire sur la désignation des commissaires », se souvient-il.

4. *Le Monde*, 29 octobre 1988, « La compétence et la foi ».

vers le centre fait long feu. Avec une erreur de date, Jacques Attali note dans son journal : « Simone Veil suggère au président de nommer Christiane Scrivener[5]. » Jacques Delors laisse également supposer des atermoiements centristes en évoquant une autre personnalité pressentie : « Lors du renouvellement de 1989, il a été question de Jacques Barrot, mais cela ne s'est pas fait. »

C'est par la presse que la nouvelle commissaire apprend sa nomination[6]. Les journaux qui développent la nouvelle – ils ne sont pas nombreux – insistent sur ses compétences en matière européenne. À côté des allusions à sa « coiffure semblant quotidiennement sortir de chez Alexandre », la teneur des articles est très favorable à « l'une des rares femmes françaises diplômées de Harvard » qui obtient, à 63 ans, « une consécration européenne méritée[7] ».

Christiane Scrivener ne sait pas encore de quel portefeuille elle héritera à la Commission européenne. Jacques Delors consacre tout le mois de novembre et une bonne partie de celui de décembre à trouver un subtil équilibre entre tous les pays membres qui font pression sur lui. Il doit aussi tenir compte des vœux des anciens commissaires, des prétentions des nouveaux et des compétences de chacun. Pour la France, Édith Cresson, la ministre des Affaires européennes, participe à ce grand jeu européen et cherche à s'appuyer sur l'autorité du président de la République. Après avoir rencontré Christiane Scrivener, elle écrit à François Mitterrand : « Son vœu, qui est aussi le mien, est qu'elle puisse obtenir un portefeuille économique. [...] Le portefeuille de l'Industrie serait de la plus haute importance pour la France dans la période qui s'ouvre. » Nul doute que le choix de la nouvelle commisssaire lui convient : une femme qui a été pendant vingt-trois ans à la tête d'une entreprise ne peut que bien connaître les réalités économiques. Et puis l'Industrie, n'est-ce pas le domaine à privilégier avant tout autre ? « Le poste est vital pour nous, Madame Scrivener peut parfaitement le remplir. Elle a la compétence et la ténacité nécessaires, et elle est très motivée [...]. Jacques Delors,

---

5. Jacques Attali, *Verbatim, op. cit.*, tome 3, p. 117.
6. Jean Joana et Andy Smith, *Les Commissaires européens. Technocrates, diplomates ou politiques ?*, 2002, p. 29.
7. *Le Monde*, « La compétence et la foi », 29 octobre 1988.

qui va "redécouper" les responsabilités des commissaires, y est très favorable. » La ministre des Affaires européennes doit être aussi convaincante que la commissaire est « motivée », puisque l'Élysée approuve sa proposition[8].

Christiane Scrivener songe également à un autre portefeuille, celui de la Concurrence, mais le Britannique Leon Brittan est déjà sur les rangs. Finalement, le portefeuille des Affaires industrielles échoit, entre autres compétences, à l'Allemand Martin Bangemann. Christiane Scrivener « choisit » la Fiscalité et les Douanes, un domaine aride, mais alors capital, puisque l'ouverture du grand marché européen est fixé au 1er janvier 1993. Dans un autre témoignage, elle indique qu'on lui avait auparavant proposé l'Environnement, qu'elle trouvait trop polémique, et les Affaires sociales… pas assez économiques. « Donc au final, j'ai accepté la Fiscalité et les Douanes. Je les ai acceptées à la surprise de beaucoup, et peut-être de Delors, parce que j'ai toujours aimé résoudre des problèmes concrets. » « Vous travaillerez pour l'avenir[9] », lui dit ce dernier. À en croire le président de la Commission, les deux Français ont eu d'excellents rapports, même si ses *Mémoires* montrent qu'il est manifestement plus proche d'autres commissaires, comme Lorenzo Natali ou Frans Andriessen, avec lesquels il entretient des relations amicales[10]. Mais il se souvient avoir porté une particulière attention aux deux femmes de la Commission, « non pas par paternalisme, mais parce que je tenais compte des habitudes de ces messieurs et donc mon bureau leur était plus ouvert qu'à d'autres ». Christiane Scrivener cependant ne se plaint pas de son sort. Elle fait partie de ces femmes qui ont réussi à s'imposer par leurs compétences et qui ne demandent pas de traitement de faveur.

Le premier dossier que Christiane Scrivener doit régler est celui de l'harmonisation de la TVA. Il s'agit de trouver, par un rapprochement de la fiscalité, des taux de TVA acceptables par tous les pays,

---

8. AN 5 AG 4 / 6606, note d'Édith Cresson au président de la République, 2 novembre 1988.
9. Jean Joana et Andy Smith, *Les Commissaires européens, op. cit.*, p. 30 ; *Le Monde*, 7 mars 1989, « Un entretien avec Mme Scrivener ».
10. Jacques Delors, *Mémoires, op. cit.*

l'unanimité étant indispensable pour que la proposition de la Commission soit acceptée par le Conseil des ministres de la Communauté. La commissaire française y parvient, après d'interminables négociations qui l'ont conduite à faire un tour des capitales européennes. Elle applique la même pédagogie et la même concertation dans l'autre dossier important de son mandat, celui de l'harmonisation de la fiscalité des entreprises, où elle va là aussi réussir, malgré la résistance des États membres.

La méthode de Christiane Scrivener diffère de son prédécesseur sur plusieurs points. Pour le politiste Claudio Radaelli, la commissaire a obtenu des résultats car elle a su dépolitiser le dossier fiscal, par exemple en remplaçant le terme « harmonisation » par celui de « convergence ». Elle aurait travaillé en technocrate efficace, s'appuyant sur des comités d'experts : « Les objectifs de la nouvelle approche de l'harmonisation fiscale étaient d'éviter autant que possible toute confrontation politique sur des questions de souveraineté nationale [...] et de s'en tenir strictement au discours prudent, technique et aseptisé de l'efficacité fiscale[11]. »

La commissaire ne se lasse pas de présenter et d'expliquer ses propositions, aussi bien aux parlementaires européens qu'aux journalistes économiques. Le 7 avril 1989, elle prononce un discours sur la fiscalité à Strasbourg. Elle renouvelle l'exercice après les élections de juin, le 24 octobre. Selon un membre de son cabinet : « Elle avait gardé des relations importantes, à une époque où peu de commissaires passaient beaucoup de temps au Parlement. Elle y allait régulièrement : c'est un milieu qu'elle connaissait bien et elle savait comment faire[12]. » Elle n'oublie pas les organismes financiers qui devront mettre en œuvre les réformes : « Vis-à-vis des banques, il me semble, notamment en ce qui concerne la réforme de la fiscalité de l'épargne, qu'un grand effort de pédagogie et d'explication sera nécessaire. Je ne ménagerai pas ma peine à cet égard. » Il lui faut aussi

---

11. Claudio Radaelli, *Technocracy in the European Union*, 1999, p. 94 ; *Le Figaro Économie*, 13 mai 1992, « Christiane Scrivener : "non à l'impôt européen" ».

12. Cité par Jean Joana et Andy Smith, *Les Commissaires européens, op. cit.*, p. 209.

démontrer aux États membres hostiles, comme le Luxembourg et le Royaume-Uni, qu'ils pourront tirer des avantages de ce système[13].

Au sein même de la Commission, Christiane Scrivener doit convaincre que son approche du dossier est la bonne. L'appui du commissaire britannique Leon Brittan est décisif. Au printemps 1992, à quelques mois de l'ouverture du grand marché, elle déclare que la fiscalité sera bien au rendez-vous. Depuis 1991, le Conseil des ministres des Finances a fixé les modalités du nouveau régime de TVA sans frontières, avec un taux minimal normal de 15 %, dont elle revendique la paternité : « C'est l'un des moments [...] où j'ai senti la volonté politique. Je m'en souviendrai toute ma vie. J'avais planté mon premier pieu, et, dès lors, tout allait s'enchaîner. » Les textes communautaires organisant le système de la TVA sans frontières sont adoptés à la fin de 1991 et au début de 1992[14]. La mission confiée à la commissaire a donc été remplie. Elle a su mobiliser tous les liens tissés au Parlement européen, dans le monde des affaires et dans le monde politique européen. Pour Simone Veil, Christiane Scrivener est l'une « de ces Françaises connues et appréciées dans les institutions européennes, mais dont on ne parlait guère en France ».

Désignés par les pays membres, les commissaires exercent leur mandat dans une certaine schizophrénie, sans doute plus encore que les parlementaires européens qui représentent leur pays et doivent agir dans l'intérêt communautaire. Chacun participe à la politique européenne nationale en même temps qu'il doit pouvoir s'affranchir de la dimension nationale. La position de Christiane Scrivener a ceci de particulier qu'elle n'est pas de la même tendance politique que le pouvoir en place en France, mais que ce pouvoir l'a néanmoins nommée. Comme n'importe quel commissaire, elle est en rapport avec les gouvernements de tous les pays membres, et il ne fait aucun doute qu'à Paris le ministère des Finances est tenu au courant de l'avancée des dossiers fiscaux au sein de la Commission. Mais quelle attitude avoir lorsque la Commission se réunit en collège ? « Je pensais, et je

---

13. *Le Monde*, 7 mars 1989, « Un entretien avec Mme Christiane Scrivener » ; *Le Figaro Économie*, 7 décembre 1989, « Une interview de Christiane Scrivener ».
14. *Le Figaro Économie*, 13 mai 1992, « Christiane Scrivener : "non à l'impôt européen" ».

pense toujours, que chaque commissaire est avant tout au service de la construction européenne. Mais il faut reconnaître que bien des entorses ont été faites à ce principe – pourtant énoncé dans le traité de Rome – et que bien souvent l'intérêt national a prévalu. »

À la fin de 1992, le mandat de la deuxième Commission Delors arrivant à échéance, la question du remplacement des commissaires est posée. Dès octobre, on sait que Vasso Papandreou quittera le collège. Christiane Scrivener reste donc la seule femme et le Lobby européen des femmes (LEF) lance un appel à tous les États membres leur demandant de nommer des femmes à la Commission, de « rendre la procédure de sélection des commissaires plus transparente[15] ».

Christiane Scrivener est certes maintenue en fonction, mais on ne peut pas dire que cet appel a été entendu. Le 14 décembre, le porte-parole de la Commission annonce qu'elle a été reconduite par le gouvernement français à son poste de Bruxelles. Mais deux jours plus tôt, à la fin du sommet d'Édimbourg, François Mitterrand avait annoncé que le nouveau commissaire serait Edmond Alphandéry, député CDS du Maine-et-Loire. Le lendemain, par un communiqué à l'AFP, celui-ci déclinait l'offre, expliquant refuser « ce grand honneur » pour se consacrer à son mandat de député national qu'il souhaitait voir renouveler lors des élections législatives de 1993.

Ce quiproquo malencontreux a sans doute précipité la confirmation de Christiane Scrivener à Bruxelles, l'urgence étant de mettre fin au désordre. Les noms qui circulaient avant l'affaire Alphandéry, Michel Bon, Robert Lion, etc., sont donc oubliés. *Le Figaro* stigmatise cette manière cavalière de procéder, puisqu'il s'agit d'une reconduction par défaut. « Ce n'est certainement pas la confirmation dont elle [Christiane Scrivener] aurait rêvé. » Tous les avis s'accordent pour dire qu'elle a pourtant fort bien réussi dans le domaine de la fiscalité, l'un des plus complexes du marché intérieur. En revanche, les autorités françaises lui reprocheraient un

---

15. CAF, fonds Roudy, communiqué de presse du LEF, 28 octobre 1992.

manque d'autorité sur d'autres sujets – pour défendre les intérêts nationaux[16] ?

Malgré tout, Christiane Scrivener continue son travail à Bruxelles pendant la troisième Commission Delors. Jusqu'à la fin de 1994, elle est la seule femme du collège. Outre la Fiscalité et les Douanes, domaines dans lesquels elle concrétise beaucoup de son travail antérieur, elle se voit confier un autre portefeuille, celui de la Protection des consommateurs, où elle peut constater « avec satisfaction que les lois françaises ont souvent été reprises au niveau européen ». Sans doute fait-elle allusion ici aux lois qu'elle a fait voter par le Parlement lorsqu'elle était secrétaire d'État à la Consommation, et à celles initiées par Catherine Lalumière. Toutes les deux ont également en commun un engagement européen chevillé au cœur.

La reconnaissance européenne de Catherine Lalumière

Après avoir quitté le Quai d'Orsay lors de l'alternance politique de mars 1986, Catherine Lalumière continue à intervenir, chaque fois qu'elle l'estime nécessaire, sur la politique européenne de la France. Sa tribune, c'est la commission des Affaires étrangères de l'Assemblée nationale où ses interventions vont toutes dans le même sens : il faut faire plus pour l'Europe ; « la voix de l'Europe est inaudible », « il faut renforcer l'expression politique de l'Europe[17] ». En 1987, elle intègre l'Assemblée parlementaire du Conseil de l'Europe, une institution créée en 1949, qui s'est surtout attachée à traiter des affaires culturelles, des droits de l'homme, des progrès scientifiques, etc. Mais c'est en dehors de lui que s'est construite l'Europe communautaire à partir des années 1950[18].

---

16. *Le Monde*, 15 et 16 décembre 1992, « Madame Scrivener a été reconduite dans ses fonctions de commissaire à Bruxelles » ; *Le Figaro*, 15 décembre 1992, « Christiane Scrivener reste à Bruxelles ».

17. Débat parlementaire de politique étrangère à l'Assemblée nationale du 16 juin 1987.

18. Le Conseil de l'Europe ne doit pas être confondu avec le Conseil européen qui réunit les chefs d'État et de gouvernement des États membres de la CEE puis de l'UE. Les principales institutions du Conseil de l'Europe sont : l'Assemblée, qui se réunit à Strasbourg au Palais de l'Europe, le Secrétariat général et le Comité des ministres.

En 1988, l'élection d'un nouveau secrétaire général à la tête du Conseil de l'Europe approchant, le président du groupe socialiste, Karl Ahrens, cherche un candidat valable. Compte tenu des rotations entre les groupes politiques, la fonction doit revenir à un socialiste, et Catherine Lalumière lui paraît la mieux placée. Mais la principale intéressée hésite : « Je devrais démissionner de mon mandat de députée française, m'installer à Strasbourg. Tout cela posait de nombreuses difficultés... » Après une deuxième sollicitation, elle accepte et devient la candidate des socialistes européens pour le poste de secrétaire général.

C'est l'occasion pour *Libération* de proposer un portrait très « genré » qui débute ainsi : « Sous le charme de ses yeux bleus, clairs et intenses, les journalistes du Palais de l'Europe lui ont déjà attribué le prix officieux de la plus jolie europarlementaire. L'ancienne ministre socialiste à la Consommation et aux Affaires européennes, Catherine Lalumière, 53 ans invisibles, s'apprête désormais à conquérir aussi le soutien de ses collègues de l'Assemblée parlementaire[19]. » La candidature Lalumière « semble inspirée directement par l'Élysée », disent les journaux qui expliquent l'engagement de l'exécutif par la perspective de l'ouverture vers l'Est et la présidence française de la Communauté au second semestre 1989. Mais s'il est évident que François Mitterrand a eu à donner son approbation, l'idée de la candidature semble bien plutôt venue des socialistes européens.

Le 5 mai 1989, le Conseil de l'Europe fête ses quarante ans d'existence. Il compte vingt-trois pays, – tous les pays européens non communistes – alors que la CEE ne réunit encore que douze États membres et n'envisage pas à court terme d'autres élargissements. Il apparaît donc de plus en plus comme une institution permettant d'offrir des mécanismes de compensation, comme le souligne ce jour-là Mitterrand, à Strasbourg : « Le moment est venu d'établir entre les deux Europe, hors de toute définition préalable, des liens plus forts et nouveaux ; c'est devenu possible par une évolution qui va dans le sens de la liberté, voulue par les créateurs de votre

---

19. *Libération*, 6 octobre 1988, « Catherine Lalumière ».

institution[20]. » Pour ce faire, il est décidé de créer une instance de coopération entre l'Europe des Douze et celle des Vingt-trois.

Le 10 mai, l'élection de Catherine Lalumière au secrétariat général du Conseil de l'Europe est une formalité : seule candidate, elle a recueilli cent quatre voix sur cent vingt et un votants. C'est la première fois qu'une femme accède à cette fonction. Jamais auparavant un Français n'avait occupé ce poste. De même que l'élection de Simone Veil à la présidence du Parlement européen en 1979, c'est une opération de prestige pour la France[21].

Pour la nouvelle secrétaire générale, le changement de vie est radical. Elle doit abandonner son siège de député national et sa circonscription de la Gironde pour s'installer à Strasbourg : « J'ai alors bien conscience qu'il s'agit d'un placard certes doré, mais d'un placard tout de même. Je suis loin de la vie politique française. Le secrétariat général du Conseil de l'Europe n'avait pas de compétences vraiment précises, mais il pouvait donner des impulsions. » Elle ne veut pas se contenter d'un rôle administratif et va prendre des initiatives, en offrant ses bons offices, en se faisant le porte-parole de l'organisation, etc.[22] pour jouer, à l'échelle de l'Europe, le rôle du secrétaire général de l'ONU à l'échelle du monde. Son expérience gouvernementale et parlementaire et sa connaissance des arcanes européens sont ses meilleurs atouts.

Le renouveau du Conseil de l'Europe

Le Conseil de l'Europe entend rester une référence en matière de droits humains. Le jour même de l'élection de Catherine Lalumière, Lech Walesa vient recevoir le prix européen des Droits de l'homme. Dans son discours, la secrétaire générale affirme nettement sa position : « Quand il s'agit des Droits de l'homme, je n'aime pas l'eau

---

20. Discours de François Mitterrand du 5 mai 1989 au Conseil de l'Europe, Strasbourg.
21. *Le Monde*, 12 mai 1989, « Conseil de l'Europe. Mme Catherine Lalumière succède à M. Marcelino Oreja » ; *Libération*, 10 mai 1989, « Catherine Lalumière ».
22. Jean-Louis Burban, *Le Conseil de l'Europe*, 1993, pp. 48-49.

tiède[23]. » Elle veut d'abord mettre à profit la marge de manœuvre dont elle dispose pour favoriser l'égalité des sexes. Les pays scandinaves (Danemark, Norvège, Suède) ont déjà mis en application des quotas pour que les femmes puissent accéder aux responsabilités administratives et politiques, mais beaucoup de pays européens – sans même parler de la Turquie –, commencent à peine à envisager la question de la parité. Le Conseil de l'Europe va les y aider. Au début du mois de juillet 1989, Catherine Lalumière annonce clairement son intention d'agir en ce sens devant les ministres chargés des questions d'égalité des chances entre les hommes et les femmes des vingt-trois pays membres : « C'est la première fois, en quarante ans, que le Conseil de l'Europe confie à une femme les fonctions de secrétaire général. Pendant la durée de mon mandat, j'aurai à cœur de faire avancer la cause des femmes[24]. »

Il faut d'abord donner à celles-ci la place qui leur revient au sein même de l'administration de l'organisation : « Certes, il y a des femmes au secrétariat du Conseil de l'Europe, mais il n'y en a pas aux postes de direction. [...] Le Conseil de l'Europe, qui devrait montrer l'exemple de l'égalité entre les femmes et les hommes, montre plutôt l'exemple inverse[25]. » Pendant tout son mandat, Catherine Lalumière va faire avancer l'égalité des chances au sein du secrétariat général où travaillent en 1989 environ neuf cent fonctionnaires. En 1992, le Comité pour l'égalité entre les femmes et les hommes sera élevé au rang de comité directeur. En janvier 1994, la recommandation 1229 du Conseil portera sur l'égalité des droits entre hommes et femmes. Sans aucun doute pour l'institution, le mandat de Catherine Lalumière est un tournant dans la promotion de l'égalité entre les femmes et les hommes[26].

---

23. Discours de Catherine Lalumière du 10 mai 1989 au Conseil de l'Europe ; *Le Monde*, 12 mai 1989.

24. Discours de Catherine Lalumière à la Deuxième conférence ministérielle du Conseil de l'Europe sur l'égalité entre les femmes et les hommes, Vienne, 4 et 5 juillet 1989.

25. *Le Monde*, 15 juillet 1989, « Le Conseil de l'Europe s'interroge sur les moyens de favoriser l'égalité des sexes ».

26. Mariette Sineau, *Parité. Le Conseil de l'Europe et la participation des femmes à la vie politique*, 2004, pp. 27-30.

Un autre dossier va s'imposer avec les bouleversements qui transforment le visage de l'Europe : chute du mur de Berlin, réunification allemande, transitions dans les pays de l'Est, fin de l'URSS, etc. Dès 1988, la Hongrie et la Pologne ont demandé à adhérer au Conseil de l'Europe. Après une année de négociation, le Conseil leur propose un statut d'invités permanents (ou invités spéciaux) à Strasbourg, qui leur donne droit de parole à l'assemblée. La Yougoslavie et l'URSS de Gorbatchev obtiennent également ce statut. Tous ces pays sont très demandeurs de consultations juridiques au moment où ils refondent leurs législations. Ils souhaitent également adhérer à des conventions internationales qui lient les membres du Conseil en matière d'environnement, de lutte contre le sida, de dopage des sportifs, etc. Ce n'est pas un hasard si Gorbatchev choisit l'Assemblée du Conseil de l'Europe pour s'exprimer à Strasbourg le 6 juillet 1989, plutôt que le Parlement européen qui l'avait également invité.

Dans le rapprochement Est-Ouest, Catherine Lalumière sait que le Conseil de l'Europe a un rôle spécifique à jouer : « La Communauté européenne ne peut avoir qu'une action économique. Je ne sous-estime pas son rôle, mais l'essentiel n'est pas l'économie. L'évolution dans les pays de l'Est dépend d'abord d'une bataille d'idées. Pour cela, le Conseil de l'Europe, qui s'occupe de Droits de l'homme, de culture, de démocratie, est l'interlocuteur indispensable. » La Communauté, qui est dans une phase très active de préparation du grand marché, entend elle aussi participer à ce rapprochement. Quelques jours après la visite de Gorbatchev, la nouvelle instance de coopération entre la Communauté et le Conseil de l'Europe se réunit pour la première fois à Paris[27]. D'autres réunions suivront. Selon Jacques Delors, qui en faisait partie, Catherine Lalumière « a fait un très bon travail et méritoire dans des conditions difficiles, alors que la Communauté avec les grands traités était en pleine progression. Chaque année, nous tenions une réunion commune avec le Conseil de l'Europe qu'elle préparait très bien, dans les domaines qui étaient les siens ».

27. *Le Monde*, 7 juillet 1989, « L'étape européenne de M. Gorbatchev à Strasbourg » ; 13 juillet 1989, « Les Douze renforcent leurs contacts avec l'Est ».

Le contexte de la *perestroïka* et de la *glasnost* soviétiques des années Gorbatchev est propice à renouveler le rôle de la vieille institution. « J'ai d'autant plus de liberté et d'indépendance pour agir, explique-t-elle, que les gouvernements nationaux, et notamment celui de la France, sont assez déboussolés par tout ce qui se passe. » Lors de la rentrée 1989, en accueillant les pays « invités spéciaux », elle indique que le Conseil veut dépasser le cadre des démocraties occidentales et souhaite que, durant son mandat, l'un des pays de l'Est puisse y entrer. Mais sans argent, le Conseil de l'Europe est bien désarmé, et son image est brouillée avec celle de la Communauté. Les deux Europe étant de plus en plus complémentaires, la secrétaire générale l'envisage comme « une sorte de sas de dépressurisation entre les pays de la CEE et les autres pays européens, de l'Ouest comme de l'Est[28] ».

Après la chute du mur de Berlin et la libéralisation des régimes des pays qui s'affranchissent du communisme, Catherine Lalumière accompagne ces pays vers le Conseil de l'Europe par de nombreuses rencontres et voyages. La Hongrie y entre comme adhérent dès le 6 novembre 1990. En février 1991, elle est à Bucarest, et tout en soulignant les avancées démocratiques réalisées par la Roumanie, elle ajoute que le pays doit faire « d'autres progrès pour devenir membre à part entière du Conseil de l'Europe ». Ce sera chose faite en 1993 après les adhésions de la Pologne (1991), la Bulgarie et la Tchécoslovaquie (1992, remplacées par la République tchèque et la Slovaquie en 1993), la Slovénie, l'Estonie, la Lituanie.

Le « contrat » de Catherine Lalumière est donc largement rempli en ce qui concerne l'accès au Conseil de l'Europe des pays de l'Est. En juillet 1992, la secrétaire générale effectue même une tournée dans l'ex-Union soviétique : Ukraine, Géorgie, Kazakhstan, Kirghizstan et Ouzbékistan. Elle ne cache pas sa volonté de favoriser d'autres adhésions, sans pour autant faire de concessions sur les droits humains[29]. Quelques mois plus tard, Boris Eltsine lui indique

---

28. *Libération*, 8 septembre 1989, « Lalumière ouvre ses portes à l'Est ».
29. AFP, 9 février 1991, « Roumanie : visite de Mme Catherine Lalumière » ; *Le Monde*, 29 juillet 1992, « Une tournée de Mme Lalumière dans l'ex-Union soviétique ».

qu'il souhaite l'adhésion de la Russie au Conseil de l'Europe. Aussitôt, la secrétaire générale prévient François Mitterrand, via Élisabeth Guigou, de cette « candidature » encore confidentielle[30].

François Mitterrand a lancé l'idée d'une confédération européenne à la fin de l'année 1989, en oubliant le Conseil de l'Europe. Deux ans plus tard – grâce peut-être aux efforts de Catherine Lalumière –, il revient vers la vieille institution en évoquant un Conseil de l'Europe aux compétences élargies qui serait le creuset de la future confédération européenne. Quand il vient inaugurer le palais des Droits de l'homme à Strasbourg, en mai 1992, il semble redécouvrir le Conseil de l'Europe, mais il précise que toutes les institutions existantes doivent avoir leur mot à dire sur le concept de confédération : le Conseil de l'Europe n'est donc pas privilégié[31].

En tout cas, lorsqu'en 1993 se pose la question de la candidature de Catherine Lalumière à un second mandat au secrétariat général, le président de la République et le gouvernement de cohabitation dirigé par Édouard Balladur apportent leur soutien. De l'avis général, elle a été une bonne secrétaire générale à un moment décisif pour le Conseil de l'Europe. Pour Yvette Roudy : « Catherine Lalumière est une femme tout à fait exceptionnelle, d'une grande qualité, d'une grande intelligence et d'une grande culture. Son passage au Conseil de l'Europe a vraiment marqué dans le bon sens ». Marcelle Devaud estime qu'elle a été « une remarquable secrétaire générale ». Selon Jacques Delors, « elle a fait un travail formidable ». Pierre Pflimlin, qui a été président de l'Assemblée du Conseil de l'Europe de 1963 à 1966, écrit qu'elle « sut saisir les opportunités qui s'offraient en pratiquant une politique d'ouverture à l'Est[32] ».

Malgré le bilan positif de la sortante, la tradition comme les rapports de force politiques ne sont pas en sa faveur. Jamais un secrétaire général n'a sollicité un second mandat et au sein de l'Assemblée parlementaire du Conseil de l'Europe, les conservateurs disposent de la

---

30. AN 5 AG 4 / 12384, note d'Élisabeth Guigou au président de la République, 12 novembre 1992.

31. *Le Monde*, 26 novembre 1991, « Un entretien avec Mme Lalumière » ; discours de François Mitterrand, Strasbourg, 4 mai 1992.

32. Pierre Pflimlin, *Mémoires d'un Européen, op. cit.*, pp. 325-326.

majorité avec cent quarante et un sièges (contre quatre-vingt-un à la gauche et huit non-inscrits). Elle a certes impulsé au Conseil de l'Europe un nouveau dynamisme, mais à sa place un autre aurait été sans doute porté de la même façon par les événements internationaux. En tout cas, elle a su accompagner ce mouvement et on lui en sait gré. Par ailleurs, une bonne campagne interne peut lui permettre d'espérer une trentaine de voix à droite, ce qui laisse ouvertes toutes les possibilités.

Le résultat du vote à bulletins secrets, le 12 avril 1994, est très serré. Catherine Lalumière obtient cent neuf voix, mais cent treize se sont portées sur le candidat libéral suédois Daniel Tarschys. La majorité étant fixée à cent douze, celui-ci est donc élu. À première vue, les choses sont claires. C'est compter sans les divisions des Français. Plusieurs représentants de la majorité gouvernementale, emmenés par le RPR Bernard Valleix, ont fait défection, refusant de voter en faveur d'une socialiste, en dépit des consignes venues de Paris.

« C'est le comble de la stupidité d'avoir ainsi privé la France d'un poste international important pour des questions de politique interne », réagit Catherine Lalumière. Politique interne ou politique locale ? Selon Marie-Claude Vayssade, elle n'a pas été réélue « parce que trois RPR bordelais ont réglé leurs comptes politiques ». Bien que la candidature de Catherine Lalumière ait été présentée par le gouvernement Balladur, que le ministre des Affaires étrangères, Alain Juppé, la soutienne, Bernard Valleix, député de Bordeaux, ne semble pas avoir dépassé les luttes politiques que la candidate a menées en Gironde où elle s'est fait élire comme députée en 1981 et 1986. Elle-même affirme dans Libération : « Deux suppléants qui voulaient voter en ma faveur en ont été empêchés. » Le RPR Jean-Claude Mignon confirme : partisan de Catherine Lalumière, il s'est vu retirer sa procuration quelques minutes avant le début du scrutin[33].

Ce lamentable épisode fait penser au cas de Simone Veil empêchée par le RPR de se présenter à la présidence du Parlement

---

33. Libération, 13 avril 1994, « Échec de Lalumière au Conseil de l'Europe » ; Le Monde, « M. Tarschys remplace Mme Lalumière comme secrétaire général du Conseil de l'Europe ».

européen en 1982. Ces deux faits très semblables, à douze ans d'écart, et la reconduction, pour le moins cavalière, de Christiane Scrivener dans son poste à la Commission européenne montrent qu'on ne fait pas grand cas des femmes politiques qui s'investissent dans les responsabilités européennes. Éloignées de la vie politique nationale, sans troupe à leur service, isolées au sein de leurs partis politiques, elles ne pèsent pas lourd dans les batailles d'appareil.

Des avantages et des inconvénients du scrutin de liste

Les troisièmes élections européennes au suffrage universel, en 1989, n'ont plus le caractère pionnier des deux premiers scrutins. Un an après la présidentielle et les législatives de 1988 et juste dans la foulée des municipales de mars 1989, elles sont aussi loin de toute échéance nationale importante. Du côté des socialistes, elles s'annoncent mieux que celles de 1984 ; reste à trouver une tête de liste capable de mener à la victoire. À droite, les divisions et la défaite ont laissé des traces, c'est en ordre dispersé qu'on ira à la bataille. À Bruxelles et à Strasbourg, le constat dressé par les représentations étrangères est toutefois sans appel : « La classe politique française méprise le Parlement européen. »

Ce constat est partagé par des députés français assidus. Jean-Pierre Cot, élu depuis 1984, reconnaît que, pour le microcosme politique, le mandat européen « constitue presque une voie de garage », à moins que ce ne soit un « tremplin pour rebondir sur la scène nationale », comme l'indique Nicole Fontaine. La députée évalue à une vingtaine le nombre de ses collègues français (sur quatre-vingt-un) qui se sont investis dans leur mandat entre 1984 et 1989. Le cumul des fonctions électives demeure une spécialité française au Parlement, Georges Marchais et Robert Hersant se distinguant comme les champions toutes catégories de l'absentéisme[34].

---

34. *Le Monde*, 10 mai 1989, « Absentéisme, méconnaissance des règlements. Les élus français à Strasbourg face à leurs erreurs de jeunesse ».

Conscients de ce problème, les partis politiques ont décidé de ne mettre sur les listes que des personnes susceptibles de vraiment siéger à Strasbourg. Mais il y a des exceptions : la tête de la liste socialiste a été confiée à Laurent Fabius, président de l'Assemblée nationale ! Un temps, Édith Cresson, ministre des Affaires européennes, avait fait figure de tête de liste possible[35].

Sur la liste socialiste, Nicole Péry n'est plus qu'en huitième position. Pourtant, à la moitié de la législature européenne, elle a accédé au poste de première vice-présidente. Les parlementaires européens reconnaissaient en elle une des leurs, une députée engagée totalement au Parlement et dont chacun a pu apprécier à la fois la compétence et l'ouverture. Pour avoir obtenu cinquante voix de plus que le candidat arrivé en second, il fallait qu'une partie des parlementaires de droite votent pour elle. Marie-Claude Vayssade confirme : « Elle a été élue haut la main et c'était effectivement une reconnaissance du Parlement au-delà des bagarres entre groupes et des petits jeux électoraux. » Mais cette reconnaissance ne compte pas beaucoup lors de la composition de la liste socialiste. Comme première femme, le PS a choisi de placer juste derrière Laurent Fabius la rocardienne Catherine Trautmann, qui vient de remporter la mairie de Strasbourg à un moment où l'implantation du Parlement y est menacée.

Bien placées également sur la liste, Marie-Claude Vayssade, qui brigue un troisième mandat européen, et Martine Buron, parlementaire européenne sortante depuis le mouvement de remplacement de 1988 consécutif à la victoire aux législatives. « Héroïne des municipales[36] », elle doit surtout sa place à sa victoire à Châteaubriant. Un peu plus loin, Marie-Jo Denys et Nora Zaïdi incarnent le renouvellement. Gisèle Charzat, « une pionnière de 1979 », ne figure qu'en vingt-cinquième position. Une autre sortante, Colette Gadioux, n'est placée qu'en trentième position. « Le scrutin de liste favorise l'accession des femmes à l'élection, constate Élisabeth Guigou. Il permet aussi de les rejeter plus facilement lorsqu'elles ont accompli un mandat[37]. »

---

35. *Le Quotidien de Paris*, 22 mars 1989, « PS à la recherche de la tête ».
36. *Le Quotidien de Paris*, 7 avril 1989, « La préparation des élections européennes ».
37. Élisabeth Guigou, *Être femme en politique, op. cit.*, p. 88.

À droite, Simone Veil, ne croyant plus « à la dynamique de l'union » de 1984, souhaite une liste au centre, « la plus large possible[38] ». Après bien des tractations et des difficultés, elle prend la tête d'une liste CDS, avec quelques rénovateurs, mais qui se révèle assez étriquée face à la liste UDF-RPR, conduite par Valéry Giscard d'Estaing et Alain Juppé[39]. Sur ces deux listes, il faut bien chercher les femmes en position éligible. Pour le centre, outre Simone Veil, seule une autre femme sur les quinze présentées a une chance d'être réélue : Nicole Fontaine[40]. La liste UDF-RPR compte seize femmes de la liste, mais seules Michèle Barzach et Michèle Alliot-Marie sont sûres d'être élues.

Sur la liste communiste, menée par Philippe Herzog, il y a vingt-trois femmes, dont quatre parmi les douze premières places : Sylviane Einardi, Sylvie Mayer (Le Roux), Mireille Elmalan et Danielle De March. Passée de la seconde place en 1984 à la douzième, celle-ci a peu d'espoir d'être élue et explique cette situation par la volonté du Parti communiste de renouveler les élus[41].

Chez les Verts, les femmes occupent toutes les positions paires jusqu'à la soixantième et trois places ensuite : elles sont donc trente-trois au total, ce qui n'est pas une situation d'égalité, malgré ce qu'indique Marie-Anne Isler-Béguin qui figure sur la liste du mouvement qu'elle a rejoint en 1984 : « Chez les Verts, la parité est inscrite dans nos statuts et à chaque scrutin de liste pour une élection à la proportionnelle, nous avons appliqué le système de la "fermeture Éclair" : un homme, une femme, ou une femme, un homme, etc. » En numéro deux, derrière Antoine Waechter, on retrouve Solange Fernex qui avait conduit une liste écologiste en 1979 et qui, en 1985-1987, a convaincu les femmes du mouvement que seule la parité permettrait aux femmes d'accéder aux responsabilités politiques[42]. En hui-

---

38. TF1, 24 mars 1989, « Questions à domicile » ; *Le Figaro*, 25 mars 1989, « Simone Veil pour une liste du centre ».

39. *Le Figaro*, 13 avril 1989, « L'offre faite à Simone Veil » ; *Paris-Match*, 13 avril 1989, « Simone Veil persiste et signe : deux listes ce n'est pas la désunion » ; *Le Figaro*, 24 avril 1989, « Simone Veil réussit son examen de passage ».

40. *Le Monde*, 15 juin 1989, « Nicole Fontaine ou la foi de Jeanne d'Arc ».

41. *Le Monde*, 14 juin 1989, « Mme Danielle De March : la rigueur ».

42. Selon Dominique Voynet qui l'écrit en préface d'Élisabeth Schulthess, *Solange Fernex, l'insoumise, op. cit.*, pp. 7 et 101.

tième position figure Djida Tazdaït, qui en 1986 a été élue « Femme de l'année » par *Marie-Claire* avec Cory Aquino et Simone de Beauvoir. Cette année-là, elle avait observé une grève de la faim de vingt-deux jours contre le projet de loi Pasqua sur l'entrée et le séjour des étrangers en France[43]. Le nombre de femmes susceptibles de siéger à Strasbourg est à multiplier par deux, puisque les Verts ont décidé que les élus démissionneraient en milieu de mandat pour laisser la place aux suivants sur la liste : Dominique Voynet, Renée Conan et Marie-Anne Isler-Béguin ont en effet des chances de pouvoir devenir députées européennes avant la fin de la législature. Parmi les « personnalités » féminines de cette liste, on trouve la comédienne Mylène Demongeot et Simone de La Bollardière, veuve du général qui dénonça l'utilisation de la torture en Algérie.

Comme lors des scrutins précédents, c'est à l'extrême gauche que les femmes sont les plus nombreuses. Sur la liste de Lutte ouvrière, emmenée par Arlette Laguiller, elles occupent toutes les places impaires et sont donc plus nombreuses que les hommes. Les rénovateurs communistes présentent également quarante et une femmes.

Au Front national, la situation est très simple : Martine Lehideux, députée sortante, figure en deuxième position entre Jean-Marie Le Pen et Bruno Mégret. Elle est la seule femme à pouvoir être élue.

On ne peut pas dire que la campagne ait beaucoup fait avancer l'idée d'Europe. À droite, le mot d'ordre pourrait être : « Haro sur Simone Veil ! » Celle-ci finalement ne peut compter que sur le soutien des rénovateurs. Jean-Louis Bourlanges, qui figure sur cette liste, se rappelle s'être engagé « plutôt dans un souci de rénovation de la politique intérieure ». De Simone Veil, il dit : « Je ne la connaissais pas bien. Je crois que j'avais pour elle toutes les formes réunies d'admiration. […] Tout cela pouvant être résumé en trois mots : la déportée, la ministre, l'européenne. » François Léotard, président du Parti républicain, qui n'a pas voulu suivre l'aventure des rénovateurs, s'en prend vigoureusement à la liste du centre, estimant que par « ses différentes attitudes et stratégies, Simone Veil a tué ses trois pères : Valéry Gis-

43. *Le Figaro*, 11 mai 1989, « Trente-trois femmes sur la liste des Verts » ; *Le Monde*, 14 juin 1989, « Mme Djida Tazdaït, l'oxygène ».

card d'Estaing qui en avait fait un ministre, Jacques Chirac qui l'avait largement soutenue et Raymond Barre qui l'avait prise dans son gouvernement ». À quoi elle répond : « François Léotard n'a aucune leçon à me donner […]. Je n'ai pas connu de ministre allant plus loin dans la trahison[44]. » Le 30 mai, le Mouvement fédéraliste européen « constate que, jusqu'à présent, seule la liste conduite par Simone Veil s'est prononcée pour les États-Unis d'Europe, c'est-à-dire un État fédéral avec un gouvernement européen[45] ». Les listes de l'union et du centre constituent les cibles principales du Front national. Le 9 juin à Bercy, Jean-Marie Le Pen fait huer les noms des deux têtes de liste : pour lui, Simone Veil « ne fut pas l'initiatrice [de la loi sur l'IVG], seulement la mère porteuse, et le père putatif, M. Giscard d'Estaing[46] ».

« Les femmes sont rouges et vertes[47] »

Au sein du PS, les femmes s'emparent du débat pour faire avancer le combat pour les droits des femmes. Yvette Roudy, ancien ministre, organise un colloque le 27 mai sur le thème : « Femmes européennes : les solidarités ». Au cours de la manifestation, Pierre Mauroy et Laurent Fabius s'expriment. Mais globalement on entend peu les femmes. Catherine Trautmann ne s'impose pas. Elle avait misé, avec les encouragements de François Mitterrand, sur une grande soirée de résultats à Strasbourg : Parlement européen ouvert, présence des têtes de liste françaises, fête de l'Europe… Mais après plusieurs défections, même Laurent Fabius a décidé, quelques jours avant seulement, de rester à Paris. À Bruxelles, on se gausse de cette zizanie franco-française qui décrédibilise un peu plus Strasbourg et ne met pas Catherine Trautmann en bonne position pour défendre sa ville comme capitale européenne.

44. *Le Quotidien de Paris*, 27 avril 1989, « Simone Veil a tué ses trois pères » ; 30 avril, « CDS : Simone Veil enrôle des rénovateurs » ; *Le Monde*, 28 avril 1989, « M. François Léotard sonne la charge contre Mme Veil ».
45. CHEVs, UEF 5, communiqué du Mouvement fédéraliste européen sur l'élection du 18 juin 1989, 30 mai 1989.
46. *Le Figaro*, 12 juin 1989, « Martine Lehideux : non à l'ostracisme » ; *Le Monde*, 12 juin 1989.
47. Titre d'un article paru dans *Le Monde*, 26 mai 1989.

Pour *Le Monde*, sur la liste socialiste, c'est Nicole Péry qui incarne le mieux l'engagement européen, grâce à sa compétence et à la reconnaissance unanime de son travail aussi bien à Strasbourg qu'au sein du PS. « L'Europe me passionne, il me faut le temps de m'y consacrer. Nous participons à quelque chose de nouveau[48] », déclare-t-elle dans un article du quotidien qui clôture une série de huit portraits d'Européens : trois hommes et cinq femmes. La proportion est significative : lorsqu'il s'agit de présenter de « bons » députés européens, des noms de femmes viennent plus spontanément que ceux des hommes. Cette série d'articles tend à présenter les hommes qui se sont investis dans le travail de parlementaire européen comme des politiques d'exception œuvrant pour le bien commun, sans arrière-pensées, loin des bagarres politiciennes nationales. Les femmes y apparaissent plutôt comme bûcheuses, sérieuses, ayant trouvé au Parlement européen un cadre où faire valoir leurs compétences. En plus du fait, déjà relevé à maintes reprises, que les cinq femmes sont présentées physiquement et pas les hommes, on a là une bonne illustration de l'image différenciée des hommes et des femmes en politique.

Six listes obtiennent assez de suffrages pour avoir des députés à Strasbourg contre quatre lors des deux scrutins précédents. Plus que la division de la droite sur deux listes, l'élément nouveau de cette élection est l'arrivée d'une importante délégation des Verts français au Parlement, comprenant près de la moitié de femmes.

Comme le laissait prévoir la composition des listes, avec dix-huit élues, le scrutin européen de 1989 égale tout juste celui de 1979, pour le nombre de femmes parmi les députés européens français. Si l'on regarde la situation au niveau européen, ce résultat apparaît même comme un recul. De 16 % en 1979, les femmes comptent désormais pour près de 20 % des députés européens. Par ailleurs, on constate un profond renouvellement des femmes députées européennes, bien plus important qu'en 1984. Certes, l'arrivée des élues vertes y est pour beaucoup, mais pas seulement.

---

48. *La Croix*, 16 juin 1989, « L'amertume de Catherine Trautmann » ; *Le Monde*, 16 juin 1989, « Portrait d'Européenne : Nicole Péry, Mme Pêche ».

Parmi les nouvelles élues françaises au Parlement, les Vertes sont sans conteste les moins expérimentées. Sitôt élue, Solange Fernex et son assistante Renée Conan se précipitent au cours d'introduction sur le fonctionnement du Parlement européen réservé aux nouveaux députés : « Il fait très chaud en ce mois de juillet 1989 et ces dames portent des robes légères, toutes colorées. À l'entrée de la salle, on leur fait remarquer que ces cours ne sont pas destinés aux secré- taires… » Peu de députés hommes se présentent à ce genre de forma- tion : « Nos collègues pensaient qu'ils savaient, qu'ils avaient la science infuse, qu'ils n'avaient pas besoin de cela[49]. »

En tant que femmes, les élues vertes doivent s'imposer. Puisqu'il n'y a pas de crèche au Parlement, la députée belge Brigitte Ernst de La Graete amène en séance son bébé et l'allaite. Après s'être beau- coup battue, elle obtient la création d'une crèche à l'intérieur du Par- lement, surtout utile pour le personnel de l'institution. Dans le travail parlementaire, Solange Fernex affirme que la présence des femmes change beaucoup de choses : « Au groupe des Verts du Parlement européen, on a vu que, grâce à la parité, le groupe fonctionnait vrai- ment différemment. Quand les discussions s'enlisaient, ce sont les femmes qui faisaient revenir les pieds sur terre. Elles sont en général plus concrètes, plus pragmatiques. Elles ont la conscience des don- nées du problème, de ce qui est, de ce qu'on a. Elles savent qu'on ne peut pas faire un gâteau au chocolat quand on n'a pas de chocolat, même si on a de la farine, du sucre, des œufs et beaucoup d'idées[50]. »

Comme convenu avant le scrutin, les élu(e)s vert(e)s démis- sionnent en décembre 1991 pour laisser la place aux suivants de la liste qui les ont aidés en tant qu'assistant(e)s parlementaires pendant deux ans et demi. Marie-Anne Isler-Béguin, qui a été l'assistante par- lementaire d'Antoine Waechter, le remplace. « Nous nous consi- dérions comme des codéputés, mais cela ne voulait rien dire officiellement. Il n'était donc pas facile de trouver sa place. Pour moi, il y a eu moins de difficultés, parce que je suis passée d'une "sans- mandat" à la vice-présidence du Parlement. » Ce bond spectaculaire peut étonner, mais s'explique par la règle d'Hondt qui permet à tout

---

49. Élisabeth Schulthess, *Solange Fernex, op. cit.*, pp. 102 et 144.
50. *Ibid.*, p. 144.

groupe politique d'être représenté dans l'institution à hauteur de sa proportionnalité. Le 15 janvier 1992, Marie-Anne Isler-Béguin est élue par deux cent cinquante et une voix, contre quinze à Martine Lehideux, qui briguait une vice-présidence au nom du FN[51].

La socialiste Nicole Péry est réélue première vice-présidente du Parlement européen. Elle l'est encore en 1991 et apparaît comme un des piliers français de l'institution. Cette reconnaissance doit sans doute beaucoup à sa manière d'être et de faire au Parlement : des relations toujours franches, plutôt dépassionnées, « empreintes d'une certaine cordialité, dit-elle. Quand je n'étais pas d'accord, je discutais toujours très librement et très franchement. Si je n'étais pas particulièrement influençable, je n'étais pas non plus particuliè-rement têtue et je cherchais si l'on pouvait trouver un équilibre. Je crois que cette façon d'être m'a permis d'avoir de bonnes relations avec tous ».

À droite, Nicole Fontaine bénéficie de la reconnaissance de ses collègues et accède à une vice-présidence du Parlement européen : « Les Français n'auraient jamais eu l'idée de me proposer pour une responsabilité. Un jour, le président de notre groupe, l'Allemand Egon Klepsch, m'a expliqué qu'il estimait que je travaillais bien et qu'il me proposait d'être candidate à une des vice-présidences. » Les Français sont tellement divisés qu'elle doit s'appuyer sur trois dépu-tés portugais pour être finalement élue quatrième vice-présidente. « Par la suite, estime Nicole Fontaine, j'ai été appréciée, parce que j'étais un des rares Français qui ne faisaient pas le coup du mépris au Parlement européen, qui était présente et s'y investissait. »

Son accession à la vice-présidence rappelle la désignation de Marie-Claude Vayssade à la tête de la commission juridique quelques années plus tôt. Encore une fois, le soutien de députés étrangers qui reconnaissent leur engagement est nécessaire pour que les Françaises puissent accéder à des postes à responsabilités, leurs collègues mas-culins français n'y songeant même pas. La division et l'absence des Français expliquent sans doute leur incapacité à reconnaître le travail effectué par les femmes les plus engagées.

51. *Le Monde*, 17 janvier 1992, « Marie-Anne Isler-Béguin, d'après nature ».

En 1991, les trois vice-présidents français du Parlement européen sont trois femmes : Nicole Péry, Nicole Fontaine, Marie-Anne Isler-Béguin. Où sont les hommes ? Ils occupent d'autres postes à responsabilités, plus politiques, moins consensuels. Valéry Giscard d'Estaing est président du groupe libéral démocratique et réformateur ; Jean-Pierre Cot, président du groupe socialiste ; Christian de La Malène (RPR) préside toujours le groupe du Rassemblement des démocrates européens ; Jean-Marie Le Pen est le président du Groupe technique des droites européennes, et René Piquet (PCF) président de la Coalition des gauches.

Les Français sont donc bien présents à Strasbourg, et à des postes éminemment politiques. Le président et la première vice-présidente du Parlement étant socialistes, certains estiment que c'est Jean-Pierre Cot le vrai patron du Parlement européen. Pour Marie-Anne Isler-Béguin, « il est intéressant de voir que le PPE, les socialistes et les Verts ont envoyé des femmes aux vice-présidences du Parlement. Aujourd'hui, les hommes se disputent pour être vice-présidents ». Entre-temps, les pouvoirs du Parlement et donc du bureau animé par le président se sont accrus, mais à l'époque les Français entendent bien exercer les postes politiques, acceptant de concéder aux femmes les postes plus consensuels au sein de l'institution qui ont bien peu de visibilité nationale.

CHAPITRE 9

Le rendez-vous des Françaises avec Maastricht

Le début des années 1990 est décisif pour la construction européenne. Le traité de Maastricht instituant l'Union européenne est signé en février 1992. Les Françaises ont leur part dans cette étape. Nous ne reviendrons pas en détail ici sur « l'expérience » d'Édith Cresson à Matignon (mai 1991-avril 1992), mais sur sa dimension européenne. Celle-ci est souvent occultée au profit de la dénonciation de l'incompétence du Premier ministre pour les uns, de l'acharnement misogyne pour d'autres[1].

Il faut rappeler les mots par lesquels François Mitterrand annonce le changement de gouvernement dans une allocution télévisée : « Madame Édith Cresson, qui a été successivement ministre de l'Agriculture, de l'Industrie, du Commerce extérieur et des Affaires européennes, et qui a montré partout compétence et caractère m'est apparue comme la plus apte à diriger ce gouvernement, [à] muscler notre économie et porter nos industries au plus haut avant l'ouverture du grand marché unique, le 1er janvier 1993[2]. » Aussitôt, la

---

1. Élisabeth Schemla, *Édith Cresson, op. cit.*, et les polémiques suscitées à l'époque de la sortie de l'ouvrage (automne 1993) dans la presse qui se sentait à juste titre visée. Pour davantage d'objectivité et de recul : Jane Jenson et Mariette Sineau, *Mitterrand et les Françaises, op. cit.*, pp. 331-336. Voir également : Édith Cresson, *Histoires françaises, op. cit.*
2. Allocution télévisée du président de la République, 16 mai 1991.

presse explique que Mitterrand a fait un « coup » en nommant une femme à ce poste pour la première fois, qu'il a voulu choisir une personnalité qui n'est engagée dans aucun des courants fratricides du PS, etc. Mais tous les journaux évoquent aussi la mission européenne qui attend Édith Cresson et sont d'accord pour dire qu'elle a montré dans ses précédentes fonctions ses aptitudes à défendre les intérêts de la France en Europe[3].

La mission européenne d'Édith Cresson à Matignon

À Bruxelles, la Commission européenne accueille positivement la nomination d'une personnalité politique française connaissant les mécanismes européens, ce qui n'est pas si courant. Et on se prend à espérer que ce Premier ministre ne sera pas, comme ses prédécesseurs, un « homme invisible » de la politique européenne de la France. Mais pour ce faire il faudrait que Matignon dispute à l'Élysée – et au tandem Dumas-Guigou qui reste au Quai d'Orsay – la primauté en matière européenne, ce que personne n'envisage.

Simone Veil rend elle-même à Édith Cresson un hommage appuyé, sur le terrain européen comme sur les autres : « Je crois qu'elle est très européenne et tout à fait consciente de la nécessité de l'Europe. […] Elle est pour une France et pour une Europe volontaristes. » Les soutiens qu'Édith Cresson reçoit de Jean-Pierre Chevènement et Philippe de Villiers, qui applaudissent à sa nomination, peuvent en revanche alimenter certaines questions sur les engagements européens de la nouvelle occupante de Matignon. Celle-ci y coupe court en affirmant : « Je n'ai jamais eu de désaccord avec le Président sur le fond. Sa politique européenne est très bonne. Pour l'assurer, il faut une France très forte, aussi forte que l'Allemagne, surtout dans le domaine industriel, et il faut en prendre les moyens[4]. »

---

3. *La Tribune*, 16 mai 1991, « François Mitterrand tourne la page Rocard et mobilise Cresson sur le front européen » ; *Le Quotidien de Paris*, 16 mai 1991, « Mitterrand : une première ministre pour un nouvel élan ».
4. *Elle*, 27 mai 1991, « Simone Veil : "Je me réjouis pour elle" » ; *L'Express*, 17 mai 1991, « La mission industrielle ».

Avec le recul, Édith Cresson estime que la répartition du travail était claire au sein de l'exécutif français. En cette période cruciale pour l'Europe, il lui revient de renforcer l'économie nationale, tandis que Mitterrand définit les grandes orientations, en application de la théorie du « domaine réservé » : « Dans l'agenda très dense d'un Premier ministre, la construction européenne n'est pas la chose essentielle, n'est pas dans les urgences. » Le président, lui, peut donner les grandes orientations et le Quai d'Orsay, gérer les questions européennes au jour le jour. Édith Cresson va même jusqu'à reconnaître après coup ne pas avoir fait grand-chose en ce domaine : « Je me suis très peu occupée des affaires européennes. [...] Le Premier ministre s'occupe essentiellement de la politique intérieure et coordonne l'action du gouvernement. »

Jacques Delors, qui observe la situation en France depuis la Commission européenne, n'est pas d'accord avec cette analyse : « Pendant le peu de temps qu'elle a été Premier ministre, elle a expliqué que l'on ne pouvait pas travailler simplement entre l'Élysée et le Quai d'Orsay, se priver des conseils interministériels. Techniquement, elle a fait tout ce qu'elle a pu à son niveau pour faire que la machine fonctionne. De ce point de vue, elle a fait de l'excellent travail. » Selon Hubert Védrine également, Édith Cresson n'a pas été inerte. Chaque Premier ministre de François Mitterrand a apposé sa marque sur la politique étrangère et européenne. Celle d'Édith Cresson, c'est « un meilleur soutien de nos exportateurs par notre appareil diplomatique, la fixation d'une date butoir pour le passage de la seconde à la troisième phase de l'union monétaire, l'introduction d'un volet industriel dans le traité de Maastricht[5] ».

Qu'a fait le Premier ministre à Matignon pour l'Europe ? Lors du sommet franco-allemand de Bonn, le 15 novembre 1991, elle pousse à la mise en œuvre d'une politique industrielle européenne dont les Allemands ne veulent pas. Elle a également fait pression sur François Mitterrand pour fixer une date butoir pour la mise en œuvre de la troisième phase de l'union monétaire (création d'une monnaie unique).

---

5. Hubert Védrine, *Les Mondes de François Mitterrand, op. cit.*, pp. 52, 470 et 472.

La position de la France est arrêtée lors d'un conseil spécial des ministres, le 28 novembre 1991. Près de quinze ministres, qui avaient été jusque-là tenus à l'écart, sont présents. Contre l'avis de Pierre Bérégovoy, ministre de l'Économie et des Finances, Édith Cresson impose que le traité contienne « la référence à une date fixe pour le rendez-vous avant le 31 décembre 1998 pour décider du passage à la troisième phase de l'UEM[6] ». Une fois le traité signé, son gouvernement prépare la révision de la Constitution française et lance une grande campagne d'explication sur le thème de « l'Europe et la vie quotidienne des Français ».

Même si le temps a manqué, la mission « européenne » d'Édith Cresson a été accomplie et les arbitrages nécessaires ont été rendus entre les ministères qui étaient chargés de négocier directement le traité. En moins d'un an, le bilan européen du gouvernement d'Édith Cresson est important. Les accords de Schengen sur la libre circulation des personnes ont été enfin ratifiés et l'État français a donné sa garantie pour la construction à Strasbourg du nouvel hémicycle du Parlement européen. En ce qui concerne l'automobile, un accord CEE-Japon a été négocié et approuvé qui limite les importations directes de voitures japonaises jusqu'en 2000 ; la réforme de la PAC (baisse du prix des céréales, aides au revenu) a été entamée ; grâce à sa conseillère diplomatique, Joëlle Timsit, dernière ambassadrice de France en RDA, Édith Cresson a continué à beaucoup s'intéresser à ce qui se passe dans l'Europe de l'Est.

Dès l'été 1991, la popularité du Premier ministre a commencé à dégringoler. Les échecs des socialistes aux élections cantonales et régionales de mars 1992 lui sont fatals. En avril, Édith Cresson est remplacée par Pierre Bérégovoy. Elle retourne dans le privé où elle continuera à s'occuper de l'Europe. Le changement de Premier ministre n'entraîne pas de changement au Quai d'Orsay : Roland Dumas est toujours aux Affaires étrangères et Élisabeth Guigou aux Affaires européennes. Dans deux de ses ouvrages, cette dernière écrit avoir soutenu Édith Cresson et raconte une anecdote : « Quand la presse, dans un écho, a raconté qu'elle m'avait traitée de "poupée

---

6. Jean Quatremer et Thomas Klau, *Ces hommes qui ont fait l'euro. Querelles et ambitions européennes*, 1999, pp. 180-181.

Barbie", elle m'a écrit pour m'assurer ne l'avoir jamais dit. Je l'ai crue sincère[7]. »

Élisabeth Guigou et l'élaboration du traité

« Je n'avais pas souhaité être ministre, franchement. J'ai dit oui parce que j'étais très motivée à l'idée de négocier ce qui allait devenir le traité de Maastricht », affirme Élisabeth Guigou. De fait, elle est un rouage essentiel du processus décisionnel pendant la période. Elle n'aurait d'ailleurs accepté la charge des Affaires européennes que dans cette perspective. Après la présidence du groupe à haut niveau, chargé, en 1989, de préparer les prochaines échéances, Élisabeth Guigou a un rôle déterminant à partir de décembre 1990. Au sein du gouvernement, elle est la seule à avoir une vision d'ensemble de l'Europe en construction puisqu'elle est la seule à participer aux deux conférences intergouvernementales – union économique et monétaire d'une part, union politique d'autre part – aux côtés de Pierre Bérégovoy pour la première, de Roland Dumas pour la seconde.

L'avenir européen, Élisabeth Guigou le voit avec une monnaie unique. Elle soutient Jacques Delors qui exhorte les pays membres de la Communauté à ne pas écouter les contre-propositions britanniques de John Major. Après un séjour à Londres (février 1991), elle écrit au président Mitterrand : « Nous devrions, me semble-t-il, continuer à dire clairement que nous voulons la monnaie unique[8]. » Et elle ne ménage pas sa peine : un déplacement en Europe tous les cinq ou six jours[9]. Au printemps, apportant sa contribution à la Conférence intergouvernementale sur l'union politique, la France propose un texte pour aller vers une Europe sociale : l'idée est de faire de la majorité qualifiée la règle en matière de relations du travail et de « redonner une impulsion aux politiques en faveur des handicapés, des femmes et des exclus de la société » – on appréciera l'amalgame.

---

7. Élisabeth Guigou, *Une femme…*, *op. cit.*, p. 96.
8. AN 5 AG 4 / 6619, note d'Élisabeth Guigou au président de la République, 11 février 1991.
9. *Le Figaro Magazine*, 9 février 1991, « C'est la prêtresse de l'Europe ».

Élisabeth Guigou présente cette contribution à la presse comme complémentaire de celles de la Commission et du Parlement.

De plus en plus présente dans les médias, elle est à la fois davantage reconnue dans ses fonctions et plus exposée. Jean François-Poncet, sénateur UDF et ancien ministre des Affaires étrangères, n'hésite pas à la présenter comme l'héritière des Paul-Henri Spaak, Alcide De Gasperi, Maurice Faure et Jacques Delors... Si son intelligence et sa foi européenne sont louées, la presse ressasse néanmoins les mêmes « portraits ». *Le Monde* l'évoque ainsi : « Paradoxale jeune femme. Elle arbore, avec un malin plaisir, des tenues provocantes, mais sa froideur est une solide carapace. Les apparences sont trompeuses. C'est une pudibonde. » Les « tenues provocantes » ne sont pas décrites... et pour cause ! Les articles s'appuyant sur les entretiens qu'elle accorde aux journaux s'attachent davantage à sa politique et aux avancées de la construction européenne. Dans chacune de ces interviews, la ministre déléguée fait œuvre de pédagogie afin d'expliquer aux Français ce qu'est l'union politique : « L'ensemble constitué par l'achèvement du marché unique, l'union économique et monétaire et trois éléments très nouveaux : la citoyenneté européenne, la coopération en matière de police et de justice et la politique étrangère et de sécurité commune[10]. »

L'Allemagne, alors aux prises avec les difficultés de la réunification, tergiverse et sur l'UEM et sur l'union politique. Connaissant parfaitement la position des différents protagonistes du dossier, Élisabeth Guigou continue à conseiller Mitterrand en lui envoyant des notes. La veille de la rencontre du président avec le chancelier (25 juin 1991), elle estime que si celui-ci temporise, c'est pour ménager le Premier ministre britannique John Major : « Le chancelier raisonne toujours d'abord en tacticien. Une seule chose peut l'arrêter dans ses tergiversations : la menace d'une crise avec la France. » Dans un paragraphe intitulé « ce qu'il faudrait obtenir », elle propose huit points à éclaircir avec le chancelier. Sa méthode : détermination et fermeté, en rappelant le

---

10. *Libération*, 13 et 14 avril 1991, « Il faut débloquer l'Europe sociale » ; *Le Monde*, 8 mai 1991, « Élisabeth Guigou, l'ambition d'une technocrate douée » ; 23-24 juin 1991, « Un entretien avec Mme Élisabeth Guigou ».

calendrier qui a été confirmé par le Conseil européen de Rome en décembre 1990[11].

La ministre déléguée ne manque pas une occasion de dire que son action trouve sa place dans la mission assignée au gouvernement par le chef de l'État. Lorsque les journalistes veulent lui faire critiquer la politique du Premier ministre, ils en sont pour leurs frais : « Je ne crois pas que l'on puisse dire qu'Édith Cresson a une attitude défensive, au contraire. […] Mme Cresson traduit l'objectif qu'a tracé le président de la République à l'ensemble du pays : ne baissons pas les bras devant les difficultés, nous sommes un grand peuple ; nous avons des ressources, battons-nous et nous gagnerons. L'objectif 1993 est à notre portée[12]. »

À Maastricht, Élisabeth Guigou fait évidemment partie de la délégation française : « Nous sommes restés enfermés deux jours durant. C'est Roland Dumas qui a siégé le plus souvent aux côtés de François Mitterrand. Mais lors des débats sur l'union économique et monétaire, le président m'a demandé à plusieurs reprises de remplacer Roland Dumas. » Une manière de dire que sur les aspects économiques et monétaires des accords, ayant participée à la Conférence intergouvernementale vers l'UEM, elle est davantage compétente que le ministre des Affaires étrangères. Connaissant bien les dossiers pour avoir contribué, quelques semaines plus tôt, à définir la position française, elle est surprise quand François Mitterrand demande de fixer une date limite pour la création d'une monnaie unique[13]. Entre-temps, Édith Cresson a fait beaucoup pour convaincre le président de la nécessité de fixer une date butoir[14]. Ainsi, on décide à Maastricht que la phase trois de l'UEM aurait lieu au plus tard le 1er janvier 1999. Le Conseil européen approuve le traité sur l'Union européenne ; celui-ci, dans sa version consolidée, est signé par les ministres des Affaires étrangères à Maastricht le 7 février 1992.

---

11. AN 5 AG 4 / 12384, note d'Élisabeth Guigou au président de la République, 24 juin 1991.
12. *Le Monde*, 23-24 juin 1991, « Un entretien avec Mme Élisabeth Guigou ».
13. « Je pensais que cette idée que j'avais suggérée lors d'un Conseil interministériel, quelques semaines plus tôt, mais qui n'avait pas été retenue, avait été abandonnée par le Président » (Élisabeth Guigou, *op. cit.*, pp. 102-103).
14. Hubert Védrine, *Les Mondes de François Mitterrand, op. cit.*, p. 472 ; Jean Quatremer et Thomas Klau, *Ces hommes qui ont fait l'euro, op. cit.*, pp. 180-182.

Élisabeth Guigou veut faire prendre conscience aux Français de cette étape décisive pour l'Europe. Elle s'y emploie dans la presse, présentant le traité de Maastricht comme une avancée historique à laquelle la France a beaucoup contribué. Tout en déplorant aussi que « l'opinion publique française ne s'intéresse pas assez à la construction européenne. [...] Il importe qu'on sache que l'Europe est moins une contrainte qu'une chance ». Dès l'automne 1991, elle annonce un grand débat sur la construction européenne qui a lieu les 10 et 11 janvier 1992, sous le titre « Rencontres nationales sur l'Europe ». Consciente que toutes les forces vives de l'économie doivent être mobilisées, elle invite, dans Les Échos, les entreprises françaises à faire du lobbying à Bruxelles[15]. La ministre déléguée participe également à l'organisation de la journée « L'Europe à l'école ». Chaque fois, elle obtient le concours du chef de l'État pour aller visiter une classe, signer un livret, faire un discours, évoquer l'avenir de l'Europe[16].

Au début du mois de mars 1992, Élisabeth Guigou attire l'attention de François Mitterrand sur la nécessité d'accompagner la mise en œuvre du traité : « Il est indispensable qu'au niveau politique soit mis en place un traitement des affaires communautaires adapté à une telle évolution. » Et de proposer que le ministre des Affaires étrangères et elle-même puissent convoquer des comités interministériels et que le Premier ministre rende les arbitrages nécessaires. Une telle organisation semble d'autant plus impérieuse que l'opposition, qui est en passe de gagner les élections cantonales et régionales, entend être associée aux réflexions sur le droit de vote aux ressortissants des pays de l'Union qu'implique la citoyenneté européenne inscrite dans le traité[17].

Début avril, après le départ d'Édith Cresson et la constitution du gouvernement Bérégovoy, à l'occasion du débat parlementaire sur le

---

15. Le Monde, 17 décembre 1991, « Un entretien avec Mme Élisabeth Guigou » ; Les Échos, 9 janvier 1992, « Pas d'Europe sans initiative des entreprises ».
16. AN 5 AG 4 / 12384, notes d'Élisabeth Guigou au président de la République, 9 septembre 1991 et 24 février 1992.
17. AN 5 AG 4 / 12384, deux notes d'Élisabeth Guigou au président de la République, 4 mars 1992.

traité, la ministre déléguée craint « que vis-à-vis de l'opinion, la désinformation prodiguée par l'opposition ne finisse par porter ». Elle propose donc à l'Élysée de mettre en place un dispositif relayant la pensée européenne du président, une « cellule restreinte » qui répondrait chaque jour à l'opposition point par point. Elle travaille aussi à un plan médias : « il ne faut pas craindre de faire une campagne publicitaire[18] », affirme-t-elle. Finalement, le débat tourne plutôt à l'avantage du gouvernement. Incontestablement, Élisabeth Guigou prend de l'envergure dans le gouvernement Bérégovoy.

Le décret du 24 avril 1992 relatif à ses attributions l'atteste. Un premier article énumère tous les domaines de compétence de la ministre déléguée aux Affaires européennes, désormais chargée de suivre « l'ensemble des questions relatives à la construction européenne » ; à savoir, « les questions relatives aux communautés européennes, au Conseil de l'Europe, à la Conférence sur la sécurité et la coopération en Europe (CSCE), ainsi que les relations avec l'Association européenne de libre-échange et avec l'Europe centrale et orientale ». Pour ce faire, elle dispose des services du ministère des Affaires étrangères, « notamment la Direction des affaires économiques et financières, ainsi que du SGCI ». Elle « a autorité sur la mission interministérielle pour les pays d'Europe centrale et orientale[19] ». Tous les dossiers qu'Élisabeth Guigou a eu à traiter dans les différentes fonctions qu'elle a exercées avant de devenir ministre des Affaires européennes relèvent de son autorité.

Ce sont donc des attributions sur mesure pour un membre du gouvernement bien particulier dont le titre de ministre déléguée traduit mal l'influence réelle. Dans les faits, elle est tout à la fois une conseillère écoutée du président, une spécialiste reconnue des affaires économiques, le chef d'un SGCI qu'elle connaît bien, le chef de la mission pour les pays d'Europe centrale et orientale... Nul doute que ce décret d'attribution réponde à la meilleure organisation du traitement des questions européennes qu'elle appelait de ses vœux

---

18. AN 5 AG 4 / 12384, notes d'Élisabeth Guigou au président de la République, 21 avril 1992.
19. Décret n° 92-406 du 24 avril 1992 relatif aux attributions du ministre délégué aux Affaires européennes.

quelques semaines plus tôt. Élisabeth Guigou n'aura pas trop de cette autorité pour peser dans le processus de ratification du traité de Maastricht.

Une ministre dans les campings

Jusqu'en mai 1992, plusieurs pays ont ratifié le traité, tous par la voie parlementaire. Les autorités danoises ont préféré convoquer un référendum pour le 2 juin. Les débats et la campagne inquiètent toute l'Europe qui se souvient que les Danois ont traîné les pieds pour ratifier l'Acte unique quelques années plus tôt.

Le 20 mai, dans une note manuscrite confidentielle, Élisabeth Guigou indique à François Mitterrand que le référendum danois « ne se présente pas bien. On ne peut exclure un échec ». Aussi propose-t-elle de « préparer discrètement la réaction du gouvernement ». En cas de refus, il faudrait prendre note du rejet danois, poursuivre la ratification « dans l'espoir que le Danemark pourra revenir sur sa décision » ; dans le cas contraire, mettre en œuvre le traité à onze. Bien entendu, pour être opérationnel, ce plan doit recevoir l'accord du gouvernement allemand[20]. Le 2 juin, à une très courte majorité, les Danois rejettent le traité de Maastricht. La réaction franco-allemande est exactement celle préconisée par Élisabeth Guigou, mais le président l'assortit d'un effet de surprise : il appelle les Français à se prononcer à leur tour par référendum pour ratifier le traité de Maastricht.

La décision de Mitterrand est lourde de risques. Élisabeth Guigou dit et écrit avoir encouragé le président à prendre cette décision. La procédure de la révision de la Constitution arrivait à son terme et la ratification par la voie parlementaire n'aurait pas posé de problème, mais elle estimait qu'il fallait associer les citoyens et provoquer un grand débat. À part elle, personne au gouvernement ne voulait ce référendum. Mitterrand a consulté tous les ministres qui ont tous répondu qu'il ne fallait pas le faire en invoquant plusieurs arguments : lors d'un référendum, on répond toujours à côté de la question posée,

---

20. AN 5 AG 4 / 12384, note d'Élisabeth Guigou au président de la République, 20 mai 1992.

il y aura des éléments de politique intérieure, etc. En outre, un sondage IFOP, réalisé en mai 1992, a montré que les Français craignent que l'application des accords de Maastricht ne favorise davantage l'Allemagne que la France[21]. La ministre déléguée, femme de cabinet et de dossiers, va devoir sortir de son ministère pour aller convaincre les électeurs pendant la campagne, le référendum étant fixé au 20 septembre. « Je me suis lancée à fond là-dedans. J'ai estimé qu'à partir du moment où il y avait référendum, on ne pouvait pas se contenter de faire une campagne à la télé », insiste Élisabeth Guigou.

Le temps que s'organise la campagne référendaire, le Mouvement européen, présidé par Jean François-Poncet, occupe le terrain en organisant des manifestations en faveur du « oui » à Maastricht. Élisabeth Guigou est conviée à s'exprimer à Sélestat le 9 juin, à la même tribune que Valéry Giscard d'Estaing, également favorable au « oui ». Mais la presse rapporte que « pour éviter toute image compromettante, il s'est arrangé pour ne pas avoir à serrer la main du ministre de François Mitterrand ». Aujourd'hui, Élisabeth Guigou continue à justifier son choix : « À partir du moment où l'on voulait gagner le référendum et qu'on ne pouvait pas le gagner seuls, il fallait être cohérent. »

La ministre déléguée renouvelle l'expérience quelques jours plus tard à Rennes, où elle partage la parole avec Nicole Fontaine. Toutes deux sont sur la même longueur d'onde. Pour Élisabeth Guigou, « nous avons trop longtemps fait l'Europe en catimini, en cachette, et du coup on a laissé croire qu'elle n'était faite que *par* un petit groupe de gens, *pour* un petit groupe de gens » ; pour Nicole Fontaine, « on a mal informé sur l'Europe, et du coup on a fait de l'Europe le bouc émissaire de toutes nos difficultés[22] ». Selon *Le Monde*, « le souci de ces deux européennes convaincues est donc de faire comprendre que l'Europe de Maastricht sera celle des citoyens ». Mais « manifestement cette argumentation a besoin encore d'être rodée avant la campagne référendaire ».

La véritable campagne de terrain qu'elle souhaite faire, Élisabeth Guigou l'entame à la mi-juillet. Personne ne semble beaucoup y

---

21. AN 5 AG 4 / PHB 12/3, sondage de l'IFOP du 13 mai 1992.
22. Rencontre organisée par le Mouvement européen à Rennes, 17 juin 1992.

croire : « Pourquoi croyez-vous qu'il soit utile d'aller faire campagne à Trifouillis-les-Oies ? » l'interroge François Mitterrand. Elle sait qu'on se gausse de ses talons et de ses tailleurs de technocrate, pas très pratiques pour faire campagne[23]. En cette période estivale, il faut aller à la rencontre des Français sur leurs lieux de vacances et « elle n'hésite pas à prêcher la bonne parole sur les plages[24] ». Le 21 juillet, elle est à Saint-Hilaire-de-Riez, sur les terres de Philippe de Villiers. Le lendemain, invitée par le maire Yvette Roudy, elle se soumet à un programme très chargé à Lisieux. On la décrit comme « déterminée », « passionnée », « pédagogue », et si elle parle parfois « comme une institutrice », elle réussit, semble-t-il, à « se départir de l'image froide que sa forte personnalité donne parfois d'elle-même[25] ». Cette descente sur le terrain lui vaut de changer une nouvelle fois d'image : après la conseillère influente et la ministre sans légitimité électorale, la voilà capable d'avoir une relation proche avec les Français. Il est vrai que, jusqu'à la mi-août, les journalistes n'ont pas beaucoup d'autres personnalités à suivre en campagne. Élisabeth Guigou écrit : « J'étais assez seule sur le terrain ; les autres ne se bougeaient guère ! Roland Dumas ne faisait rien. Je fus choquée de le voir poser ostensiblement pour un magazine, un livre à la main, dans son jardin en Dordogne[26]… »

Parmi ceux qui s'engagent pour le « oui », Jack Lang est le plus visible. Le ministre de l'Éducation nationale et de la Culture – numéro deux du gouvernement – a en effet été chargé d'« animer la campagne du gouvernement », en concertation permanente avec Élisabeth Guigou. Les deux ministres, que François Mitterrand a désignés comme coresponsables[27], président un comité de pilotage. Sans que cela soit explicite, on peut dire que si Élisabeth Guigou fait le tour des campings, Jack Lang apparaît surtout à la télévision. Ce dernier annonce que « des initiatives vont éclater de toutes parts » à partir du 25 août : un comité national pour le « oui », un manifeste des

---

23. Élisabeth Guigou, *Une femme…*, *op. cit.*, p. 111.
24. Jacqueline Nonon et Michel Clamen, *L'Europe au pluriel : douze pays au singulier*, 1993, pp. 226-227.
25. *Le Monde*, 25 juillet 1992, « Mme Guigou en visite à Lisieux ».
26. Élisabeth Guigou, *Une femme…*, *op. cit.*, p. 112.
27. Hubert Védrine, *Les Mondes de François Mitterrand, op. cit.*, p. 557.

universitaires, des chefs d'entreprise, un appel pour le « oui » d'un comité des Nobel, etc.[28]. Il fallait pour ce poste à la fois un poids lourd politique du gouvernement et du PS, un porte-parole médiatique, une personnalité en relation avec le monde des intellectuels, comme avec celui du strass et des paillettes. Élisabeth Guigou n'était rien de tout cela.

Sur le terrain, elle a l'impression que le courant passe avec les Français : « Contre toute attente, les gens se sont passionnés pour ce débat pendant tout l'été 92. Alors vers le 15 août, j'ai commencé à avoir des coups de fil de collègues qui m'encourageaient... » Mais il est assez remarquable que ceux qui la rejoignent alors – Martine Aubry en Avignon, Bernard Kouchner à Carpentras – ne sont pas des élus.

Élisabeth Guigou joue également un rôle important dans la préparation de la soirée télévisée du 3 septembre au cours de laquelle François Mitterrand tente de convaincre les Français de voter « oui », notamment en débattant avec Philippe Séguin. Le président avait demandé à la ministre déléguée de venir le voir à Latche le 20 août. Même si elle vient de déclarer aux médias qu'elle n'est « pas inquiète[29] » du résultat du référendum, elle ne lui cache pas ce qu'il sait déjà par les sondages et d'autres sources d'information : le résultat du référendum n'est pas acquis au vu de l'argumentaire efficace des partisans du « non ». L'implication du chef de l'État est donc nécessaire. « J'ai beaucoup travaillé avec le président pour peaufiner ses arguments », écrit Élisabeth Guigou. Les archives de la présidence de la République prouvent qu'elle a décortiqué l'argumentaire de Philippe Séguin et rédigé des réponses à apporter sur chaque point. À quelques minutes du passage à l'antenne, elle est encore là, au maquillage[30]. Pendant l'émission, qui se déroule dans le grand amphithéâtre de la Sorbonne, François Mitterrand s'appuie sur le travail d'Élisabeth Guigou, en particulier quand il considère comme une « erreur » le fait que, « pendant quarante ans, on n'ait jamais

---

28. *Le Monde*, 20 août 1992, « Le ministre de l'Éducation nationale et de la Culture est chargé d'orchestrer le concert des "oui" ».
29. Forum RMC-*L'Express*, 9 août 1992.
30. Élisabeth Guigou, *Une femme...*, *op. cit.*, pp. 112-113. On retrouve des notes d'Élisabeth Guigou dans AN 5 AG 4 / TB 45/1, référendum.

vraiment saisi notre peuple des choix européens de sorte que, peu à peu, ce problème a été traité entre spécialistes[31] ».

Analystes politiques et sondages indiquent immédiatement que la prestation de François Mitterrand a été favorable au « oui ». Alors que le chef de l'État s'est refusé à évoquer une quelconque démission en cas de victoire du « non » – hypothèse qu'il s'est même refusé à envisager –, Élisabeth Guigou prévient son chef de cabinet, Pierre Vimont : « Si c'est non, je démissionne *illico* et on s'en va ; j'ai engagé le président là-dedans et il faudra donc en tirer les conséquences[32]. » Au vu du nombre de meetings, de déplacements sur le terrain, d'interviews dans la presse écrite et à la radio qu'elle a faits pendant plus de deux mois, son maintien aux Affaires européennes aurait été effectivement impensable.

Dans les deux dernières semaines qui précèdent le référendum, Élisabeth Guigou ne relâche pas son effort qui est désormais partagé par tous les défenseurs du « oui ». La liste impressionnante de ses interventions montre qu'elle est bien la femme politique qui s'est le plus engagée sur le terrain pour le « oui » à Maastricht. Ce n'est pas si extraordinaire compte tenu de ses fonctions au sein du gouvernement. Mais la recherche de la légitimité personnelle de l'élection, qui lui fait défaut, est sans doute un facteur qui explique un engagement si total.

Femmes en campagne

D'autres femmes s'engagent dans la bataille du référendum. Du côté du « oui », Christiane Scrivener, commissaire soucieuse de l'intérêt des Communautés, agit en tant que membre du collège qui défend le traité, mais elle est bien partie prenante de la campagne référendaire en France. Au début de son mandat, elle s'est consacrée quasi exclusivement à son portefeuille (Fiscalité et Douanes), mais après la signature du traité de Maastricht, les choses changent[33]. Elle

---

31. TF1, « Aujourd'hui l'Europe », 3 septembre 1992.
32. Élisabeth Guigou, *Une femme...*, *op. cit.*, p. 113.
33. Jean Joana et Andy Smith, *Les Commissaires européens, op. cit.*, pp. 207-214, « Christiane Scrivener et la France de l'après-Maastricht ». Ce paragraphe s'appuie largement sur leurs données.

accorde davantage d'interviews sur la construction européenne en général, et toujours à des journalistes français. Et sur les treize discours de politique générale qu'elle prononce entre le Conseil européen de Maastricht et le référendum du 20 septembre, elle en fait onze en France, contre deux à Bruxelles. Il est manifeste qu'elle s'investit pour rendre l'Europe de Maastricht compréhensible aux Français. En janvier 1992, elle participe à Paris aux Rencontres nationales pour l'Europe, organisées par Élisabeth Guigou. Mais le plus souvent, sa contribution est discrète : elle parle devant les anciens élèves de l'ENA, les directeurs d'associations professionnelles, les notaires réunis en congrès, des discours plus confidentiels, mais qui touchent des personnes relais dans l'opinion française. Le message qu'elle délivre est toujours le même : le traité de Maastricht est un pas positif, parce qu'il tend à améliorer à la fois l'efficacité de l'Union européenne et son caractère démocratique.

Quelques jours après le « non » danois et la décision de Mitterrand de convoquer un référendum, devant le congrès de l'UDF, Christiane Scrivener développe les arguments favorables au traité, mettant en avant la défense des intérêts de la Communauté européenne qui suppose un vrai engagement politique : « Sans une forte volonté politique, il n'y a pas de construction européenne solide et dynamique. Ceux qui disent le contraire se trompent ou bien ce sont des menteurs. » Pendant l'été, elle souhaite s'engager davantage dans le débat public pour se faire entendre de tous les Français. Le 31 juillet, elle envoie des lettres aux responsables des trois grandes chaînes françaises, TF1, Antenne 2 et FR3, pour leur indiquer sa « disponibilité pour les interventions au cours du mois de septembre[34] », mais on la verra peu sur les plateaux de télévision. Malgré son absence des meetings politiques et un travail très technocratique à Bruxelles, elle sait s'adresser aux citoyens français. Lors d'une réunion-débat qu'elle anime à Maisons-Laffitte le 10 septembre, elle trouve des arguments que peuvent entendre les électeurs. Ainsi, lorsqu'elle présente la monnaie unique comme un rempart, « pour éviter que l'Europe soit bientôt une zone mark », elle conclut que l'« on ne peut

---

34. *Ibid.*, p. 212.

pas dire "oui" à l'Europe et "non" à Maastricht[35] ». Le chef de l'État lui rend d'ailleurs hommage à la commissaire lors de l'émission du 3 septembre, soulignant qu'elle « rencontre d'énormes obstacles[36] » au sujet de l'harmonisation des fiscalités.

Du côté du « non », Arlette Laguiller, bien sûr. À chaque étape de la construction européenne, elle a dénoncé un projet capitaliste dont Maastricht est une étape importante. Mais sur la scène médiatique, aux côtés de Philippe Séguin et Philippe de Villiers, la femme qui incontestablement incarne le « non » est Marie-France Garaud. Après les mauvais résultats obtenus par le RPR aux premières élections européennes au suffrage universel, Jacques Chirac s'était séparé d'elle en même temps que de Pierre Juillet, conseillers controversés par les responsables du parti. En 1981, Marie-France Garaud s'était présentée à l'élection présidentielle, insistant particulièrement sur les aspects internationaux et l'aliénation politique de la France dans l'ensemble européen. Pendant le second septennat de Mitterrand, elle dénonce la politique européenne du président, y voyant une volonté de créer « l'Europe socialiste[37] ».

Dès le lendemain de l'accord du Conseil européen de Maastricht, Marie-France Garaud est la seule femme parmi les quatorze signataires d'un appel pour l'organisation d'un référendum sur le traité. Ils considèrent que ces accords « porteraient, d'une manière irréversible même si elle est dissimulée, de graves atteintes à la souveraineté nationale[38] ». Certains signataires et d'autres plumes connues participent à un ouvrage dirigé par Marie-France Garaud et Philippe Séguin, qui veut dénoncer « le piège de Maastricht » dans lequel la France s'apprête à tomber et « dissiper l'obscurité et l'ambiguïté d'un texte présenté comme technique, alors qu'il est aussi et surtout politique ». L'ouvrage se présente comme un répertoire alphabétique égrenant tous les points vitaux de la France mis à mal par le traité.

---

35. AN 5 AG 4 / TB 44, référendum du 20 septembre 1992.
36. TF1, « Aujourd'hui l'Europe », 3 septembre 1992.
37. *Jours de France*, 17 juillet 1989, « Marie-France Garaud : "la France ne doit pas devenir le Rungis des pays de l'Est" ».
38. *Le Figaro*, 13 décembre 1991, « Entretien avec Marie-France Garaud » ; *Le Monde*, 13 décembre 1991, « Un appel à l'organisation d'un référendum ».

Marie-France Garaud signe elle-même un petit livre pour alerter l'opinion publique : *Maastricht : pourquoi non*. Son opposition au traité s'appuie sur de multiples arguments : la résurgence d'une Allemagne dominante, le transfert de la souveraineté à des puissances étrangères, un président qui a négocié vite et mal un traité dont il avait besoin pour brouiller les cartes de la politique intérieure[39]. À l'Élysée, comme au Quai d'Orsay, les conseillers relèvent les erreurs et contre-vérités qu'ils trouvent dans ces ouvrages, afin de confectionner un intéressant « bêtisier de Maastricht[40] » diffusé à ceux qui doivent faire campagne pour le « oui ».

Après la décision de François Mitterrand d'appeler les Français à s'exprimer sur le traité de Maastricht, Marie-France Garaud stigmatise l'habileté politique du président à laquelle se laisse prendre l'opposition qui milite pour le « oui ». Elle semble avoir alors tribune ouverte dans *Le Figaro* et dans les autres titres associés au quotidien, *Le Figaro Magazine* surtout. Elle est peu présente et peu citée dans les autres journaux. Pour sa part, *Le Monde* est très critique. Après avoir présenté les « angoisses » exprimées dans ses livres, qui atteignent rapidement les limites du genre pamphlétaire, le quotidien annonce « la rentrée de Cassandre » à l'émission télévisée « L'heure de vérité ». C'est l'occasion d'un portrait très appuyé de Marie-France Garaud, présentée en maîtresse d'école qui doit régulièrement remonter sur l'estrade pour rappeler aux mauvais élèves français le B.A.-BA de la souveraineté nationale. Parmi ces élèves, les plus superficiels seraient les commentateurs qui n'ont pas lu le texte du traité de Maastricht et posent des questions sans intérêt, car ils ne voient pas l'essentiel. Les journalistes multiplient les qualificatifs : « la nouvelle Jeanne d'Arc française », « Rastignac en jupon », la « Mère Fouettard », la « Lady Pershing »... *Le Monde* rappelle également sa spécialité : « Il faudra un jour compter les cris d'alarme lancés par Mme Garaud. Juste pour le

---

39. Marie-France Garaud et Philippe Séguin (dir.), *De l'Europe en général et de la France en particulier*, 1992.
40. AN 5 AG 4 / TB 44, référendum du 20 septembre 1992, « Le bêtisier de Maastricht ».

frisson. Mais même les meilleurs films d'horreur, lorsqu'on les repasse trop souvent, finissent par faire moins peur aux enfants. » Au lendemain de son passage sur Antenne 2, Bernard Stasi, vice-président du CDS, appelant à voter « oui », fustige son discours anti-européen en indiquant qu'elle « s'est toujours trompée » et « a fait faire des bêtises à tous ceux qu'elle a conseillés[41] ». Élisabeth Guigou se souvient d'une adversaire redoutable : « J'avais eu à m'affronter durement à Marie-France Garaud, pendant la campagne du référendum pour Maastricht, et là, le fait d'être deux femmes ne change rien, ça restait courtois, mais les débats étaient durs. »

Dans un entretien au *Figaro Madame*, Marie-France Garaud explique les jugements négatifs sur sa personne par le fait qu'elle est une femme. Lorsqu'on lui rappelle qu'elle a pu être, un temps, « la femme la plus détestée de France », elle répond : « N'exagérons rien. Pompidou m'avait dit : "Vous êtes une femme et on vous sourira, mais vous êtes une femme et on vous en voudra." » Assez étonnamment et avec son sens de la formule, elle compare à plusieurs reprises la situation de la France en Europe (avec l'Allemagne) à la situation de l'épouse dans le couple et à celle des femmes en général dans la société : « Je ne voudrais pas que nous nous soyons mis dans la situation de la jeune fille pauvre qui croit, en épousant un monsieur riche, vivre dans l'opulence et qui perd sa liberté. [...] De notre relative faiblesse, il faut apprendre à faire notre force et cela, nous autres femmes, l'expérimentons depuis des millénaires. [...] Il importe aussi de garder le pouvoir de dire oui ou non, cela les femmes le savent mieux que personne[42]. » Marie-France Garaud prend soin de développer ses idées dans un journal destiné aux femmes, parce qu'elles constituent la moitié de l'électorat et sait que les études qui suivent l'opinion française montrent une certaine indécision de leur part à l'égard de l'Europe. Le sondage de l'IFOP de mai 1992, déjà évoqué, indique que les femmes, davantage que les hommes, ne se prononcent pas sur les questions qui leur sont

41. Antenne 2, « L'heure de vérité », 23 août 1992 ; déclaration de Bernard Stasi, compte rendu dans *Libération*, 24 août 1992.
42. *Madame Figaro*, 2 mai 1992, « Marie-France Garaud l'indomptable ».

posées[43]. Il y a donc des électrices à convaincre et les deux camps s'y emploient.

Lors des estrades communes majorité/opposition en faveur du « oui », le Mouvement européen met à contribution des femmes engagées dans les institutions européennes. Dès le 22 mai, donc avant la décision de convoquer un référendum, la secrétaire générale du Conseil de l'Europe, Catherine Lalumière, intervient à Paris avec d'autres membres du Mouvement européen dont elle est vice-présidente : Bernard Bosson, son successeur aux Affaires européennes, et Jean François-Poncet. On a déjà évoqué les meetings communs d'Élisabeth Guigou avec Valéry Giscard d'Estaing et avec Nicole Fontaine. Le 12 juin, Simone Veil et Laurent Fabius interviennent ensemble à Caen, et le 22, Catherine Lalumière s'exprime à Bordeaux avec Jacques Chaban-Delmas[44].

Au sein du gouvernement Bérégovoy, outre Élisabeth Guigou, Martine Aubry, ministre du Travail, de l'Emploi et de la Formation professionnelle participe à des meetings, Ségolène Royal, ministre de l'Environnement, est à la même tribune qu'Antoine Waechter, porte-parole des Verts, le 16 septembre à Paris. Au sein du PS, des femmes s'engagent pour le « oui » à Maastricht : nous avons déjà évoqué Yvette Roudy, Catherine Trautmann, maire de Strasbourg et députée européenne. À droite, outre Christiane Scrivener, Simone Veil s'engage clairement. Parmi les multiples initiatives de la société civile encouragées par Jack Lang, le Comité national pour le « oui » est présenté comme un ensemble de Français(es) connu(e)s qui s'engagent pour l'Europe. Hélène Carrère d'Encausse, lauréate du prix Louise Weiss 1986[45], troisième femme à entrer à l'Académie française (1990), accepte la présidence de ce comité qui rassemble des personnalités très diverses. La présidente dit se situer dans la « mouvance libérale », proche de l'UDF. Sa fonction n'est pas de

43. AN 5 AG 4 / PHB 12/3, négociation et ratification du traité de Maastricht, analyse du sondage de l'IFOP du 13 mai 1992.
44. 5 AG 4 / 12384, programme des rencontres pour Maastricht organisées par le Mouvement européen – France.
45. Elle est la deuxième femme à recevoir cette distinction après Simone Veil (1981).

faire campagne, mais plutôt d'incarner l'ensemble des personnalités qui s'engagent pour le « oui »[46].

Les résultats du référendum danois ont été analysés avec précision, et des enseignements sont tirés du « non ». Françoise Gaspard fait partie de ces observateurs attentifs : « On a été un certain nombre à mobiliser les femmes puisqu'on savait que les femmes votaient moins pour l'Europe que les hommes. » D'où la nécessité de convaincre les Françaises – et plus généralement les Européennes – de voter « oui ».

Le Lobby européen des femmes peut difficilement le faire en tant que tel. Cette association à but non lucratif, de droit belge, créée en septembre 1990 à Bruxelles, est constituée par près de soixante-dix représentantes d'organisations de femmes des douze pays membres de la Communauté européenne. Structure ouverte rassemblant « des femmes d'un large éventail d'opinions politiques et philosophiques, ainsi que de toutes origines sociales », le LEF a pour objectif de « veiller au respect des engagements[47] » pris dans le cadre des programmes communautaires d'égalité des chances, et non de prendre parti sur des questions politiques relatives à la construction européenne. Néanmoins, bon nombre de ces associations vont s'engager pour un « oui » à l'Europe des femmes.

En France, une Coordination française pour le Lobby européen des femmes (CLEF) a vu le jour dès 1991. Au moment de la campagne du référendum, la CLEF compte trente-deux associations adhérentes[48] dont beaucoup s'engagent peu ou prou pour le « oui ». La Commission féminine du Mouvement européen (Femmes pour l'Europe) est bien sûr de celles-là, tout comme l'Union féminine civique et sociale (UFCS), proche de l'UDF[49]. L'Alliance des femmes pour la démocratie (AFD), créée par Antoinette Fouque dans les années 1980 et destinée à prendre le relais du MLF, dont elle a été l'une des cofondatrices, choisit également de promouvoir le traité de Maastricht. À la fin

---

46. AN 5 AG 4 / TB 44, référendum du 20 septembre, portrait d'Hélène Carrère d'Encausse.
47. Marie Ramot, *Le Lobby européen des femmes, la voie institutionnelle du féminisme européen*, Paris, 2006.
48. CAF, fonds Gaspard, 14 AF 145, liste des associations adhérentes à la CLEF, décembre 1992.
49. Les archives de l'UFCS, déposées au CAF d'Angers en 2004, sont en cours de classement. Cf. *Archives du féminisme*, bulletin n° 8, décembre 2004, p. 7.

août 1992, lors de la clôture de l'université d'été de l'AFD, Élisabeth Guigou martèle que dire « oui » à l'Europe et « non » au traité de Maastricht est une « imposture ». Michèle André, ancienne secrétaire d'État chargée des Droits des femmes (gouvernement Rocard), Simone Veil, Michèle Barzach et Nicole Fontaine, députées européennes, Denise Cacheux, députée socialiste, soutiennent cet appel[50].

L'idée centrale de toutes les campagnes pour le « oui » menées auprès des femmes est celle indiquée par Marcelle Devaud : « Nous avions rédigé un dépliant disant : "L'Europe a fait beaucoup pour les femmes, les femmes doivent le lui rendre." » Une semaine avant le scrutin, le premier sommet des conseils nationaux féminins de la Communauté européenne est organisé à Paris par le Conseil national des femmes françaises (CNFF). Il est l'occasion de mobiliser les femmes pour le « oui » à Maastricht en leur montrant que l'Europe a toujours été plus progressiste vis-à-vis des femmes que les législateurs nationaux. Françoise Gaspard se souvient surtout de l'intervention de Simone Veil qui « a fait ce jour-là une profession de foi européenne extraordinaire. On ne l'arrêtait plus de parler... ». Michèle Alliot-Marie, députée européenne, est présente ainsi qu'Élisabeth Guigou, bien sûr. Les nombreuses intervenantes rappellent que les institutions européennes ont aidé les femmes à accéder à leurs droits et que, la plupart du temps, c'est grâce à ces avancées européennes que les femmes ont pu obtenir dans leur pays des mesures reconnaissant l'égalité des droits[51].

Au soir du 20 septembre 1992, le « oui » l'emporte de justesse : 51 % contre 49 %. Pour tenter de savoir comment ont voté les femmes, il faut se retourner vers les sondages. Pour l'institut BVA, qui a sondé des électeurs à la sortie des bureaux de vote, les femmes auraient légèrement moins voté pour le « oui » (50 %) que les hommes (51 %). Mais pour la SOFRES, s'appuyant sur un sondage

---

50. Université d'été de l'Alliance des femmes pour la démocratie, La Garde-Freinet, 30 août 1992 ; *Le Monde*, 1er septembre 1992 ; AN 5 AG 4 / TB 44, référendum du 20 septembre, AFD, Antoinette Fouque.
51. CAF Angers, fonds CNFF, 2 AF 38, organisation de manifestations. Premier sommet des conseils nationaux féminins de la Communauté européenne, 11 septembre 1992.

post-électoral réalisé quelques jours plus tard, les femmes ont voté « oui » à 53 %, quand les hommes ne sont que 49 % à l'avoir fait[52]. Les explications avancées par les politistes ne semblent pas très convaincantes. Il n'en demeure pas moins qu'il existe un hiatus entre la mobilisation des femmes politiques et des associations de femmes pour le « oui » et la méfiance des électrices à l'égard de l'Europe de Maastricht.

Christiane Scrivener estime que, si les Français, en général, ont si peu approuvé le traité, c'est qu'on ne leur a pas assez expliqué clairement les choses[53]. Élisabeth Guigou n'est pas loin de partager le sentiment de la commissaire, malgré tous leurs efforts à l'une et à l'autre. Puisque la défaite aurait été la sienne, la ministre considère qu'elle a sa part dans cette victoire. Deux jours après le référendum, elle fait quelques propositions à François Mitterrand, car il a « souhaité que le dialogue avec les Français sur l'Europe continue ». Ses suggestions sont au nombre de trois : organiser régulièrement des débats parlementaires sur l'Europe ; que le gouvernement soit constamment sensibilisé aux questions européennes par la tenue de séminaires et de conseils interministériels ; que l'ensemble du pays, les élus locaux soient impliqués dans la construction européenne. Le président répond : « D'accord sur tout[54]. »

Comme souvent après un satisfecit présidentiel, on retrouve quelques jours plus tard dans la presse l'essentiel de la note : « Le non est lié à l'ignorance de ce qu'est réellement l'Europe. […] Il faut en tirer des conséquences sur le plan intérieur, sur le travail gouvernemental, sur celui du Parlement, et sur le travail dans les régions. […] L'Europe n'est pas le remède miracle, mais en est un des moyens[55]. »

---

52. Sondage « sortie des urnes » (20 septembre 1992), BVA pour France 2 et *Libération* ; sondage post-électoral (23 au 26 septembre 1992), SOFRES.

53. RTBF, 29 septembre 1992.

54. AN 5 AG 4 / 12384, note d'Élisabeth Guigou au président de la République, 22 septembre 1992.

55. *Libération*, 25 septembre 1992, « Guigou : l'Europe peut être à géométrie variable ».

III

Les chemins de la parité

CHAPITRE 10

Percée des femmes
ou effet de mode ?

Les élections européennes de juin 1994 se situent dans la foulée de Maastricht. Le débat sur le référendum est encore très présent dans les esprits. Conformément aux nouvelles dispositions du traité, le nombre des députés français à élire a augmenté – ils sont désormais quatre-vingt-sept, sur cinq cent soixante-sept députés. Le Parlement européen a également de nouveaux pouvoirs : la codécision lui permet désormais de statuer sur un pied de quasi-égalité avec le Conseil des ministres de l'Union dans certains domaines et il est maintenant associé à la nomination des commissaires européens.

1994 : la parité à l'échelle européenne

En cette année 1994, où la France connaît une seconde cohabitation entre François Mitterrand et un Premier ministre RPR, Édouard Balladur, l'Europe est désormais bien présente dans la vie politique. Et cela se traduit par une inflation du nombre de candidats : le 10 juin, les électeurs vont pouvoir choisir entre vingt listes. Pour la première fois, Simone Veil, ministre d'État, ministre des Affaires sociales, de la Santé et de la Ville dans le gouvernement Balladur, ne conduit pas de liste et n'est présente sur aucune. Jamais cependant les femmes n'ont été aussi nombreuses à se présenter, et à être élues. Les efforts de la Commission européenne y ont sans doute contribué. Dans le cadre de son programme d'action pour l'égalité des chances entre les hommes et les femmes (1991-1995), elle a constitué un réseau d'expertes, « Femmes dans la prise de décision ». Composé d'une experte par pays – des universitaires, sociologues et politistes, ayant, pour la plupart d'entre elles, une expérience de responsabilité politique au niveau national ou européen –, ce réseau est chargé de recueillir des statistiques sexuées et d'analyser les obstacles qui entravent une meilleure représentation féminine dans les processus décisionnels, tant au niveau économique que politique[1].

C'est grâce à ce groupe que se tient à Athènes, le 3 novembre 1992, un premier sommet européen, « Femmes au pouvoir », qui adopte une déclaration revendiquant « l'égalité de participation des femmes et des hommes à la prise de décision publique et politique ». Françoise Gaspard, qui a abandonné la politique après sa défaite aux élections municipales de Dreux en 1989, est l'experte pour la France. Elle insiste pour que la signature française soit portée par deux femmes – normalement une seule était prévue par État : Simone Veil et Édith Cresson, les deux femmes qui ont exercé les plus hautes responsabilités politiques, en tant que ministre et présidente du Parlement européen pour Simone Veil, ministre et Premier ministre pour Édith Cresson. Avec elles, Vasso Papandreou, Mary Robinson et d'autres femmes condamnent le déficit démocratique qui se traduit par l'exclusion des femmes des lieux de pouvoir. Ce sommet n'est pas une fin, mais bien plutôt le lancement d'une marche européenne pour la parité. La déclaration d'Athènes est largement diffusée en vue des élections législatives de mars 1993.

En France, depuis le début des années 1990, des associations se créent avec pour objectif la parité : « Parité », « Parité 2000 », « Elles aussi »… Mais le scrutin uninominal et le mode de désignation des candidats empêchent les femmes d'entrer à l'Assemblée. « Des règles non écrites, des mécanismes non avoués verrouillent son accès, faisant qu'un Parlement composé à 95 % d'hommes légifère pour l'ensemble de la population dans des conditions scandaleuses

1. Agnès Hubert, *L'Europe et les femmes : Identités en mouvement*, 1998.

d'iniquité[2] », dénoncent Françoise Gaspard et la journaliste Claude Servan-Schreiber dans *Le Monde* en février. En mars, une lettre d'information dirigée par Claude Servan-Schreiber, *Parité-Infos*, publie son numéro un. Créée avec le concours de l'« Unité égalité des chances » de la Commission européenne et de l'administration française des Droits des femmes, elle a pour vocation d'être le lien entre toutes les femmes et les hommes qui veulent faire avancer la parité.

Le débat sur la parité devient un thème de campagne lors du congrès du PS au Bourget, en octobre. Dans son discours de clôture, le premier secrétaire Michel Rocard annonce qu'il ne prendra la tête de la liste socialiste pour les élections européennes que si celle-ci est « composée à stricte égalité de femmes et d'hommes », et ce « du début à la fin de liste ». Les femmes se lèvent et applaudissent. Les hommes restent assis, certains consternés. Michel Rocard se rappelle : « Autant j'étais prudent sur le fait d'élargir des quotas féminins pour des élections uninominales […], autant sur une liste, cela s'imposait. » Pensant qu'une telle décision ne pourrait jamais être prise au sein du parti, poser cette condition était la seule manière d'imposer la parité. Comme le font remarquer Philippe Bataille et Françoise Gaspard, il s'agit d'une « rhétorique connue, déjà utilisée par François Mitterrand : les membres de l'appareil, voire les militants, sont hostiles à des mesures favorables aux femmes. Il faut donc un héros qui force le cours de l'histoire. Michel Rocard est celui-là[3] ».

Libération consacre plusieurs articles à cette déclaration qui est l'occasion de lancer le débat sur la nécessité d'instaurer la parité par la loi, « en faisant l'obligation aux assemblées élues d'être composées d'autant de femmes que d'hommes[4] ». Les rares députées à l'Assemblée nationale portent un jugement sévère sur cette initiative. Emmanuelle Bouquillon, députée UDF de l'Aisne, et Yann Piat, député du Parti républicain, stigmatisent la notion de quota, même

---

2. *Le Monde*, 19 février 1993, « Débats femmes. De la fraternité à la parité », par Françoise Gaspard et Claude Servan-Schreiber.
3. Philippe Bataille et Françoise Gaspard, *Comment les femmes, op. cit.*, p. 87-88.
4. *Libération*, 27 octobre 1993, « Les femmes et Rocard », par Françoise Gaspard et Claude Servan-Schreiber.

celui de 50 %, car il « conduit à des discriminations selon le sexe, la race, les religions… » Beaucoup des femmes qui ont réussi à percer considèrent donc que Michel Rocard a seulement fait un coup politique et dénoncent une aumône faite aux femmes.

Quelques-unes approuvent cependant son initiative : Muguette Jacquaint (PCF, Seine-Saint-Denis) et Roselyne Bachelot (RPR, Maine-et-Loire). Celle-ci remarque cependant que cette proposition ne vaut que pour les européennes. « Vous en connaissez beaucoup qui rêvent de s'expatrier à Strasbourg ? » interroge Catherine Nicolas (RPR, Eure). Si le Parlement européen est un bon « réceptacle » pour les femmes, c'est qu'on y parle de tout, sauf de politique, estime Monique Rousseau (RPR, Doubs), qui ajoute, « c'est bien connu, là-bas, ce sont surtout elles qui travaillent ». À droite, rien de comparable ne se prépare… Le député PR Ladislas Poniatowski, favorable à une féminisation de la vie politique mais hostile aux quotas, précise : « On va déjà essayer de boucler notre programme, puis le confronter à celui du RPR. Ensuite, on va voir si on fait une liste ou deux listes. Puis on casera un UDF, un RPR, alternativement. Alors les femmes, on verra plus tard[5]. »

La polémique et le débat sont ouverts jusque dans les partis politiques. Le Monde daté du 10 novembre 1993 publie un manifeste pour la parité, signé par cinq cent soixante-dix-sept hommes et femmes[6]. Le journal de 20 heures de France 2 du 9 novembre s'ouvre sur ce texte, la parité devient un événement.

La liste Chabadabada

La construction d'une liste paritaire complique singulièrement la course à l'investiture pour les socialistes battus lors des législatives 1993 : « Chaque femme de plus, ce sera un homme de moins[7]. » Il faut aussi compter avec le renouvellement des élu(e)s, les sondages montrant que l'opinion souhaite des représentant(e)s plus jeunes. La

---

5. Ibid., « À droite, les femmes ne veulent pas être prises pour une moitié ».
6. Le Monde, 10 novembre 1993, Manifeste des 577 pour une démocratie paritaire ».
7. Philippe Bataille et Françoise Gaspard, Comment les femmes, op. cit., p. 87.

liste appelée « Chabadabada » en référence au thème musical du film de Claude Lelouch, *Un homme et une femme*, n'est donc pas facilement établie. Le choix des candidats confirme que l'engagement européen n'est pas le critère déterminant. Les données de la question sont les suivantes : « Un homme, une femme, un homme, une femme... Un rocardien, un fabiusien, un jospiniste, un poperéniste, un représentant de la Gauche socialiste... et on recommence[8] », sans compter l'intégration de personnalités hors courants et de personnalités extérieures au PS. Évidemment, à ce jeu, il y a beaucoup de perdants, et de perdantes.

Les cas de Marie-Claude Vayssade et Martine Buron sont significatifs. Élue depuis 1979, la première s'est totalement investie au Parlement européen : « J'étais la seule socialiste à avoir fait trois mandats pleins, je pense que l'on m'a donc appliqué une règle non écrite et j'aurais préféré qu'elle fût écrite. » Elle raconte avoir un peu senti le vent venir : « Lors des dernières rencontres de l'intergroupe, certains me disaient que j'étais devenue un monument historique du Parlement et je leur répondais que ça n'allait pas être l'année du patrimoine ! » Finalement, Marie-Claude Vayssade figure sur la liste, mais à la trente-deuxième place, ce qui lui ôte toute chance d'être élue.

Martine Buron, bien que députée européenne depuis 1988 seulement, connaît à peu près la même déconvenue que sa « copine » Marie-Claude Vayssade – « nous étions comme les doigts de la main », indique-t-elle. Elle se retire de la liste, car on ne lui propose qu'une place inéligible. L'explication qu'elle fournit est à méditer : « Si je m'étais moins investie dans le travail du Parlement et si j'avais consacré plus de temps à faire des manœuvres d'appareil à Nantes et à Paris, j'aurais sans doute pu jouer autrement et être sur la liste. » Doit-on en tirer une règle : plus on s'investit au Parlement européen, moins on a de chances d'y retourner ? « Les femmes ont travaillé et peut-être ne se sont pas toujours préoccupées de ce qu'elles allaient devenir après », répond Jacques Delors.

---

8. *Bulletin quotidien*, 29 mars 1994, « Conseil national du PS sur les européennes » ; *Le Monde*, 1er avril 1994, « La composition de la liste des élections européennes réveille les courants du PS ».

Catherine Lalumière, qui a quitté le secrétariat général du Conseil de l'Europe dans les conditions que l'on sait (avril 1994), ne figure pas non plus sur la liste socialiste. « Le PS ne m'a rien proposé [...] et n'a pas cherché à utiliser des gens qui connaissent quelque chose dans le domaine de l'Europe[9] », confie-t-elle à *Libération*. Elle trouvera sans difficulté une place sur la liste radicale emmenée par Bernard Tapie.

Le cas d'Élisabeth Guigou illustre, d'une certaine manière, l'analyse de Catherine Lalumière. Qui mieux que l'ancienne ministre déléguée connaît l'Europe ? C'est une « authentique militante de la construction européenne », qui a participé à « la négociation politique au plus haut niveau[10] », écrit Jacques Delors, lorsqu'elle publie, en février, son ouvrage *Pour les Européens*. Mais n'appartenant à aucun courant, elle a du mal à trouver une place. Si ses compétences européennes ne sont mises en cause par personne, son trop ostensible engagement pour Maastricht est présenté par certains comme un handicap. Il faut toute la mobilisation de Jacques Delors, de Bernard Kouchner et de Martine Aubry pour qu'elle puisse figurer en position éligible.

Qui a-t-on préféré à ces européennes convaincues dans les premières places de la liste ? Après Catherine Trautmann (rocardienne) et Nicole Péry (jospiniste), on trouve trois fabiusiennes : Danièle Darras, Frédérique Bredin et Pervenche Berès. Cette dernière a été recrutée au sein du cabinet du président de l'Assemblée nationale, comme chargée des Affaires européennes : « Laurent Fabius devait présenter un certain nombre de femmes en rapport avec son poids dans l'appareil du PS et je cherchais à m'engager davantage politiquement. Je me retrouve donc en douzième position sur la liste socialiste, éligible et élue. » Globalement, dans les positions éligibles, le rajeunissement féminin est très net, bien plus qu'aux places impaires des hommes. Les critiques ne manqueront pas à l'égard de cette liste « liste Chabadabidon » selon Jean-Pierre Chevènement, tête d'une autre liste.

Incontestablement cela oblige les autres formations à se déterminer sur la place des femmes dans la vie politique française. L'Union

---

9. *Libération*, 28 avril 1994, « Catherine Lalumière : "pourquoi je rejoins la liste Tapie" ».

10. Élisabeth Guigou, *Pour les Européens* ; *Le Figaro*, 28 février 1994, « Une militante pour l'Europe », par Jacques Delors.

des femmes de la majorité (UFM) organise un colloque intitulé
« Les femmes et l'Europe d'aujourd'hui », au cours duquel interviennent toutes les « européennes » de la majorité : Simone Veil,
ministre d'État, Christiane Scrivener, Nicole Fontaine, Simone
Martin. Dominique Baudis, député CDS et maire de Toulouse, désigné tête de la liste commune UDF-RPR, s'exprime également, de
même que Jean-Louis Bourlanges, député européen. À cette occasion, Nicole Fontaine, vice-présidente du Parlement européen, lance
un appel pour qu'au moins une place sur trois soit réservée aux
femmes sur la liste de la majorité, un objectif qu'elle qualifie de « raisonnable ». Comme Simone Veil lorsqu'elle dirigeait la liste d'union
en 1984, Dominique Baudis ne peut que répondre que ce sont les formations politiques qui désignent les candidats[11]…

Sur cette liste commune, la deuxième place, qui revient au RPR,
est stratégique. Vers le 20 avril, il semble acquis qu'elle sera occupée
par une femme. La liste Rocard ne peut rester sans réponse : « Le
RPR cherche la femme ! » Le nom d'Hélène Carrère d'Encausse, la
spécialiste du monde russe auréolée de la présidence du Comité
national pour le « oui » lors du référendum sur Maastricht, finit par
s'imposer. Le RPR trouve en elle une caution européenne qui lui fait
défaut, car beaucoup d'adhérents et certains responsables ont voté
« non » au référendum de 1992. *Le Figaro* – où elle a beaucoup com-
menté les déboires de Mikhaïl Gorbatchev et de Boris Eltsine – ne
voit que des points positifs à cette désignation. *Le Monde* souligne
qu'Hélène Carrère d'Encausse ne pèsera en rien sur la nomination
des candidats de la liste, qu'elle n'interviendra guère dans la campagne, etc. Elle récite son credo européen, en historienne, et
lorsqu'elle envisage sa présence à Strasbourg, c'est en européenne
convaincue et indépendante : « Je ne suis pas en train de me construire un destin politique. S'il y a des pressions pour que je renonce
à mes convictions, à ce que je veux faire, c'est extrêmement simple :
je m'en irai[12]. »

---

11. *L'Est Éclair*, 11 avril 1994, « Des femmes françaises au Parlement européen ».
12. *Le Figaro*, 28 avril 1994, « Hélène Carrère d'Encausse numéro deux » ; 14
mai 1994, « Le credo d'Hélène Carrère d'Encausse » ; *Le Monde*, 28 avril 1994,
« Mme Carrère d'Encausse représentera le RPR derrière M. Baudis ».

Au début mai, la liste d'union est prête, les anti-maastrichiens y sont en minorité. Avec dix-neuf femmes sur quatre-vingt-sept candidats, elle est l'une des moins féminisées. On trouve six femmes dans les seize premières places. Outre Hélène Carrère d'Encausse, Armelle Guimbretière, vice-présidente de la région Poitou-Charentes, Marie-Thérèse Hermange, adjointe au maire de Paris et Anne-Marie Schaffner, conseillère régionale et générale en Seine-et-Marne, le RPR a quatre femmes en position éligible ; l'UDF deux seulement : Nicole Fontaine et Françoise Grossetête, conseillère régionale de Rhône-Alpes. Placée quarante-cinquième, Simone Martin, députée sortante, n'a pas de chances d'être élue. Lors des trois précédents scrutins européens, elle n'a été élue ou n'est devenue députée européenne que d'extrême justesse ; cette fois, à l'instar de Marie-Claude Vayssade, elle devrait quitter définitivement le Parlement européen, où elle a passé quinze ans. La très faible féminisation de la liste de droite entraîne peu de réactions. Noëlle Dewavrin, présidente de « Femmes Avenir » et élue RPR, est l'une des seules à exprimer sa « très vive déception » face à une « sous-représentation féminine extrême », qui comporte le risque d'une faible mobilisation des femmes – lesquelles constituent 53 % du corps électoral[13].

De toutes ces femmes, la plus en vue en ce qui concerne l'Europe est, bien sûr, Nicole Fontaine, vice-présidente du Parlement européen. Trois jours avant le scrutin, *L'Express* lui consacre un reportage, signalant d'entrée qu'« au Parlement de Strasbourg, il y a trois types d'élus : les absents, les dilettantes et une poignée d'assidus. Nicole Fontaine figure parmi ces derniers ». Elle est « classée parmi les cinq députés français – sur quatre-vingt-un – les plus assidus de cette assemblée » ; c'est l'« une des chevilles ouvrières de cette institution ». Dans une campagne où, comme d'habitude, l'Europe est bien oubliée, elle parle de la codécision dotant le Parlement d'un « authentique pouvoir », qui risque d'être gâchée par les futurs élus

---

13. *Le Journal de Haute-Marne*, 6 mai 1994, « Mandat européen compromis pour Simone Martin » ; *Le Monde*, 14 mai 1994, « Des femmes de la majorité déplorent leur sous-représentation sur la liste de M. Baudis ».

dont trop, selon elle, ne voient dans le scrutin européen qu'un gadget au service de leurs ambitions nationales[14].

Les Verts ont d'abord songé à l'abbé Pierre pour conduire leur liste, en janvier 1994. Finalement, ils choisissent de la confier à Marie-Anne Isler-Béguin, le jeu interne entre Dominique Voynet et Antoine Waechter – qui était en train de quitter le mouvement – y étant pour beaucoup. « Comme j'étais vice-présidente du Parlement européen, des amis m'avaient poussée à me présenter. Je me suis donc retrouvée à la tête d'une liste avec des gens qui allaient quitter les Verts et d'autres qui allaient rester, mais qui ne me soutenaient pas. Ce fut l'horreur. »

La division est totale chez les écologistes, puisque Brice Lalonde se présente à la tête d'une liste « Génération Écologie » : « On savait qu'on allait à la bataille pour perdre », se rappelle Marie-Anne Isler-Béguin. Pour la presse, c'est « une parfaite inconnue » de 38 ans. Plusieurs titres posent la même question : « Qui connaît Marie-Anne Isler-Béguin ? » Certes, elle a travaillé au Parlement européen, mais, « face aux ogres Tapie et Le Pen », ne risque-t-elle pas d'apparaître comme une « brave fille » ? Plutôt que de relever ce terme péjoratif, son « entourage » répond : « Ce peut être un avantage, elle sait sourire sans se forcer, elle a un certain charme et, si elle est totalement naturelle, elle apparaîtra sympathique[15]. » Envers et contre tout, Marie-Anne Isler-Béguin fait campagne. Son seul atout est l'emblème des Verts, qu'elle s'approprie pour la circonstance : « Dominique Voynet pensait que j'allais me ridiculiser avec cela. Moi je pensais que si j'étais "la femme au tournesol", même si les gens ne se rappelaient pas mon nom, cela serait bien pour les Verts. On a voulu également me faire changer de nom, que je le raccourcisse un peu, ce que j'ai refusé. »

---

14. *L'Express*, 9 juin 1994, « Moi, Nicole Fontaine, député européen ».
15. *Libération*, 17 avril 1994, « Marie-Anne Isler-Béguin, tête de liste très verte » ; *Le Monde*, 31 mai 1994, « L'inconnue au tournesol ».

« Duels de dames[16] »

Sur les vingt-trois listes déposées, vingt sont autorisées à briguer les suffrages. Avec 33,7 % de candidates, la France se place au deuxième rang européen, derrière la Belgique, pour le taux de présence féminine sur les listes. Six listes sont composées à parité ou presque (entre 48 et 52 % de femmes). En revanche, deux femmes seulement conduisent des listes, six autres se trouvant en deuxième position.

Pour les féministes, il reste beaucoup de chemin à parcourir. L'association « Elles aussi – Pour la parité dans les instances élues » publie un communiqué dans lequel elle enregistre les progrès réalisés, mais montre du doigt les listes les moins féminisées[17]. Sur la liste menée par Jean-Marie Le Pen, une seule femme est en position éligible. Après un « duel à couteaux tirés avec Martine Lehideux », c'est Marie-France Stirbois qui a emporté la mise.

La présence de nombreuses femmes sur les listes trouve un écho certain dans les médias. Et la télévision va en faire un des principaux axes de la couverture des élections européennes. Les candidates sont partout sur les écrans : reportages, portraits, débats… Les journaux télévisés, comme les émissions politiques, les mettent en avant, sans que l'on puisse déterminer s'il s'agit d'une initiative éditoriale ou d'une manœuvre des mouvements politiques. Est-ce un vrai signe de « la percée des femmes » ou un révélateur supplémentaire du désintérêt des hommes politiques français pour l'Europe ? Dès le 28 avril, le journal de 20 heures de TF1 présente un sujet sur les candidates, tandis que le 19/20 de France 3 brosse un portrait d'Hélène Carrère d'Encausse. Le même jour, lors du premier débat télévisé de la campagne, cette dernière apparaît en « académicienne professorale, extrêmement respectueuse de ses adversaires », et Marie-Anne Isler-Béguin, en « écologiste lunaire[18] ».

---

16. Nom donné aux débats qui opposent des femmes politiques candidates aux élections européennes dans le cadre du journal télévisé Soir 3 de France 3.
17. CAF, fonds Montreynaud, 4 AF 12, communiqué de « Elles aussi ».
18. INAthèque, TF1, 28 avril 1994, journal de 20 heures, « Les femmes sur les listes des européennes », 1'30'' ; débat politique pour les élections européennes ; France 3, 28 avril 1994, 19/20, « Portrait d'Hélène Carrère d'Encausse », 1'38''.

À partir de la mi-mai, le journal de fin de soirée de France 3 se prolonge une fois par semaine par un « duel de dames » arbitré par Christine Ockrent. La journaliste justifie cette initiative en indiquant que « ces dames sont partout, [...] c'est une première dans notre vie politique ». Après avoir dressé la liste des candidates en vue, un reportage donne la parole aux hommes politiques ; pour eux, il ne s'agit que d'une mode. Dans les semaines qui suivent sont invitées à débattre Gisèle Halimi (liste Chevènement) et Françoise Seillier (liste Philippe de Villiers) ; Marie-Anne Isler-Béguin et Aline Pailler (liste du PCF) ; Hélène Carrère d'Encausse et Catherine Trautmann. Leurs débats, longs d'une douzaine de minutes environ, sont certes animés, mais restent centrés sur les questions européennes et évoquent toujours, peu ou prou, le thème des femmes[19]. On est bien loin des gants de boxe proposés à Jean-Marie Le Pen et à Bernard Tapie ! Cependant, diffusés après 22 h 30 sur une chaîne qui ne réalise pas les plus fortes audiences, ces débats, quelle que soit leur qualité, ne suffisent pas à recentrer la campagne des européennes sur son objet.

Les femmes sont aussi valorisées par leur engagement au Parlement européen. Tel reportage sur l'absentéisme des députés européens présente en Nicole Fontaine et Marie-Claude Vayssade deux exemples contraires et leur donnent la parole. Arte diffuse un documentaire intitulé « Féminin pluriel » qui présente six portraits de Françaises, d'Allemandes et d'Espagnoles, entrecoupés de discussions avec des personnalités politiques. Se côtoient ainsi une agricultrice de Lorraine et Élisabeth Guigou, une mère élevant seule sa fille dans une grande précarité et Michèle Barzach. Le décalage entre le discours des femmes politiques affirmant que l'Europe apporte beaucoup aux femmes et ce qui est ressenti par certaines d'entre elles saute aux yeux[20].

Les grandes chaînes nationales s'intéressent surtout aux personnalités. En tant que tête de liste, Marie-Anne Isler-Béguin est à la fois sollicitée et brimée par la télévision. Invitée du journal de 20 heures de TF1 le 29 mai, les questions que lui pose la présentatrice privilégient

---

19. INAthèque, France 3, Soir 3 des 16, 24 et 30 mai et du 3 juin 1994.
20. INAthèque, France 2, journal de 20 heures, 24 mai 1994, « L'absentéisme des députés européens », 2'03'' ; Arte, « Féminin pluriel », 29 mai 1994.

son statut d'« inconnue ». Pour se présenter aux élections, est-ce important d'être jolie, important d'être maquillée ? Deux jours plus tard dans *Le Monde*, Daniel Schneidermann se demande si l'on eût infligé les mêmes questions à Hélène Carrère d'Encausse ou à Catherine Lalumière. Inconnue et femme : voilà deux caractéristiques autour desquelles la télévision bâtit la personnalité de Marie-Anne Isler-Béguin. Les réponses laconiques de l'intéressée montrent à l'évidence son agacement[21], mais elle ne peut se passer de ce genre de mise en lumière : « C'est vrai que lorsque vous passez le soir à TF1 et que le lendemain vous prenez le métro, le choc est immédiat. »

Les tentations européennes des féministes

« Pour la première fois en France, des femmes sont sollicitées pour les élections européennes par des partis, en tant que féministes connues et reconnues pour leurs luttes et leurs pratiques, au sein du mouvement des femmes. » Ainsi commence la lettre que Monique Dental adresse aux journalistes, quelques semaines avant les élections, pour expliquer sa présence sur la liste des Verts. Militante depuis les années 1960, elle vient de créer un collectif de pratiques et de réflexions féministes, « Ruptures », et s'est engagée en 1993 dans le réseau « Femmes pour la parité ». C'est bien en tant que féministe qu'elle figure sur la liste verte. Et c'est en tant que telle qu'elle souhaite pouvoir s'exprimer à travers les médias. Que demande-t-elle ? « Que nous, féministes, puissions nous exprimer sur nos objectifs, nos choix, dans le respect de la pluralité d'opinions, car l'Europe rassemble vers un même idéal, les différences qui firent la richesse du mouvement des femmes[22]. »

Cet appel à une certaine unité des féministes engagées n'est pas superflu, car de fortes personnalités, très diverses, voire antagonistes,

---

21. INAthèque, TF1, journal de 20 heures, 29 ami 1994, « Portrait de Marie-Anne Isler-Béguin » et interview, 5'45'' ; *Le Monde*, 31 mai 1994, « L'inconnue au tournesol ».

22. CAF, fonds Montreynaud, 4 AF 12, lettre de Monique Dental adressée à des journalistes, 24 mai 1994.

participent à la campagne. Sur la liste « L'autre politique » menée par Jean-Pierre Chevènement, Gisèle Halimi figure en deuxième position. Avocate engagée, elle a défendu la « cause des femmes » à partir des années 1960, notamment lors du procès de Bobigny. Cofondatrice du mouvement « Choisir », dont elle est la présidente, elle est de tous les débats féministes. Edmonde Charles-Roux est la marraine de cette liste éclectique dont l'un des objectifs est d'inscrire dans la Constitution française la parité hommes/femmes. Le 22 avril, Gisèle Halimi explique pourquoi les femmes ont trop peu de place dans la politique et dans les lieux de pouvoir, mais n'évoque la dimension européenne que pour dénoncer le mauvais classement de la France en matière de parité. Dans le paragraphe sur les femmes du programme de « L'autre politique », signé de son nom, l'Europe n'est citée qu'une fois.

La présence d'Antoinette Fouque sur la liste « Énergie radicale », menée par Bernard Tapie, suscite plus de curiosité, voire d'incompréhension. De nombreuses femmes ne comprennent pas comment la cofondatrice du MLF, directrice des éditions Des Femmes, fondatrice et présidente de l'Alliance des femmes pour la démocratie, puisse se retrouver sur la liste de Bernard Tapie, suspecté d'un certain machisme, si ce n'est d'un machisme certain. Élisabeth Guigou l'a subi, lors des élections régionales de 1992, étant sur la même liste que Bernard Tapie dans la région PACA[23]. Présentant sa liste pour les européennes, Bernard Tapie soutient qu'avec Christiane Taubira-Delannon, députée radicale de Guyane, « je suis sûr de faire la couverture de *Match*[24] ». *Le Canard enchaîné* relève les déclarations d'Antoinette Fouque qui défend Bernard Tapie : « Je ne l'ai jamais entendu tenir de propos misogynes, agressifs ou grossiers sur les femmes », etc. Interrogée de toutes parts, voire attaquée, Antoinette Fouque répond qu'il s'agit d'une liste de « gauche mitterrandienne », que « c'est Le Pen qui veut que les femmes s'arrêtent de travailler », et que c'est « le RPR [...] qui conseille aux femmes de rentrer à la maison pour laisser l'emploi aux hommes ». Elle indique également que d'autres femmes sont sur cette liste, avec chacune des compétences

---

23. Élisabeth Guigou, *Une femme...*, *op. cit.*, p. 93, et *Être femme en politique*, *op. cit.*, pp. 103-105.

24. *Libération*, 19 mai 1999, « Européennes : les faux nez de la parité ».

reconnues : Catherine Lalumière, Christiane Taubira-Delannon, Nicole Bénévisse[25]. Cette dernière était une des porte-parole du mouvement des infirmières, demandant une revalorisation et une reconnaissance de leur profession. Pour la presse, Catherine Lalumière, ancienne secrétaire générale du Conseil de l'Europe, « donne à la liste Tapie une autre dimension que celle d'un club des chouchous des médias[26] ».

Si les féministes sont très présentes derrière Bernard Tapie et Jean-Pierre Chevènement, chez les Verts et sur d'autres listes d'extrême gauche, on peut s'étonner de ne pas rencontrer sur les deux grandes listes des femmes qui au sein de leur parti sont reconnues pour leur engagement pour les droits des femmes. La campagne pour les élections européennes est justement un moment propice pour donner davantage de visibilité en faveur de la parité. En France, la Journée internationale des femmes est célébrée un peu en décalage par rapport à la date habituelle du 8 mars. Beaucoup d'associations ou d'institutions préfèrent attendre le 21 avril, date anniversaire de l'ordonnance de 1944 accordant aux femmes le droit de vote. Mais ce même jour, François Mitterrand exprime son désaccord avec le principe de la parité hommes/femmes en matière de candidatures politiques[27].

Profitant de la campagne européenne, la Coordination nationale d'associations, de syndicats et d'organisations pour le droit à l'avortement et à la contraception (CADAC) adresse une lettre ouverte à tous les candidats à propos de l'IVG, demandant « une harmonisation par le haut des droits des femmes, en nous appuyant sur les avantages acquis dans certains pays pour favoriser les avancées dans les autres[28] ».

---

25. *Le Canard enchaîné*, 18 mai 1994, « Toinon aime Nanard » ; *Le Monde*, 27 mai 1994, « Mme Fouque justifie sa présence aux côtés du député des Bouches-du-Rhône » ; CAF, fonds Montreynaud, 4 AF 13, tracts de campagne pour les élections européennes.

26. *Libération*, 28 avril 1994, « Catherine Lalumière : "pourquoi je rejoins la liste Tapie" » ; *Le Figaro*, 29 avril 1994, « Tapie recrute chez les écolos et au PS ».

27. *Le Monde*, 8 mars 1994, « La Journée internationale des femmes. Célébrations en sourdine » ; 10 mai 1994, « Et la parité hommes-femmes ? »

28. CAF, fonds Montreynaud, 4 AF 12, lettre ouverte de la CADAC aux candidats à la députation européenne.

De son côté, le réseau « Femmes dans la prise de décision » décide, à la suite des engagements pris à Athènes, « de sensibiliser le grand public à la nécessité d'un équilibre entre femmes et hommes dans la politique », avec un kit et un slogan : « Votez l'équilibre. » Chacune des expertes doit faire avancer ces idées au sein des partis de son pays non seulement pour qu'il y ait des femmes sur les listes, mais aussi pour que les programmes reprennent un certain nombre de points concernant les femmes. En avril, *La Lettre de Femmes d'Europe* fait passer l'information auprès des associations[29], mais ni les partis politiques ni la presse n'évoquent « Votez l'équilibre ». Le CNFF fait paraître sous forme d'encarts publicitaires le logo et le slogan dans certains journaux. Comme d'habitude, la campagne est très franco-française et les partis obnubilés par l'échéance présidentielle toute proche. « J'ai alors compris qu'il ne fallait pas travailler vers le haut, mais par le bas et notamment auprès des associations de femmes », se rappelle Françoise Gaspard. Ces associations regroupent plus de quatre millions de femmes, mais ne travaillent pas ensemble.

Succès à Strasbourg. Échec à Paris

Les élections européennes ont donc constitué une étape qui a mis en lumière l'énormité de la tâche à accomplir et permis d'identifier les obstacles. Déjà les résultats sont bien meilleurs que lors des précédentes élections. Bien que les écologistes perdent toute représentation au Parlement européen, six listes ont des élus. Parmi elles, les résultats remarquables sont ceux des listes de Villiers et Tapie. Les deux listes principales voient leurs résultats atteints par les bons scores de ces deux outsiders. En ce qui concerne les femmes, le nombre des députées décolle enfin : vingt-six élues contre dix-sept/dix-huit en 1979, 1984 et 1989. En pourcentage, l'augmentation est un peu moins nette, puisque le nombre de députés français est passé de quatre-vingt-un à quatre-vingt-sept. Les femmes

---

29. CAF, fonds Gaspard, 14 AF 127, dossier de propagande de la campagne « Votez l'équilibre femmes-hommes, élections européennes de 1994 ». *La Lettre de Femmes d'Europe*, avril 1994, n° 43, p. 4.

constituent désormais 30 % de la délégation française (22 % en 1989). Les trois listes de la gauche ont une proportion d'élues bien supérieure (38 à 57 %) à celles de droite et d'extrême droite (9 à 23 %). Selon les sondages « sortie des urnes », les femmes ont voté pour les listes paritaires davantage que les hommes[30].

Comme lors de l'élection de 1989, le rajeunissement des députées européennes françaises est certain. On peut y voir la volonté des partis de ne pas laisser les femmes s'approprier un terrain politique qui doit servir tout à la fois de refuge de perdants et de marchepied formateur pour les plus jeunes. Pervenche Berès raconte : « Lorsque, fraîchement élue, j'ai découvert le Parlement, un élu, lui aussi novice au Parlement européen, mais habitué des assemblées d'élus en France, m'a dit : "il n'y a que des bonnes femmes ici !" » Catherine Lalumière le dit autrement : « Les femmes sont très présentes. Les absents, eux, ont toujours tort. Lorsqu'ils arrivent au Parlement européen, beaucoup d'hommes politiques se rendent compte que leur réputation nationale n'a pas franchi les frontières. C'est souvent pour eux une découverte désagréable. » Élisabeth Guigou confirme que « parmi ceux qui bossaient, il y avait plus de femmes que d'hommes. C'est vrai que globalement, les femmes étaient très assidues et je n'ai pratiquement pas vu de femme qui ait accepté une responsabilité au sein du Parlement européen et qui n'ait pas fait tout ce qu'il fallait faire pour la mener à bien ». Michel Rocard explique cette différence d'engagement entre les hommes et les femmes : « Aucune des femmes qui sont devenues députés européens en 94 n'était en cumul de mandat, donc elles se sont très engagées et en plus elles étaient très consciencieuses. Les hommes sont plus facilement superficiels et moins prêts à faire le boulot austère qu'on leur demande. »

Parmi les féministes candidates en France, seule Antoinette Fouque est élue. Pour beaucoup, c'est une opportuniste, d'autant plus qu'elle a été élue sur la liste radicale, mais siège au PSE (Parti socialiste européen) et non à l'ARE (Alliance radicale européenne), dont Catherine Lalumière est la présidente. *Les Cahiers du féminisme* stigmatisent sa « faim de carrière » et ses compromissions avec Bernard

---

30. *Libération*, 14 juin 1994, « Qui a voté quoi ? », sondage sortie des urnes.

Tapie pour obtenir « un strapontin dans une assemblée dépourvue de pouvoir réel[31] ». Vice-présidente de la commission des Droits des femmes, Antoinette Fouque se fait l'avocate de l'Europe auprès des féministes. Dans une « Lettre de votre députée », intitulée *L'Europe des femmes*, qu'elle publie irrégulièrement, elle rend compte de son action et de tout ce que l'Europe apporte aux femmes.

En mai 1995, l'élection de Jacques Chirac à la présidence de la République, et les gouvernements Juppé marquent le retour de la droite au pouvoir au sein de toutes les institutions, pour la première fois depuis 1981. Les douze femmes nommées dans le premier gouvernement Juppé – la plupart dans des responsabilités secondaires, ce qui leur vaut le surnom de « Juppettes » – sont mises à l'écart dès le mois d'avril, épisode qui en dit long sur la manière dont on envisage encore la place des femmes en politique.

Le débat sur la parité n'a jamais été aussi prégnant. Mais ce n'est qu'en 1997, après la victoire de la gauche lors des élections anticipées de juin, que Lionel Jospin confie à des femmes des postes ministériels importants, sans commune mesure avec ce qui s'est pratiqué jusque-là, inaugurant une autre manière d'utiliser les compétences des femmes politiques. Revenant de Strasbourg, élue députée nationale, Élisabeth Guigou se retrouve à la tête du ministère de la Justice, avant de succéder à Martine Aubry au ministère des Affaires sociales. Selon Hubert Védrine, ministre des Affaires étrangères sous Jospin, elle « aurait très bien pu être ministre des Affaires étrangères. Lionel Jospin a voulu lui confier autre chose d'important, mais incontestablement elle aurait bien fait ce travail ». Mais même dans des domaines de compétence qui ne sont pas directement liés à l'Europe, Élisabeth Guigou continue à envisager les choses à cette échelle : elle contribue beaucoup à la réussite du sommet de Tampere (Finlande), à la fin de 1998, où pour la première fois est posée la question de la construction d'un véritable espace de liberté de justice, notamment le projet de parquet européen : « Ça, j'en suis aussi fière que d'avoir contribué à la monnaie unique. »

---

31. *Les Cahiers du féminisme*, n° 69, été 1994, « Antoinette Fouque, une femme dans le vent ? ».

Un autre tournant du gouvernement Jospin concernant les femmes en politique est la loi qui impose « l'égal accès des femmes et des hommes aux mandats et fonctions[32] ». Lors de la préparation des élections européennes de 1999, le texte a été voté, mais la Constitution n'a pas été encore révisée sur ce point en raison de l'attitude conservatrice du Sénat. Elle le sera lors du congrès du 28 juin 1999, soit quinze jours après le scrutin.

1999 : des femmes et des jeunes

Les élections européennes du 13 juin constituent donc un test grandeur nature sur la volonté des partis à présenter des femmes en nombre égal aux hommes.

En mars, Bernadette Chirac, bien qu'elle refuse les quotas de femmes en politique, « invite les Françaises à regarder de très près la composition des listes qui seront proposées à leurs suffrages » pour les élections européennes. Indiscutablement dans l'Hexagone la parité est l'un des enjeux de ce scrutin, par ailleurs marqué par les séquelles institutionnelles de la démission de la Commission Santer, à la suite de graves dysfonctionnements.

Plus que jamais, de nouvelles manières de faire de la politique et de construire l'Europe sont nécessaires. Mais les variables principales du choix des candidats sont cette fois relatives au sexe et à l'âge. Dans tous les mouvements, surtout ceux qui ont déjà des élu(e)s à Strasbourg, il faut assurer le renouvellement et respecter la parité. Si en plus on arrive à placer quelques candidats médiatiques… Les journaux parlent de « casse-tête » ou de « puzzle infernal » pour évoquer la composition des listes. « Plutôt qu'un chanteur ou un judoka, mieux vaut être une femme pour avoir une chance de siéger à l'Europarlement en 1999, année de la parité masculin-féminin[33] », affirme *Le Point*.

Au PS, les députées européennes d'envergure ont été élues à l'Assemblée nationale en 1997 : Élisabeth Guigou, Catherine

---

32. Déjà en 1997, le gouvernement Juppé avait créé un Observatoire de la parité pour aider à aller en ce sens.
33. *Le Figaro*, 4 mars 1999, « Les convictions de Mme Chirac » ; *Le Point*, 20 février 1999, « Listes européennes : le puzzle infernal ».

Trautmann, Nicole Péry... Le Parti socialiste s'est allié pour les européennes au MDC de Jean-Pierre Chevènement et aux radicaux de gauche (PRG) et cherche une personnalité pour épauler François Hollande qui, en tant que secrétaire général, conduira la liste. La fabiusienne Pervenche Berès est finalement désignée comme numéro deux. En 1997, elle a succédé à Élisabeth Guigou comme présidente de la Délégation socialiste française et est présentée comme « l'Européenne du PS ». Chargée par François Hollande de faire le tri parmi les sortants pour les reprendre sur la liste, elle n'a gardé que les plus assidus et les plus travailleurs, c'est-à-dire la moitié. Malgré tout, figure sur la liste en bonne position Marie-Arlette Carlotti qui siège depuis 1996 ; bien qu'elle ne se soit pas distinguée par son assiduité, elle aurait été sauvée par Lionel Jospin et la parité[34]. Après Sami Naïr qui représente le MDC, Catherine Lalumière est en quatrième position pour représenter les radicaux de gauche. Au total, la liste PS-MDC-MRG compte quarante-trois femmes, dont dix dans les vingt premières places.

Au PCF, l'heure est à l'ouverture avec une double parité : hommes/femmes et communistes/non-communistes. Après avoir été une éphémère déléguée interministérielle aux Droits des femmes du gouvernement Jospin, Geneviève Fraisse, philosophe et historienne, est placée en seconde position, comme féministe et intellectuelle, bien qu'elle ne soit pas membre du PCF. Pour avoir participé à des conseils informels sur les droits des femmes, elle a pu « mesurer comment la France se comportait vis-à-vis de l'Europe sur ces questions, puisque j'étais la seule déléguée, donc non-ministre. La France ne se déplaçait pas au niveau ministériel ». Son combat déjà ancien pour la parité lui a permis de dialoguer avec des femmes politiques de droite. En 1999, elle publie un ouvrage d'entretiens avec Roselyne Bachelot, députée RPR de Maine-et-Loire – nommée par Alain Juppé, en mars 1997, rapporteuse générale de l'Observatoire de la parité. Le livre fait le point sur ce qui les rapproche et sur ce qui les

---

34. *L'Expansion*, 1er avril 1999, « Savants dosages et petites manœuvres pour boucler les listes » ; *Le Figaro*, 17 mai 1999, « Pervenche Berès : modeste et immodeste ».

sépare[35]. Pendant la campagne pour les européennes, elle débat avec Nicole Fontaine sur France Inter : « Pierre Lemarque et Gilbert Denoyan avaient dit : "Il n'y a que deux femmes pour parler comme ça." On n'était pas d'accord, mais en même temps on allait au fond des dossiers. » Dans toutes ses interventions, Geneviève Fraisse se présente comme une féministe et une européenne convaincue qui a voté « oui » au référendum de 1992. Pour elle, il ne fait pas de doute que l'Europe est une chance pour les femmes.

En troisième position, juste derrière Robert Hue et Geneviève Fraisse, Yasmine Boudjenah espère « être un peu le porte-parole de ces jeunes femmes issues de l'immigration », tâche qu'elle peut partager avec Nadia Amiri[36]. La féministe Monique Dental est également là, après s'être présentée en 1994 sur la liste des Verts. La liste « Bouge l'Europe », il est vrai, se définit comme « la liste du Parti communiste français, des féministes et du mouvement social », ou encore « une liste féministe et citoyenne ». Le féminisme y est brandi comme une bannière capable de rallier des suffrages à un parti qui est en perte de vitesse. Les deux premières mesures présentées par la profession de foi de la liste indiquent clairement que « le choix du féminisme » a été fait : « adopter systématiquement la parité hommes-femmes dans la vie politique nationale et européenne », « garantir l'égalité des sexes dans toutes les décisions nationales et européennes, notamment dans l'emploi[37] ».

La liste présentée par le PCF n'est pas la seule à vouloir séduire les électrices. Un tract de la liste présentée par LO-LCR indique : « Notre liste est la seule conduite par une femme et permettant l'élection d'une majorité de candidates. » Sur les dix premiers candidats, huit sont des femmes, Arlette Laguiller en tête[38].

Les Verts exploitent également le filon féministe, un peu comme en 1994, puisque sont présentées et étiquetées de cette manière

---

35. Geneviève Fraisse et Roselyne Bachelot-Narquin, *Deux femmes au royaume des hommes*, 1999.
36. *Témoignage chrétien*, 26 avril 1999, « Entretien : Yasmine Boudjenah » ; *L'Humanité*, 19 avril 1999, « Nadia Amiri, esprit libre pour construire l'Europe ».
37. *Femmes Aujourd'hui Demain*, PCF, n° 90, février 1999 ; profession de foi de la liste « Bouge l'Europe », juin 1999.
38. Tract de LO-LCR, juin 1999. La liste compte quarante-cinq candidates et quarante-deux candidats.

plusieurs candidates de la liste conduite par Daniel Cohn-Bendit :
« Anne Zelensky, 63 ans, professeur agrégée, candidate d'ouverture,
responsable féministe », « Solange Fernex, 65 ans, députée européenne
honoraire, féministe, responsable d'associations non violentes[39]… »
Les quarante-quatre femmes de la liste se regroupent derrière le slogan : « En vert et pour toutes. » Leur chef de file, Marie-Anne Isler-
Béguin, participe activement à la campagne en tant que numéro deux.
Porte-parole des Verts, elle a su apprivoiser les médias, ce poste lui
ayant apporté bien plus de notoriété que cinq ans passés au Parlement
européen. Pacifiés, rassemblés et réorganisés, menés par des personnalités médiatiques, les Verts ont toutes les chances d'avoir des élus
à Strasbourg. Dominique Voynet, ministre de l'Environnement du
gouvernement Jospin, figure en dernière position sur la liste des européennes, mais elle apparaît sur les affiches et les tracts et suit la campagne de très près[40].

Sur l'ensemble des listes, les femmes sont 40 %. La presse est
unanime : « L'élection européenne consacre la parité » ; « à droite
comme à gauche, aucune liste n'ose oublier les femmes », « le profil
des candidats aux européennes : plus féminin, plus jeune ». Au
regard des scrutins précédents, indiscutablement c'est davantage une
nouveauté à droite qu'à gauche.

Cette fois en effet les listes RPR-DL et UDF se situent dans le haut
du tableau des listes les plus féminisées. Nicole Fontaine se retrouve
en seconde position de la liste de l'UDF, menée par François Bayrou,
qui compte quarante-cinq candidates. Jusqu'au bout des négociations, elle a dû faire planer la menace de choisir la liste concurrente
Sarkozy-Madelin qui lui proposait la troisième place. François Bayrou
ne peut se permettre de la voir partir : elle est un peu son « label européen » et figure parmi les présidentiables du prochain Parlement européen. Très présente dans les médias, Nicole Fontaine sait de quoi elle
parle et réussit assez bien à communiquer sa foi européenne. D'un
autre côté, élue depuis 1984, elle ne peut incarner le renouvellement.

---

39. Liste des Verts, juin 1999.
40. *Le Républicain lorrain*, 12 mai 1999, « En vert et pour toutes » ; *Ouest-France*, 28 mai 1999, « Les Verts : l'Europe c'est la solidarité » ; *Libération*, 25 mai 1999, « Le souffle de Voynet sur la campagne de Dany ».

Les atouts féminins de la liste RPR-DF sont de jeunes femmes, telles Tokia Saïfi ou Margie Sudre, élue de la Réunion, qui a été ministre déléguée à la Francophonie dans les gouvernements Juppé, placée en troisième position[41]. Côté expérience européenne, c'est Françoise Grossetête qui est à l'honneur : elle est la caution européenne d'Alain Madelin. Présentée comme « la députée qui ne rate aucune séance », mais « inconnue du grand public », elle n'hésite pas à critiquer les partis qui « méprisent ce mandat-là, et n'envoient pas forcément siéger des gens qui veulent vraiment travailler[42] ».

Le faux nez de la parité

Enfin, certaines listes font toujours de la résistance à la parité. Au Front national, qui doit compter cette fois avec la sécession des « mégretistes », les deux premières femmes classées sont les mêmes qu'en 1994, aux mêmes places : Marie-France Stirbois et Martine Lehideux, respectivement sixième et douzième. En septembre 1998, mis en examen pour avoir agressé la candidate socialiste Annette Peulvast-Bergeal lors des législatives de 1997, Jean-Marie Le Pen avait pris soin de faire « introniser » son épouse comme tête de liste du FN pour les européennes au cas où il serait empêché par la justice. Sur la liste menée par Charles Pasqua et Philippe de Villiers, si l'on compte trente-cinq femmes, trois seulement sont dans les dix premières places : la féminisation n'est pas un argument électoral. Elle est même vilipendée par Isabelle Caullery, ex-responsable des femmes au RPR, pour qui « ça ne sert à rien de les présenter [les femmes] si elles ne sont pas capables d'assurer »… Ce ne doit pas être le cas de Marie-France Garaud, placée en troisième position, qui n'est pas connue pour ses prises de position en faveur de la parité. Un proche de Charles Pasqua confie : « Côté look, il faudrait la passer au

41. *L'Humanité*, 11 mai 1999, « L'élection européenne consacre la parité » ; *Le Figaro*, 17 mai 1999, « À droite comme à gauche, aucune liste n'ose oublier les femmes » ; *Le Monde*, 8 juin 1999, « Nicole Fontaine, le label européen de François Bayrou » ; *Ouest-France*, 7 mai 1999, « Derrière Sarkozy, des femmes et des nouveaux ».
42. *Aujourd'hui en France*, 31 mai 1999, « La députée qui ne rate aucune séance ».

karcher. Mais elle n'est pas aussi réac que son chignon le laisserait supposer[43]. » Après avoir écrit à plusieurs reprises qu'elle ne serait jamais candidate à des élections européennes, Marie-France Garaud est donc dans la course en 1999. Depuis le référendum pour le traité de Maastricht, elle n'a pas cessé de se battre contre la construction européenne.

Estimant qu'il faut donner aux femmes « la place qu'elles méritent et que les partis politiques français ne leur accordent que du bout des lèvres », en février, l'association féministe « Voix des Femmes » fait savoir qu'elle entend présenter une liste pour les élections euro-péennes composée à 100 % de femmes. Il s'agit d'une « suite logique aux treize listes de Françaises qui ont recueilli des voix sur tout le ter-ritoire aux élections régionales de 1998 ». L'association ajoute qu'il « ne s'agit plus aujourd'hui d'un combat féministe, mais d'une reven-dication pour l'égalité des chances ». La présidente de « Voix des Femmes », Alexandra Boutin, indique que les quatre-vingt-sept can-didates pourront appartenir à toutes les tendances politiques « sauf les extrêmes ». Des invitations sont envoyées à de nombreuses femmes engagées, afin qu'elles participent à une réunion d'information. Sur la lettre qu'elle reçoit, la journaliste féministe Florence Montreynaud inscrit ce commentaire : « Ce n'est pas hommes contre femmes[44]. » L'aventure ne se fera pas, il n'y aura pas de liste 100 % féminine.

Mais beaucoup de femmes qui sont en position éligible sur les deux listes de droite ne doivent pas leur présence qu'à leurs enga-gements politiques et/ou européens. Une candidate UDF se dit « vexée » de la manière dont elles sont présentées et même dont elles ont été choisies : « Une telle, chez nous, est présentée comme la fidèle collaboratrice de Bayrou [Marielle de Sarnez], l'autre comme l'épouse du PDG de Rhône-Poulenc [Janelly Fourtou], et ils ont même collé la femme du patron de *Ouest-France* [Jeanne-Françoise Hutin]. » Jean-Claude Gaudin laisse entendre une fois de plus la

43. *Le Monde*, 22 septembre 1999, « Jean-Marie Le Pen intronise sa femme comme tête de liste aux élections européennes » ; *Libération*, 19 mai 1999, « Euro-péennes : les faux nez de la parité » ; 3 juin 1999, « Marie-France Garaud, la douai-rière entremetteuse ».
44. CAF, fonds Montreynaud, 4 AF 18, dépêche AFP du 11 février 1999 ; lettre d'Alexandra Boutin à Florence Montreynaud du 15 février 1999.

chanson du manque de ressources à droite et au centre : « Les socialistes, avec leurs infirmières, leurs institutrices, leurs postières, ils ont tout ce qu'il faut comme femmes. » Manquant de ressources donc, l'UDF met en avant les « femmes de », les « fidèles de », et même une « veuve de » : Thérèse Debatisse, veuve du leader de la FNSEA. Hervé de Charette confirme que chaque leader essaie de placer des femmes qu'il connaît, sur qui il peut compter : « J'avais fait en sorte que sur la liste UDF de 99 il y ait une personne qui soit proche de moi. Il s'agit de Mme Fourtou, épouse d'un industriel connu. »

Les candidates de la liste RPR-DL sont présentées de la même façon : Margie Sudre est la « protégée de Jacques Chirac » et aurait été « imposée » par le président ; pour sa « collaboratrice » Christine de Veyrac, Valéry Giscard d'Estaing aurait négocié une place sur le quota du RPR, mais aurait été furieux de voir sa « fidèle attachée de presse », Mylène Descamps, débauchée par Alain Madelin... Clara Lejeune-Gaymard, en vingt et unième position, est la femme de l'ex-ministre du gouvernement Juppé, Hervé Gaymard. Selon Roselyne Bachelot, « on pointe ça pour les femmes afin de les dévaloriser. On ne dit pas : "Truc est le petit copain ou l'ancien assistant parlementaire de Machin" pour les hommes[45] ». Des études expriment le même sentiment que Roselyne Bachelot sur ce qui est une manière de rendre illégitime la présence des femmes en politique[46].

Une fois de plus, l'Europe n'est donc pas au centre de la campagne qui a été largement occultée par l'actualité nationale. Certains journaux indiquent même que les élections européennes constituent le plus franco-français des scrutins. La parité a été un enjeu important de la constitution des listes plus que de la campagne. Le 9 mai, lors de son premier meeting, Nicolas Sarkozy se vante d'avoir « pris un risque » en désignant quarante-huit candidates... Il n'en demeure pas moins que sur l'ensemble des listes, et encore plus fortement à droite qu'à gauche compte tenu du retard antérieur, la plus grande présence des femmes laisse espérer qu'elles seront plus nombreuses à siéger à Strasbourg.

---

45. *Libération*, 19 mai 1999, « Européennes : les faux nez de la parité ».
46. Cf. notamment les deux ouvrages de Mariette Sineau, *Profession : femme politique, op. cit.*, et *Des femmes en politique, op. cit.*

Les résultats de 1999 confirment l'émiettement de la délégation française au Parlement européen engagé dans les précédents scrutins. Neuf listes obtiennent des élus. Les Verts retrouvent le chemin de Strasbourg. C'est une nouveauté pour les élus de CPNT (Chasse, pêche, nature et traditions), qui a réalisé un score inattendu, et pour l'extrême gauche, qui a cinq élus, dont quatre femmes. La délégation française au Parlement européen, qui comptait vingt-six femmes en 1994 sur quatre-vingt-sept députés (29,9 %), passe à trente-cinq avec le scrutin de 1999 et atteint un taux de féminisation de 40 %. « La progression est particulièrement nette » et « mérite d'être saluée » selon l'Observatoire de la parité. Un seuil a été franchi. Cette fois, la France participe donc d'une manière non négligeable à la féminisation du Parlement européen qui s'élève désormais à près de 30 %.

Si la délégation LO-LCR est composée à 80 % de femmes, à l'autre bout de l'échiquier politique français, il n'y en a plus parmi des élus du FN. Marie-France Stirbois succédera à Jean-Marie Le Pen en octobre 2000, lorsque celui-ci sera déchu de son mandat européen après sa condamnation dans l'affaire de Mantes-la-Jolie. Avec le bon score réalisé par la liste Pasqua-De Villiers, qui permet à cinq candidates d'être élues, siègent désormais à Strasbourg, plus que par le passé, un certain nombre de Françaises eurosceptiques, pour ne pas dire anti-européennes. La partie féminine de la représentation française au Parlement s'aligne sur celle des hommes, du moins dans leur approche politique des questions européennes. Marie-France Garaud décide de s'investir dans les commissions budgétaire et juridique et de l'intérieur.

Geneviève Fraisse se trouve elle dans une situation assez particulière, puisque élue sur la liste du PCF, mais non communiste. Elle s'investit pleinement dans sa tâche. Après s'être interrogée comme d'autres femmes – « Je me demandais si j'allais être à la hauteur, ce que j'allais pouvoir faire » – le Parlement lui apparaît comme une enceinte où les femmes ont leur place et où elles peuvent faire avancer leurs droits, sans compter beaucoup sur les hommes : « Les débats "femmes" et les débats "culture" ont toujours lieu après 21 heures au Parlement ! J'en ai fait des interventions en séance plénière à Strasbourg après 22 heures… »

CHAPITRE 11

Condamnées à l'excellence

Après les élections de 1994, Nicole Fontaine devient première vice-présidente, succédant à Nicole Péry qui occupait ce poste depuis 1987 : « Je pense qu'au-delà des clivages politiques, mes collègues ont voulu saluer mon travail[1]. » À l'inverse de Nicole Péry, première vice-présidente d'un président de droite, Nicole Fontaine est celle d'un président de gauche, en vertu d'un accord passé entre les groupes politiques du Parlement. La succession des deux Françaises à cette fonction – qui n'est pas seulement honorifique – est significative de la recherche d'un équilibre entre les grands pays membres au moment où les présidents sont allemands (deux), britannique et espagnol.

Les « deux Nicole »

Surnommée « Madame Codécision », « Madame Cohabitation, « Madame Colégislation », la première vice-présidente du Parlement européen ne chôme pas. À partir de 1994, Nicole Fontaine est coprésidente du comité de conciliation, stratégiquement très important puisque les textes les plus sensibles doivent y trouver des solutions

---

1. *Le Figaro*, 18 septembre 1996, « Nicole Fontaine : la poigne d'une présidente ».

de compromis entre le Conseil des ministres et le Parlement. En 1999, elle est de toutes les négociations : sur cinquante-sept dossiers sensibles, « nous avons abouti, pour cinquante-quatre d'entre eux, à faire en sorte que les propositions du Parlement européen, qui intégraient les propositions des citoyens, puissent aboutir favorablement[2] ».

Les vice-présidents sont appelés à présider les séances plénières du Parlement, un exercice dans lequel les deux Françaises excellent. Lors des votes compliqués, les députés ne souhaitaient qu'une chose : « que ce soit l'une des "deux Nicole" qui préside effectivement la séance. Tout le monde savait que ce serait bien fait », se rappelle Marie-Claude Vayssade. Martine Buron confirme que Nicole Péry présidait avec « un esprit clair et ordonné qui savait dans quel ordre il fallait faire voter les amendements. Avec quelqu'un qui ne sait pas faire cela, c'est le bazar ! » Elles avaient deux styles bien différents, mais une même efficacité, dit pour sa part, Jean-Louis Bourlanges. « Nicole Fontaine était assez autoritaire, très maîtresse de l'enseignement privé : "tenez-vous bien". Nicole Péry avait une conception sans doute plus séductrice, elle régnait parmi les lions avec une capacité à faire taire les fauves qui était assez impressionnante ». L'unanimité de jugement porté sur elles doit beaucoup au fait que les « deux Nicole » ne sont pas de « grandes » personnalités politiques nationales, qu'elles laissent de côté des positions trop partisanes et entretiennent entre elles une relation cordiale.

Les deux intéressées ont conscience d'avoir formé un duo complémentaire. Nicole Péry indique : « Je préparais un peu tout cela, je pense que Nicole Fontaine le faisait aussi, et que c'est pour cela qu'on était un peu meilleures que nos collègues. » « Les parlementaires appréciaient la façon dont je présidais, précise Nicole Fontaine, notamment les séances de votes qui sont un exercice très compliqué. » Mais si la compétence « technique » des deux Françaises est reconnue par tous les parlementaires, bien peu nombreux sont les articles qui évoquent leur travail. Pour sortir de cet anonymat, en tout

2. France Culture, 16 juin 1999, Nicole Fontaine est l'invitée de Jean Lebrun dans « Culture Matin ».

cas pour en faire sortir les députés européens, Nicole Fontaine publie en 1994 un petit livre très pédagogique : *Les Députés européens. Qui sont-ils ? Que font-ils ?*, où elle invite les lecteurs à découvrir l'institution de Strasbourg, sans en cacher les faiblesses. La quatrième partie consacrée aux députés français est sans appel : « Trop éparpillés dans les groupes politiques, trop souvent absents des commissions lorsque d'autres mandats les appellent ailleurs, trop nombreux à démissionner en cours de législature pour aller vers d'autres fonctions[3]. »

Au lendemain des législatives de 1997, Nicole Péry quitte Strasbourg, après seize années d'assiduité et de travail reconnu au Parlement, car elle est élue députée à Bayonne, au détriment d'Alain Lamassoure, qui est alors ministre délégué aux Affaires européennes. Élisabeth Guigou déserte également Strasbourg où, depuis les élections de 1994, elle a été la présidente d'une Délégation socialiste française, peu nombreuse compte tenu des résultats. Lionel Jospin n'a pas proposé à Nicole Péry le portefeuille des Affaires européennes, mais elle sera néanmoins porte-parole du groupe socialiste à la commission des Affaires étrangères de l'Assemblée nationale.

En mars 1998, elle est aussi nommée secrétaire d'État à la Formation professionnelle. La presse la fait alors découvrir aux Français, mais les poncifs ont la vie longue ! « D'où sort-elle ? demande *Elle*, De chez le coiffeur ! » Et d'insister sur la « chevelure à faire pâmer d'envie toutes les actrices de sitcoms » de cette « grande inconnue du public » dont l'objectif sera de « peigner » la réforme du système de formation. À la fin de l'année, elle est chargée du secrétariat aux Droits des femmes, un dossier dont elle avait eu la responsabilité pendant la campagne présidentielle de 1995. Les médias ne mentionnent alors son expérience politique européenne que parce qu'elle-même tient à la rappeler[4].

Pour sa part, Nicole Fontaine reste au Parlement européen. Bien qu'ayant soutenu Jacques Chirac lors de la présidentielle de 1995,

---

3. Nicole Fontaine, *Les Députés européens. Qui sont-ils ? Que font-ils ?*, 1994, p. 68.
4. *Elle*, 6 avril 1998, « La secrétaire d'État qui décoiffe » ; *Libération*, 30 mars 1998, « Remaniement minimaliste » ; *Paris-Match*, 11 mars 1999, « Madame Droits des femmes sort de l'ombre ».

elle ne fait pas partie du gouvernement Juppé. Quelques années plus tard, elle affirme : « Si j'avais voulu un portefeuille ministériel, je n'aurais pas eu besoin de le demander. Mais il n'était pas question pour moi de quitter le Parlement européen. Vous me direz, j'ai eu une bonne intuition : j'aurais fait partie des "juppettes"[5]. »

N'ayant jamais exercé de mandat électif en France, elle a d'autres vues. En 1997, à mi-législature européenne, un nouveau président du Parlement doit être élu pour succéder au socialiste allemand Klaus Hänsch. Nicole Fontaine fait savoir qu'elle serait intéressée. Mais la division des députés français augure mal d'une éventuelle candidature qui doit recevoir l'aval des États et être négociée au sein des grands groupes du Parlement européen. Et c'est sur un autre nom, celui du démocrate-chrétien espagnol José Maria Gil-Robles, que le PPE et le PSE se sont entendus. « Après pas mal de contorsions, elle renonce à son projet et sauve sa première vice-présidence, ce qui, selon les mauvaises langues, était son véritable objectif[6]. » En tout cas, cet épisode lui permet d'apparaître comme une parlementaire qui respecte les règles du jeu internes au Parlement et de prendre date pour la prochaine échéance de 1999.

Cependant, une Française participe à l'élection du 14 janvier 1997. Catherine Lalumière, présidente du petit groupe radical (ARE) depuis 1994, a en effet tenu à présenter une « candidature de désobéissance » face à l'accord des deux grands groupes du Parlement qui se sont entendus sur une candidature unique et ont appelé à voter pour l'Espagnol. Les petits groupes ont renoncé à présenter un candidat de peur de faire un score ridicule. Présentée comme un baroud d'honneur, la candidature Lalumière recueille cent soixante-dix-sept voix lors du scrutin (contre trois cent trente-huit à José Maria Gil-Robles qui est élu). Ce qui veut dire que des communistes, des Verts, des libéraux mais aussi des socialistes et des démocrates-chrétiens ont voté pour elle en profitant du vote à bulletin secret pour ne pas suivre les directives de leur groupe. Beaucoup ont apprécié que le scrutin ne porte pas

5. *Le Journal du Dimanche*, 27 juin 1999, « Après l'Europe, la France découvre Nicole Fontaine »

6. *La Croix*, 15 juin 1999, « La course d'obstacles de Nicole Fontaine ». Ces articles reviennent sur 1997.

sur une candidature unique : « Vous avez rendu de la dignité au Parlement », dit une députée suédoise à Catherine Lalumière.

Selon la candidate radicale, le fait d'être une femme a joué en sa faveur, tout comme sa réputation d'européenne convaincue depuis son passage au Conseil de l'Europe[7]. En votant pour elle, des députés français ont-ils manifesté leur opposition à un système qui a permis aux Allemands et aux Espagnols de se partager les quatre derniers mandats de la présidence ? Ce serait penser que les députés français sont capables d'unité au Parlement européen...

Édith Cresson, de Matignon à Bruxelles

En janvier 1993, une troisième et dernière Commission Delors a été installée pour une durée de deux ans seulement. Un mandat exceptionnel dont Jacques Delors rappelle les raisons dans ses *Mémoires* : nécessité de consolider les acquis de 1992, entrée de nouveaux pays membres en 1995, etc.[8]. Christiane Scrivener, renouvelée dans les conditions que l'on sait, est alors la seule femme de la Commission. À la fin de son deuxième mandat, elle quitte Bruxelles. Sur les vingt membres de la Commission Santer qui succède à la Commission Delors, on compte cinq femmes, toutes issues de partis de gauche : c'est incontestablement une étape dans l'accession des femmes aux postes de décision et d'exécution de la politique européenne.

En septembre 1994, la presse annonce que les deux Français qui vont siéger à partir de janvier 1995 à la Commission sont Édith Cresson et Yves-Thibault de Silguy. Le deuxième a été désigné par le gouvernement d'Édouard Balladur, la première par François Mitterrand. Après l'épisode de Matignon, Édith Cresson est retournée dans le privé. Elle a abandonné la politique nationale et les médias l'ont oubliée : « Elle a enfermé son amertume dans le silence. À soixante ans, elle s'était réfugiée dans une semi-retraite. »

Présentée par tous les titres comme déçue de la politique, voire du socialisme (*Le Figaro*), c'est une évidence pour tous qu'Édith Cres-

7. *Le Monde*, 9 et 16 janvier 1997.
8. Jacques Delors, *Mémoires, op. cit.*, pp. 403-404.

son ne doit sa nomination qu'à la volonté de François Mitterrand, puisque le Premier ministre s'y était déclaré hostile. Officiellement, Édouard Balladur considérait qu'il n'était pas souhaitable qu'un ancien Premier ministre devienne commissaire européen : en privé, il jugeait que la première femme chef de gouvernement en France n'avait pas fait la démonstration de ses capacités dans les différents postes qu'elle avait occupés jusqu'alors. François Mitterrand aurait estimé qu'il était temps de reconnaître les mérites d'une femme qui avait été à la tête de plusieurs ministères, avait su se faire élire maire et députée et disposait de toute l'expérience européenne souhaitable : députée à Strasbourg, ministre des Affaires européennes...

Même si les journalistes n'hésitent pas à dire qu'Édith Cresson n'est commissaire que par le fait d'un prince qui a voulu faire œuvre de gratitude envers une femme qui l'a beaucoup servi et qui a été humiliée, ils reconnaissent qu'elle est compétente[9]. Elle avait « la passion de l'Europe et elle était faite pour cela, estime Jacques Delors. Elle s'y est donnée à fond. Elle avait autant de qualifications pour devenir commissaire européen que beaucoup d'autres ». Mais les compétences sont-elles suffisantes pour réussir ? Son passage à Matignon constitue un handicap sérieux pour la nouvelle commissaire. Après une période au cours de laquelle on l'a oubliée un peu, malgré la parution de l'ouvrage d'Élisabeth Schemla qui a suscité des polémiques[10], son échec resurgit et peut-être aussi des relents de la manière dont elle a été traitée pendant cette période. « J'ai sous-estimé le phénomène de cible que je représentais », reconnaît-t-elle aujourd'hui.

Dès sa prise de fonction à Bruxelles, Édith Cresson se méfie pourtant des journalistes. Pendant la première année, il n'y a eu aucune communication à cause du traumatisme national de Matignon, indique un membre de son cabinet. Elle ne cherche pas à établir de relations privilégiées avec certains membres du Brussels Press Corps, les journalistes accrédités auprès des institutions européennes,

---

9. *Le Figaro*, 6 septembre 1994, « Édith Cresson : le dernier merci du président ».
10. Élisabeth Schemla, *Édith Cresson, la femme piégée, op. cit.*, paraît en 1993.

228 FRANCAISES QUI ONT FAIT L'EUROPE

refusant le marchandage entre information juteuse et publication occasionnelle de papiers de substance[11].

La première épreuve qui attend Édith Cresson au début de janvier 1995 est son audition d'approbation par les députés européens, selon les procédures prévues par le traité de Maastricht. Elle est chargée des portefeuilles Science, recherche et développement, Éducation et jeunesse, et il lui est difficile de se montrer égale dans tous ces domaines, d'autant qu'elle se souvient avoir été « agressée par des Allemandes ». À l'issue des trois heures d'audition, de l'avis général, Édith Cresson a été convaincante sur le volet recherche, mais elle a cafouillé sur le dossier éducation. Finalement, les parlementaires rendent un avis positif assorti de quelques réserves. L'autre commissaire français, l'ex-conseiller d'Édouard Balladur, Yves-Thibault de Silguy, est beaucoup plus mal noté, en raison du caractère trop prudent de son engagement européen[12]. Par le passé, Édith Cresson a tour à tour « utilisé » le cadre européen ou bataillé contre les politiques européennes afin de protéger les intérêts français. Pour la presse qui annonce sa nomination, « le passé d'Édith Cresson assure, en tout cas que, comme l'imposent les règles de l'Union européenne, elle ne sera à Bruxelles le porte-parole ni du gouvernement ni de l'administration française[13] ».

Les années 1995-1999, celles de la Commission Santer, vont se terminer par une démission collective qui met en lumière tout à la fois le parcours difficile d'Édith Cresson et la nécessité de redéfinir le fonctionnement de cette institution. Selon Jean Joana et Andy Smith, les analyses les plus fréquentes de la manière dont Édith Cresson a exercé son mandat de commissaire ont été centrées sur son implication dans la chute de la Commission[14]. Pour comprendre son

---

11. Olivier Baisnée, « Les relations entre la Commission et le Cours de presse accrédité auprès de l'Union européenne : crise et renouvellement des pratiques », *Pôle Sud*, n° 15, 2001, pp. 47-70.

12. *Libération*, 11 janvier 1995, « Les gens. Édith Cresson » ; *Le Monde*, 13 janvier 1995, « Les parlementaires européens contestent cinq commissaires ».

13. *Le Monde*, 7 septembre 1994, « Édith Cresson : par la volonté de M. Mitterrand ».

14. Jean Joana et Andy Smith, *Les Commissaires européens, op. cit.*, p. 145. Comme Christiane Scrivener, Édith Cresson est une des commissaires particulièrement étudiées.

action, il faut savoir que les commissaires ont une grande indépendance vis-à-vis de leurs gouvernements nationaux et qu'ils sont maîtres de constituer leur cabinet comme ils l'entendent. Dans le cabinet d'Édith Cresson, seuls trois conseillers sur sept sont des fonctionnaires européens. C'est le cabinet le moins européanisé, avec celui du commissaire britannique Neil Kinnock, les autres conseillers venant de l'administration française. C'est un premier signe indiquant que la commissaire n'entend pas se laisser mener par les fonctionnaires de Bruxelles. De même, ses relations et celles de son premier chef de cabinet, François Lamoureux (un ancien de l'équipe Delors qui a déjà travaillé avec elle à Matignon), avec les directions générales qui couvrent les domaines dont elle a la charge passent pour être assez distantes, voire difficiles. Or Édith Cresson chapeaute quatre directions générales (XII, XIII, XXII et une partie de la III), soit un quart du personnel de la Commission. Selon un membre de son cabinet, sa méthode était la suivante : « 1) produire un document de fond ; 2) animer une discussion et une consultation sur cette base ; 3) faire une proposition concrète au Conseil et au Parlement. À ces niveaux, elle connaissait beaucoup de monde du fait de ses postes antérieurs et avait des bonnes relations[15] ». Des méthodes qui ne font pas l'unanimité : « On rapportait que Cresson était autoritaire et imposait sans discussion ses vues à l'administration[16] », écrit le commissaire chargé de la Concurrence, le socialiste flamand Karel Van Miert.

Édith Cresson a pris des initiatives novatrices et mené des programmes importants avec succès[17]. Rappelons, entre autres, qu'un an après son arrivée à la Commission, elle lance la phase expérimentale du service volontaire européen qui donne aux jeunes de l'Union le souhaitant la possibilité d'exercer une activité d'intérêt général, à caractère social ou humanitaire. En avril 1998, elle concrétise l'intérêt de la Commission pour le dossier femmes et science en lançant

---

15. Jean Joana et Andy Smith, *Les Commissaires européens, op. cit.*, pp. 146-147.
16. Karel Van Miert, *Le Marché et le pouvoir*, 2000, p. 243.
17. Édith Cresson développe toutes ses actions dans *Histoires françaises, op. cit.*, chap. 15.

un grand colloque sur ce thème et en créant un secteur « Femmes et science » au sein de la Direction de la recherche. Elle réussit à instiller de la recherche appliquée dans le cinquième programme-cadre de recherche pour atteindre des objectifs économiques et sociaux, alors que les commissaires précédents chargés de ce portefeuille mettaient l'accent sur la recherche fondamentale.

Sur les dossiers hors portefeuille, Édith Cresson défend clairement les intérêts français. Qui plus est, au sein du collège, elle justifie ses prises de position en développant une conception plutôt interventionniste de la manière dont devrait se faire la politique au niveau européen[18], ce qui provoque de nombreux conflits entre les commissaires. Dès 1995, lors de l'annonce par Jacques Chirac de la reprise des essais nucléaires par la France, elle prend nettement position en faveur de Paris, « avec la conviction d'être à Bruxelles en service commandé[19] », indique Le Figaro, alors que Jacques Santer tente de calmer les critiques en Europe.

Cette attitude est particulièrement nette en ce qui concerne la concurrence dont Karel Van Miert est chargé au sein de la Commission. Lorsqu'en juillet 1997, ce dernier veut interdire une aide du gouvernement français à SGS-Thomson qui souhaite développer ses activités de recherche, Édith Cresson monte au créneau. Selon elle, elle ne défend pas une entreprise française, mais une conception de l'encadrement communautaire dans le rapport entre la concurrence et la recherche. Dénonçant la faiblesse des dépenses de l'Europe en matière de recherche et développement, sa conception finit par prévaloir au sein du collège, notamment grâce au soutien de Martin Bangemann, chargé de l'Industrie[20]. Le commissaire qui a perdu cette partie écrit : « Cresson se faisait avant tout l'interprète des intérêts français. "Interprète" est le terme exact : dans la plupart des cas, elle lisait un billet rédigé par son cabinet en étroite concertation avec Paris et ne s'en cachait pas[21]. »

---

18. Jean Joana et Andy Smith, Les Commissaires européens, op. cit., pp. 152 et 168.

19. Le Figaro, 16 mars 1999, « De déboires en expiations ».

20. Le Monde, 8 juillet 1997, « La Commission européenne divisée sur la politique d'aide à la recherche ».

21. Karel Van Miert, Le Marché et le pouvoir, op. cit., p. 243.

Il ne fait pas de doute que l'intérêt national joue un rôle primordial dans la définition des positions d'Édith Cresson. Elle n'est pas une exception sur ce point : un membre du cabinet d'Yves-Thibault de Silguy indique que l'autre commissaire français agissait de la même manière[22]. C'est précisément pour cette raison que tous les pays membres ont tenu à conserver un commissaire lors des réformes institutionnelles successives ! Toujours en juillet 1997, alors que la Commission accepte de ne pas entraver la fusion de Boeing et McDonnell Douglas moyennant des aménagements, elle déclare à la presse que cette fusion est une atteinte au droit de la concurrence et que « la nécessité de renforcer Airbus est absolument vitale ».

Mais que ce soit au sein du gouvernement Rocard, ou à la Commission européenne, Édith Cresson demeure un électron libre, un franc-tireur. Dans certains dossiers, l'Europe de la recherche notamment, la commissaire n'hésite pas à se heurter au gouvernement Jospin, via le Conseil des ministres de l'Union. Claude Allègre, ministre de la Recherche, estime la contribution de la France trop élevée au regard du bénéfice qu'elle en retire et veut réduire le budget du cinquième programme-cadre européen de recherche (1998-2002). Tenant bon, la commissaire, soutenue par le collège et le Parlement européen, obtient une augmentation des crédits[23].

Au cœur de la tourmente

Les événements qui vont conduire à la démission de la Commission Santer ont fait oublier l'action de la commissaire[24]. C'est à la fin août 1998, que *La Meuse – La Lanterne*, un journal belge au tirage quasi confidentiel, publie quelques lignes sur un détournement de fonds en lien avec ladite Commission. Non concernée par cette affaire, Édith Cresson est néanmoins citée pour avoir fait bénéficier

---

22. Cité par Jean Joana et Andy Smith, *Les Commissaires européens, op. cit.*, pp. 115-116.
23. *Le Monde*, 26 juillet 1997, « Quoi qu'on en dise, la fusion Boeing-McDonnell est une atteinte au droit de la concurrence » ; 31 mars 1998, « L'Europe de la recherche ne doit pas baisser la garde face aux États-Unis ».
24. Édith Cresson donne sa version des faits dans *Histoires françaises, op. cit.*, chap. 16

l'un de ses proches d'un « contrat fictif ». En France, les journaux commencent à évoquer ces événements à partir de la mi-septembre. *Libération* reprend ces informations les 24 et 28 septembre, en les développant grâce aux investigations menées par son correspondant à Bruxelles. Sous le titre « Rumeurs autour d'Édith Cresson », le quotidien rapporte que la commissaire a recruté, en septembre 1995, un des ses amis, dentiste à Châtellerault, comme « visiteur scientifique » et que le fils de ce dentiste, actuaire en assurances, aurait été engagé comme auxiliaire par la même direction générale ; il ajoute qu'Élisabeth Schemla, ex-journaliste au *Nouvel Observateur* et à *L'Express* et auteure de *Édith Cresson, la femme piégée*, aurait également été embauchée. « La question, désormais, est de savoir si la Commission prendra des sanctions contre ses ripoux, ce qu'elle répugne à faire par esprit de corps[25] », conclut le second article.

Édith Cresson demande au journal un droit de réponse, qui paraît le 2 octobre. Elle y précise que les détournements de fonds au sein de la Commission ne la concernent en rien, ni aucune des directions générales placées sous sa responsabilité. Et de dénoncer l'amalgame fait entre cette affaire – grave et déjà en cours d'instruction – et des embauches qui ne sont pas fictives et dont elle précise les modalités. Enfin, elle s'élève contre l'association de son nom à des « ripoux » : « Il s'agit là d'un point de vue partisan qui ne respecte pas la vérité et porte atteinte à mon honneur. » Après ces mots, on peut lire une mise au point de la rédaction : « *Libération* maintient la totalité des informations parues dans ses éditions des 24 et 28 septembre[26]. » Édith Cresson porte plainte contre le journal pour diffamation. Toute la presse évoque cette « affaire dans l'affaire ». L'Association de la presse internationale, qui représente neuf cents journalistes accrédités à Bruxelles, déplore cette tentative d'intimidation, ce qui n'arrange évidemment pas les relations délicates qu'Édith Cresson entretient avec les journalistes[27]. *Le Figaro* parle d'un « système

---

25. *Libération*, 24 septembre 1998, « UE : rumeurs autour d'Édith Cresson » ; 28 septembre 1998, « La Commission de tous les soupçons ».
26. *Libération*, 2 octobre 1998, « Un droit de réponse d'Édith Cresson ».
27. Didier Georgakakis, « La démission de la Commission européenne : scandale et tournant institutionnel », *Cultures et conflits*, n° 38-39, 2001, pp. 39-72.

Cresson pour utiliser ses proches[28] », mais la plupart des journaux affirment que la commissaire française n'a rien à voir avec les détournements – qui concernent plutôt le commissaire espagnol Manuel Marin.

C'est dans *Le Monde* qu'Édith Cresson choisit de s'expliquer en réaffirmant que les personnes concernées ont bien effectué le travail pour lequel elles avaient été embauchées. Elle insiste sur le fait que la Commission n'a pas vraiment les moyens d'assumer son fonctionnement et que, depuis longtemps, des dispositifs insatisfaisants ont été mis en place pour pallier cette carence. « J'ai le sentiment, ajoute-t-elle, que certains veulent aujourd'hui tirer à boulets rouges sur la Commission et, comme par hasard, ce sont plutôt des commissaires de gauche qui sont dans le collimateur. » Le 29 octobre et le 23 novembre, associé à l'hebdomadaire allemand *Focus*, *Libération* titre : « Commission européenne : les dérapages du recrutement », et fait de nouvelles révélations sur d'autres commissaires, comme l'Allemande Monika Wulf-Mathies[29]. Édith Cresson semble payer l'absence de bonnes relations avec une nouvelle génération de journalistes qui ne sont pas envoyés à Bruxelles en raison de leur militantisme européen comme cela était longtemps le cas. La commissaire récolte également les fruits de ses relations particulières avec les directions générales dont elle est responsable. Selon certaines études, les fonctionnaires européens et jusqu'aux membres de son cabinet, qui auraient souvent changé, ont été à l'origine de fuites[30].

En janvier 1999, le Parlement européen se saisit de l'affaire et demande à entendre Édith Cresson. Quelques jours avant son audition, la commissaire déclare qu'elle n'a « pas l'habitude de céder devant des tentatives d'intimidation » : « l'époque des sacrifices humains est révolue[31] ». Le 11, à Strasbourg, elle répond lapidairement aux questions des députés européens, qui évidemment n'apprécient pas une

---

28. *Le Figaro*, 4 octobre 1998, « Édith Cresson fait monter les enchères. Elle porte plainte pour diffamation contre *Libération* ».

29. *Le Monde*, 16 octobre 1998, « Édith Cresson : "je ne suis en aucune manière associée à cette affaire" » ; *Libération*, 23 novembre 1998, « Commission européenne : les dérapages du recrutement ».

30. Olivier Baisnée, « Les relations entre la Commission et le Cours de presse accrédité auprès de l'Union européenne… *op. cit.* », *Pôle Sud*, pp.47-60.

31. Entretien accordé à l'agence Reuter, 8 janvier 1999.

telle attitude. « Il y avait des journalistes partout, rapporte un membre de son cabinet – une mise en scène de procès de grande envergure [...] tout le PPE [Parti populaire européen], la partie nordique du PSE [Parti socialiste européen] et les Verts voulaient clairement sa peau[32]...» Plusieurs groupes politiques du Parlement européen demandent effectivement sa démission ou sa révocation pour « mauvaise gestion » et « népotisme ». *Le Monde* du 15 janvier parle du « lynchage qu'elle vient de subir du fait du Parlement, souvent jugé injuste ». Mais les socialistes ne la laissent pas tomber. Pervenche Berès demande au PPE et aux libéraux de modérer leurs critiques contre la commissaire, faute de quoi ils voteront la censure de la Commission, ce qui fera tomber l'ensemble du collège. Quelques mois plus tard, elle dira : « La droite voulait jouer au tir au pigeon avec Édith Cresson, au seul motif qu'elle était de gauche[33]. »

Pour l'heure, Édith Cresson dénonce un complot allemand mené contre elle, accusant la télévision publique allemande d'avoir étayé ses accusations en montrant un appartement luxueux qui n'est pas le sien[34]. Depuis la fin des années 1990, des parlementaires allemands – européens et nationaux – contestent en effet de plus en plus ouvertement la Commission, s'opposant à son « gouvernement de l'Europe[35] », anti-démocratique selon eux. Quelques années après, elle précise : « Ce sont les parlementaires allemands de la COCOBU [Commission de contrôle budgétaire du Parlement] qui ont monté cette affaire pour attirer l'attention sur eux au moment de la constitution des listes des partis pour les élections au Parlement européen [de 1999]. »

Les affaires de recrutement ne sont pas les seules qui sont alors reprochées à Édith Cresson. Peu après, des accusations de mauvaise gestion portent sur le programme européen de formation professionnelle, dit Leonardo da Vinci, qu'elle a lancé et qui est un succès. Le

---

32. Cité par Jean Joana et Andy Smith, *Les Commissaires européens, op. cit.*, p. 229.
33. *Le Figaro*, 17 mai 1999, « Pervenche Berès : modeste et immodeste ».
34. *Le Monde*, 20 janvier 1999, « Un complot allemand ? ».
35. Didier Georgakakis, « La démission de la Commission européenne... », *op. cit.* ; Olivier Baisnée, « Les relations entre la Commission et le Cours de presse... », *op. cit.*

bureau d'assistance technique chargé de ce programme est au cœur de la tourmente : son directeur a démissionné sous la pression du Parlement ; la Commission décide unilatéralement de suspendre les activités du bureau le 11 février. Pourtant, comme le note *Le Monde*, « si le rapport d'audit a détecté un nombre considérable d'infractions, aucune faute grave n'a été relevée, et l'utilité du programme Leonardo n'est guère contestée ». Dans cette affaire, la thèse du « complot allemand » est reprise : l'Allemagne, qui veut obtenir une réduction substantielle de sa contribution au budget communautaire, ne serait pas mécontente de souligner la gabegie qui entache la gestion de la Commission. Le chancelier Gerhard Schröder n'a-t-il pas dénoncé « l'argent allemand flambé à Bruxelles[36] » ?

En février, le dénouement est proche. Politiquement moribonde, la Commission et son président Jacques Santer semblent prêts à faire un grand ménage. Selon *Le Monde*, Édith Cresson ne serait que « le bouc émissaire commode des multiples dysfonctionnements de la Commission européenne ». D'autres journaux rappellent qu'une majorité des commissaires pourrait se dégager pour saisir la Cour de justice européenne et exiger la démission d'Édith Cresson : onze commissaires peuvent, théoriquement, demander qu'un commissaire soit dessaisi de ses fonctions pour faute grave[37].

C'est compter sans le soutien des autorités françaises à « leur » commissaire. Selon Karel Van Miert, « la stratégie de Paris était claire : éviter à tout prix que Cresson ne doive partir seule, quitte à noircir toute l'équipe[38] ». C'est évidemment la thèse exactement contraire à celle du bouc émissaire : Édith Cresson est le mouton noir de la Commission et menace tout le troupeau. Des études moins partiales que les Mémoires du commissaire belge – lui-même alors sur la sellette pour « carence fonctionnelle » en tant que responsable du personnel et de l'administration de 1989 à 1994 – indiquent que le président de la République française et le Premier ministre étaient très réticents à l'idée de voir une commissaire française condamnée

---

36. *Le Monde*, 17 février 1999, « La gestion chaotique du programme Leonardo illustre la crise de la Commission européenne ».
37. *Le Monde,* 3 mars 1999, « M. Santer espère le départ des commissaires européens impliqués dans les affaires ».
38. Karel Van Miert, *Le Marché et le pouvoir, op. cit.*, p. 252.

à démissionner. Jacques Chirac, qu'Édith Cresson connaît et apprécie, l'aurait même soutenue davantage que Lionel Jospin[39].
La presse française a donc été divisée sur cette affaire. *Le Monde* n'a pas accablé Édith Cresson, au contraire, alors que *Libération*, comme d'autres titres européens, n'a pas perdu une occasion d'enfoncer la commissaire européenne. Au début mars, *L'Expansion* publie « le premier palmarès des commissaires européens » : il s'agit des notes attribuées aux commissaires par trente-deux correspondants permanents à Bruxelles. La simple construction de ce « palmarès » montre encore une fois le rôle important joué par la presse accréditée à Bruxelles. Karel Van Miert est le mieux noté avec 32,5 sur 40, bien que son nom soit attaché à certaines affaires. Édith Cresson ferme la marche avec la plus mauvaise note et une appréciation assez paradoxale, 11,8 sur 40 : « arrogante mais de bons résultats ; son maintien à son poste nuit à l'ensemble de l'institution[40] ».

Le 15 mars, le « comité des sages » chargé par le Parlement européen d'examiner les affaires touchant la Commission rend un rapport très critique. Dans la nuit, Jacques Santer annonce la démission de la Commission. Édith Cresson est la principale visée par le rapport – la seule accusée de favoritisme –, mais sept autres commissaires sont épinglés dont le président Jacques Santer. La presse française titre : « Le rapport qui accable Cresson » (*Libération*), « Le gâchis Cresson » (*Le Monde*), « Édith Cresson blâmée par le rapport sur les fraudes » (*Le Figaro*), et un « Cresson la honte » qui barre toute la une de *France-Soir*... Le fond des articles est souvent plus mesuré. *Le Figaro* évoque « une victime expiatoire, sanctionnée avec une brutalité sans commune mesure avec ce qui lui est reproché »... Édith Cresson n'entend pas se laisser sacrifier : « J'ai peut-être été imprudente, mais ce que j'ai fait, je l'ai fait pour l'intérêt général. [...] Je crois qu'en me retournant, je peux en être satisfaite », affirme-t-elle sur France 2. Sa ligne de défense demeure celle du complot.

---

39. Didier Georgakakis, « La démission de la Commission européenne... », *op. cit.* ; *Le Monde*, 18 mars 1999, « Le gâchis Cresson ».
40. *L'Expansion*, 3-17 mars 1999, « Le premier palmarès des commissaires européens ».

Certains apportent de l'eau à ce moulin en indiquant que le rapport des sages a été modifié au dernier moment pour accabler davantage Édith Cresson en ce qui concerne le programme Leonardo ; une version qu'elle soutient[41].

La plupart des journaux s'attardent peu sur le « complot » dont Édith Cresson se dit la victime. Seul *Libération* rappelle que c'est également en dénonçant un complot – machiste celui-là – qu'Édith Cresson a voulu se dédouaner de son échec à Matignon. Finalement, conclut le journal, « les nouveaux malheurs d'Édith Cresson sont une bonne nouvelle pour les femmes » : c'est bien sa personnalité qui est en cause et non les femmes en politique[42]. On serait presque touché de tant de sollicitude envers les femmes de la part d'un journal qui les a souvent stigmatisées… en tant que femmes !

En 2004, Catherine Lalumière estime que certaines des attaques dont la commissaire a fait l'objet à Bruxelles ont une connotation particulière parce qu'elle est une femme. Édith Cresson, elle, n'a pas évoqué le machisme de ses adversaires. Ses passages à l'Agriculture et à Matignon lui en avaient fait voir bien d'autres… La procédure lancée par la justice belge en 2003 s'est conclue par un non-lieu en raison d'éléments à charge « imaginaires ». En juillet 2006, un arrêt de la Cour européenne de justice mettra un point final à l'« affaire Cresson » en adressant à l'ex-commissaire un « blâme moral » mais aucune sanction[43].

L'élection de Nicole Fontaine, une victoire pour les femmes en politique

Vingt ans après Simone Veil, une autre femme accède à la présidence du Parlement européen, et c'est également une Française. Mais en 1999, le Parlement a bien changé puisqu'il accueille désormais six délégations supplémentaires ; les différents traités qui ont constitué les Communautés puis l'Union européenne lui ont accordé toujours davantage de pouvoirs ; après une période sinon d'effacement, du

41. *Le Figaro*, 17 mars 1999, « Édith Cresson : "le rapport a été trafiqué" ».
42. *Libération*, 17 mars 1999, « Cresson persifle et signe ».
43. *Le Monde*, 16 juillet 2006, « L'étrange affaire Cresson ».

moins de moindre visibilité pendant les Commissions Delors, il a fait montre d'autorité face à la Commission Santer, etc.

Dès le lendemain des résultats des élections européennes de 1999, les médias s'intéressent à Nicole Fontaine et évaluent ses chances de devenir présidente du Parlement. Incontestablement, la forte poussée des partis réunis au sein du PPE est un atout pour la Française[44]. Depuis 1989, le PPE et le PSE ont conclu un pacte qui accorde à un socialiste la présidence pendant la première moitié de la législature et la seconde à un démocrate-chrétien, les socialistes étant les plus nombreux à Strasbourg. Le renforcement du PPE entraînant une inversion du rapport de force, la présidence pourrait échoir à un démocrate-chrétien. Si personne n'est encore candidat, le nom de la première vice-présidente est le plus souvent cité avant ceux de Patrick Cox, le président du groupe libéral, ou de Jacques Santer, qui estime avoir payé personnellement des dysfonctionnements de la Commission dus à d'autres.

« On ne peut plus ouvrir un journal sans y trouver mon nom, dit Nicole Fontaine, sans bouder son plaisir. Je vis cette nouvelle média-tisation très joyeusement, en regrettant, c'est vrai, de ne pas avoir intéressé les journalistes plus tôt. Notre travail aurait mérité d'être mis en avant. » Le 16 juin, elle est sur France Culture où elle répond avec beaucoup de franchise sur les manœuvres entre les groupes, au sein des groupes, entre centristes, libéraux et gaullistes : « Si vrai-ment les Français se payaient le luxe, si vous me permettez l'expres-sion, de se diviser à nouveau, ce serait vraiment criminel pour les intérêts français[45]. »

Le 23 juin, la délégation allemande CDU-CSU, la plus nombreuse au sein du PPE, fait savoir que Nicole Fontaine ferait « une prési-dente élégante[46] ». Cette déclaration lève bien des hypothèques, même si le qualificatif choisi n'est pas très adapté à la fonction ! En juillet, lors des journées d'études du PPE à Marbella, la candidate supposée planche avec succès devant les principaux leaders de la

---

44. *La Croix*, 15 juin 1999, « La course d'obstacles de Nicole Fontaine ».
45. *Le Journal du Dimanche*, 27 juin 1999, « Après l'Europe, la France décou-vre Nicole Fontaine » ; France Culture, 16 juin 1999.
46. Bulletin quotidien Europe, n° 7493, 24 juin 1999, « La délégation CDU-CSU pourrait soutenir une candidature de Mme Fontaine à la présidence du PE ».

droite européenne : José Maria Aznar, Silvio Berlusconi, Wolfgang Schäuble et François Bayrou. Le 13, le PPE annonce sa décision de revendiquer le perchoir et de présenter Nicole Fontaine. Pour la première fois, « nous allons avoir une vraie élection démocratique », proclame la candidate. Pour qu'elle soit élue, un appoint de voix est indispensable. Deux jours plus tard, un accord avec les libéraux réserve la présidence de la seconde partie de la législature à Pat Cox et apporte à Nicole Fontaine le soutien de cinquante députés[47].

La désignation de Nicole Fontaine apparaît à tous comme la suite logique de son engagement européen. Pour Simone Veil, « c'est parce qu'elle avait toujours été très présente, très active et compétente. Elle avait été particulièrement appréciée lorsque, comme vice-présidente, elle présidait les séances ». Pour Anne-Marie Idrac, élue présidente du Mouvement européen – France en 1999, c'est « parce qu'elle était très connue au Parlement européen et pourquoi était-elle très connue ? Parce qu'elle y passait tout son temps ». Pour Michel Rocard, qui l'associe à Nicole Péry et à Catherine Lalumière, « c'est la reconnaissance d'une assiduité et de compétences dans le domaine européen ». Raymond Barre avance un autre élément : « Bayrou et le PPE ont fait beaucoup pour son élection. » Hervé de Charette insiste sur le soutien de Jacques Chirac. De son côté, Nicole Fontaine qualifie ce soutien de « discret mais très attentif ». Quelques mois après son élection, recevant à Strasbourg le président du Sénat Christian Poncelet (RPR), elle le remercie chaleureusement pour son aide[48].

La candidature de Nicole Fontaine apparaît très consensuelle, puisque même les élus CPNT (Chasse, pêche, nature et traditions) s'y sont ralliés. Et puis on dit qu'elle « fait la bise à Pervenche Berès » et que « l'une de ses amies s'appelle Nicole Péry, secrétaire d'État de Lionel Jospin ». Il n'y a guère que Daniel Cohn-Bendit qui brise cette unanimité nationale : « C'est l'exemple de l'apparatchik sérieuse et gentille. Elle sera heureuse parmi les chefs de gouvernement. Mais après ? Qui réformera l'institution ? » Quant aux élus de la liste

---

47. *Le Monde*, 15 juillet 1999, « Nicole Fontaine brigue la présidence du Parlement européen face à Mario Soares » ; *Le Figaro*, 16 juillet 1999, « La droite européenne pousse Nicole Fontaine ».
48. Parlement européen, discours de Nicole Fontaine du 28 octobre 1999.

Pasqua-De Villiers, ils sont placés devant un dilemme que Nicole Fontaine résume elle-même : « Ou bien M. Pasqua et ses amis voteront pour une Française de droite et européenne, ou bien ils prendront le risque de faire élire un socialiste portugais[49] », en la personne de Mario Soares, le candidat du PSE. « Lorsqu'une Française est dans le camp ennemi, je vote contre l'ennemi », déclare Philippe de Villiers.

Le fait d'être une femme a-t-il joué dans la désignation de Nicole Fontaine comme candidate du PPE ? « Le Parlement européen permet de valoriser les femmes par une sorte de discrimination positive, estime Pervenche Berès. Pour un poste, les partis ont souvent intérêt à présenter une femme face à un homme. » Une candidature féminine peut rallier des suffrages de femmes et permettre de constituer une majorité. Nicole Fontaine en est consciente : « L'idée de confier la présidence à une femme, alors qu'elles obtiennent presque la parité à l'assemblée, n'est pas pour déplaire. » Afin de se concilier – peut-être – le soutien sinon les suffrages des femmes, elle insiste sur une conception féminine de la politique : « Je suis toujours surprise d'entendre les propos de mes collègues masculins tellement contents d'eux. La femme est plus critique, peut-être parce qu'elle se sent menacée. Elle ne peut se permettre d'être médiocre. Je ne suis pas féministe, je suis femme, très femme[50]. » Une précision nécessaire, puisqu'elle ne doit pas s'aliéner des voix masculines, l'unité de la droite française et européenne a été assez laborieuse à faire.

Le 20 juillet, Nicole Fontaine est élue présidente du Parlement européen dès le premier tour de scrutin. « J'en reste encore étonnée », dit-elle aujourd'hui. Dans leurs discours, tous les présidents de groupe soulignent le respect qu'elle a su gagner depuis de nombreuses années au sein de l'institution. Si *Le Figaro* affirme qu'elle a bénéficié de voix venues des autres camps, *Libération* en doute : « Il faut toute l'ingénuité de Nicole Fontaine pour proclamer : "Je n'ai pas

---

49. *Le Parisien*, 20 juillet 1999, « Nicole Fontaine favorite à Strasbourg » ; *Libération*, 20 juillet 1999, « Ils s'affrontent pour la présidence ».

50. *Paris Normandie*, 23 juin 1999, « Une présidente havraise pour le Parlement européen » ; *Le Journal du Dimanche*, 27 juin 1999, « Après l'Europe, la France découvre Nicole Fontaine ».

seulement été élue avec des voix de droite et je m'en honore[51]." » La présidente est persuadée que beaucoup de ses collègues étrangers, dans tous les groupes, ont préféré voter pour elle plutôt que pour Mario Soares, plus connu, mais peu impliqué au Parlement.

Les députées européennes ont-elles voté pour Nicole Fontaine parce que femme ? Selon la presse, des « voix féminines venant de droite et de gauche[52] » ont contribué à son succès. Pour la présidente : « incontestablement, un vote féminin s'est porté sur ma candidature. C'est la raison pour laquelle Daniel Cohn-Bendit avait suscité la candidature de la Finlandaise Heidi Hautala, parce qu'il craignait que toutes les députées des Verts ne soient tentées dans le secret des urnes de voter pour moi ». Marie-Anne Isler-Béguin ne croit pas à cette version et ses arguments semblent convaincants : « J'ai toujours été pour qu'au premier tour les Verts soient représentés. […] À la vérité, à part moi qui connaissais Nicole Fontaine, les autres élues vertes ne la portaient pas vraiment dans leur cœur. » Du côté des socialistes, Pervenche Berès avait d'ailleurs indiqué dès le lendemain des élections européennes, alors qu'elle débattait avec Nicole Fontaine à la radio : « Je suis française avant d'être européenne, et socialiste avant d'être française. »

À peine élue, les premiers mots de Nicole Fontaine sont pour remercier ses collègues femmes de leur soutien. De nombreuses députées se prêtent volontiers pour une photo œcuménique dans l'hémicycle. Le lendemain (21 juillet), lors de son premier discours en tant que présidente, elle répète : « Au-delà de ma personne, je voudrais dire à nos collègues femmes du Parlement, que cette promotion est aussi la leur. » Quelles sont ses priorités ? La principale est « la mise en œuvre des nouveaux pouvoirs du Parlement[53] », conformément au traité d'Amsterdam.

Avec des voix de gauche ou pas, avec la mobilisation des femmes ou non, l'élection de Nicole Fontaine est une victoire pour les femmes

---

51. *Le Figaro*, 21 juillet 1999, « Nicole Fontaine dans un fauteuil » ; *Libération*, 21 juillet 1999, « Nicole Fontaine fait le plein de voix à droite ».
52. *Le Monde*, 22 juillet 1999, « Nicole Fontaine a été élue à la présidence du Parlement européen ».
53. Parlement européen, débat du jour du 20 juillet 1999 et séance solennelle d'ouverture de la nouvelle législature, 21 juillet 1999.

en politique. En France, la réaction est unanime. De Nicole Péry, chargée des Droits des femmes, à Valéry Giscard d'Estaing en passant par les européens de l'UDF, tous saluent la nouvelle présidente. Lionel Jospin « se réjouit que pour la seconde fois depuis 1979, une femme et une Française soit choisie ». Jacques Chirac, dès le résultat de l'élection connu, a fait savoir que « cette désignation honore la France[54] ». C'est effectivement une victoire de prestige pour Paris. Sur certains sujets sensibles, le siège du Parlement par exemple, une présidence française est sûrement un atout supplémentaire pour Strasbourg.

Nicole Fontaine entend aussi faire changer la représentation française au Parlement européen. Dans son livre de 1994 consacré aux députés européens, elle proposait deux mesures pour renforcer la capacité d'influence au sein du Parlement des représentants français : à l'instar de la quasi-totalité des autres pays, mettre fin au cumul des mandats parlementaires, source d'absentéisme français notoire et néfaste ; amplifier l'action régionale de proximité des députés européens français[55]. Entre l'élection de juin 1999 et son accession à la présidence, elle le dit explicitement : « L'assiduité de l'Allemagne est de l'ordre de 84 %, celle de la France de 70 %. Difficile de faire entendre notre voix sérieusement dans ces conditions[56]. »

Le constat est fait depuis longtemps : la délégation française au Parlement européen n'est pas assez efficace parce que pas assez assidue et trop divisée. Lui-même député à Strasbourg depuis 1989, Jean-Louis Bourlanges, qui enseigne également la science politique, propose cette typologie de ses collègues français :

« 1) Les catéchumènes : ils s'apprêtent à faire quelque chose sur le plan national et se servent du Parlement européen comme d'un marchepied et d'une assistance financière.

« 2) Les préretraités : ceux à qui on demande de dégager un peu tout en leur offrant quelque chose. L'exemple le plus illustre est celui

---

54. *Le Figaro*, 21 juillet 1999, « Chirac lui dit "bravo" », *Le Monde*, 22 juillet 1999 ; *Le Nouveau Minute*, 30 juillet 1999, « Drôle de Fontaine… ».
55. Nicole Fontaine, *Les Députés européens, op. cit.*, p. 84.
56. *Le Journal du Dimanche*, 27 juin 1999, « Après l'Europe, la France découvre Nicole Fontaine ».

de Michel Rocard. Ce sont en général de bons parlementaires, qui s'impliquent beaucoup.

« 3) Les apparatchiks : des gens qui sont choisis parce qu'ils exercent des fonctions partisanes nationales et qu'il faut les rémunérer, leur donner un statut, une légitimité. C'est parmi ceux-là que l'on trouve les records d'absentéisme.

« 4) Les parlementaires ordinaires, normaux, parmi lesquels je me compte, comme Nicole Fontaine, Simone Veil… Des gens qui considèrent qu'ils sont là pour travailler.

« Je dis toujours que la grande différence entre les apparatchiks et nous, continue le député européen, c'est que si les uns et les autres nous sommes des abbés de cour, puisque nous avons été nommés par la faveur du prince, il y a parmi ces abbés de cour des abbés résidents et des abbés non résidents qui demeurent à la cour. » Et de constater que c'est parmi les femmes que l'on trouve le plus de députés actifs à Strasbourg : « La féminisation de la représentation française au Parlement européen s'est traduite par le gonflement du quatrième type de parlementaires par rapport aux trois autres, c'est indiscutable. »

Marie-Anne Isler-Béguin précise que les femmes et les hommes ne s'investissent pas au Parlement européen dans les mêmes domaines : « Sur un rapport de codécision sur l'environnement, c'est systématique : ce sont surtout des femmes qui prennent la parole parce qu'elles ont travaillé le dossier ; alors que si vous assistez à un débat à la commission des affaires étrangères, c'est une très large majorité d'hommes qui s'exprime. » Ce constat confirme celui de Geneviève Fraisse sur les thèmes des débats tardifs du Parlement européen. Une rapide étude des commissions du Parlement auxquelles appartiennent les trente-six députées françaises en janvier 2000 est probante[57]. La commission où elles sont les plus nombreuses en tant que titulaires (sept) est celle de l'environnement. Viennent ensuite les commissions de l'emploi (six), du développement, de la culture, du budget et la commission juridique (trois dans chacune d'elles). En revanche, une seule Française siège dans la commission de l'agriculture ; il en

---

57. Rappelons que chaque député siège dans une commission en tant que titulaire et dans une autre en tant que suppléant.

est de même dans celle de l'industrie, celle des affaires commerciales et celle des affaires étrangères : ce siège est occupé par Catherine Lalumière, qui a succédé à Marie-Noëlle Lienemann comme vice-présidente du Parlement[58]. On comprend pourquoi les femmes s'expriment sur l'environnement, et les hommes sur la politique extérieure. Cette répartition rappelle un épisode révélateur vécu par Françoise Gaspard alors qu'elle siégeait à la Commission de la condition de la femme de l'ONU en 1998 : « On allait parler de l'interdiction de certaines armes, voire de désarmement. En quelques secondes, la salle a changé de sexe. Les représentants militaires des missions diplomatiques faisaient leur entrée et demandaient aux représentants de leur céder la place. Tous des hommes[59]. »

Une présidente très internationale

Concrètement, que peut faire la présidente du Parlement européen, fût-elle française, pour améliorer l'influence de la représentation de la France à Strasbourg ? Pas grand-chose ! Si ce n'est dénoncer cet état de fait. Nicole Fontaine ne manque pas une occasion de faire savoir aux Français que leurs eurodéputés ne sont pas à la hauteur. Dans la presse, elle met en valeur les « bons élèves », et ce ne sont pas forcément les plus européens d'entre eux. Ainsi, Marie-France Garaud est inscrite au tableau d'honneur pour son engagement dans le travail parlementaire – et aussi sans doute parce qu'elle a choisi de ne pas siéger dans le groupe de Charles Pasqua mais avec les non-inscrits[60]…

Une autre manière d'affirmer la position de la France dans l'Union est de tout faire pour maintenir le siège du Parlement européen à Strasbourg. C'est dans un hémicycle neuf – dont le bâtiment se nomme Louise Weiss – que Nicole Fontaine a été élue présidente. Sur cette question, la présidente doit faire preuve d'un grand tact :

---

58. Bureau du Parlement européen à Paris. Dix des trente-six Françaises siègent à la commission femmes qui est surnuméraire.
59. Françoise Gaspard, « Les institutions supranationales et les femmes : une expérience », *in* Yves Denéchère (dir.), *Femmes et diplomatie, op. cit.*, p. 142.
60. *Le Figaro*, février 2000, « La présidente, ses bons élèves, ses cancres ».

« La Française que je suis est naturellement sous surveillance. » Lors du vote annuel du calendrier des sessions pour l'année 2001, un amendement, déposé au dernier moment, vise à raccourcir les semaines de séance plénière à Strasbourg en supprimant la matinée du vendredi ; il est voté à trente-deux voix de majorité. Les protestations du gouvernement français n'y changeront rien. L'année suivante, le même amendement est voté à neuf voix de majorité. Ce jour-là, quatorze députés français sont absents !

Après Simone Veil, Jacques Delors et Catherine Lalumière ont incarné la dimension européenne de la France. Après les affres de la Commission Santer et l'application des nouvelles prérogatives du Parlement, une ère favorable pour l'institution parlementaire semble s'ouvrir en 1999 sur le plan international. À peine élue, Nicole Fontaine, qui fait du renforcement des relations avec les pays méditerranéens l'un des objectifs de ses deux ans et demi de présidence, décide de représenter le Parlement européen aux funérailles du roi Hassan II. Alors qu'on souhaite la cantonner avec les épouses des chefs d'État présents dans la capitale marocaine, elle insiste pour figurer au rang des officiels, des hommes. Avec l'aide de Jacques Chirac et de ses gardes du corps, de dignitaires marocains aussi, elle parvient, au côté de Bill Clinton, au premier rang derrière le cercueil[61].

Nicole Fontaine multiplie les déplacements à l'étranger où elle est chaque fois accueillie avec rang de chef d'État, souvent avec des sentiments meilleurs qu'à l'égard de ceux-ci parce qu'elle ne représente pas une politique étrangère, mais incarne l'Europe. Ces visites ont pour but de promouvoir d'autres conceptions des relations internationales. En février 2000, elle est reçue par les dirigeants libanais, palestiniens, israéliens et jordaniens. Dans ce Proche-Orient miné, elle plaide pour une autorité régionale de l'eau : « Pourquoi l'eau ne deviendrait-elle pas pour la région ce que le charbon et l'acier ont été pour l'Europe ? » Ses paroles sont d'autant plus écoutées, sinon entendues, que le Parlement européen vote chaque année les programmes d'aide à ces pays : l'aide européenne représente la moitié des subsides internationaux versés aux Palestiniens. À Strasbourg,

---

61. Nicole Fontaine, *Mes combats, op. cit.*, pp. 37-41.

elle reçoit les présidents des assemblées israélienne et palestinienne, mais aussi des femmes afghanes, anonymes sous leur burka. Selon elle, c'est sa « ténacité » qui a permis toutes ces rencontres : « Je suis une femme, je ne lâche rien[62]. »

Au terme d'une année de présidence, la presse française dresse un premier bilan de l'action de Nicole Fontaine. L'avis est unanime : elle a réussi à s'imposer au Parlement, parfois même contre sa propre famille politique, elle a su remettre le couple Parlement-Commission sur de bons rails, et donner une visibilité internationale à l'institution : au Kosovo, en Israël, dans une ferme britannique où elle mange du bœuf en pleine crise de la vache folle, au mariage du couple princier de Belgique... De son propre aveu, elle s'interroge sur les effets de son action à l'extérieur : « Je fais des voyages, mais au retour, je me dis : "et alors ?"[63] »

Quel regard les eurodéputés français portent-ils sur l'action de la présidente ? Avec un peu de recul, Marie-Anne Isler-Béguin dresse un bilan assez favorable : « C'était ce qu'on attendait d'une présidence : elle a fait beaucoup pour faire connaître le Parlement européen à l'extérieur, pour y amener du monde, pour l'ouvrir. » Pour Anne-Marie Idrac, présidente du Mouvement européen – France, Nicole Fontaine et avant elle Simone Veil « ont apporté, de par les fonctions qu'elles ont exercées et par leur personnalité, un certain rayonnement international à l'Europe. Sur ce point, c'est très bien qu'il y ait eu deux femmes présidentes du Parlement européen. Cela a donné une image symbolique forte. » Hervé de Charette, ancien ministre des Affaires étrangères, rapproche également les deux présidences : « Ayant eu l'occasion dans ma vie politique de voir d'autres présidences du Parlement européen à l'œuvre, celle de Mme Veil et celle de Mme Fontaine se situent à un niveau élevé de qualité et de force. » Jean-Louis Bourlanges retient qu'elle « a bien

62. *Le Figaro*, 28 février 2000, « Nicole Fontaine dans l'Orient compliqué » ; *Le Figaro Madame*, 19 janvier 2002, « Nicole Fontaine : "Une femme ne louvoie pas devant la réalité" ».
63. *Libération*, 12 juillet 2000, « Nicole Fontaine se mouille à la tête de l'Europarlement » ; *Le Figaro*, 4 juillet 2000, « Nicole Fontaine : Chirac a levé des tabous ».

su s'identifier à la lutte contre le terrorisme basque ». En effet, à l'automne 2000, Nicole Fontaine a condamné, du perchoir du Parlement, le terrorisme de l'ETA. En mars 2001, à Madrid, le roi Juan Carlos lui remet le prix Grupo Correo pour les valeurs humaines qui n'a jamais été remis auparavant à une personnalité étrangère ; c'est pour elle l'une de ses plus grandes fiertés[64]. D'autres initiatives personnelles de la présidente sont remarquées, comme sa réaction lors de la participation au gouvernement autrichien de l'extrême droite de Jörg Haider au début de l'année 2000. Cela la met en posture difficile au sein de son propre groupe, mais convient parfaitement aux États membres – la France en tête – qui ont appelé à la plus grande vigilance. Sans doute est-ce la première manifestation de la volonté de Nicole Fontaine d'exercer une présidence « politique » et ne de pas simplement gérer le Parlement.

La fin du mandat de Nicole Fontaine est marquée par les attentats du 11 septembre 2001 et la mort du commandant Massoud qu'elle avait reçu à Strasbourg au mois d'avril précédent, alors que beaucoup d'autorités nationales refusaient de le rencontrer et de reconnaître sa lutte. En octobre, elle déplore que le Conseil européen ne se soit pas prononcé clairement pour le renversement du régime des talibans en Afghanistan[65].

Nicole Fontaine quitte le perchoir en janvier 2002. De son action, elle retient plusieurs points essentiels. D'abord, elle a normalisé les relations avec la Commission en évitant que les parlementaires de la COCOBU rejouent le même scénario qui avait poussé à la démission du collège Santer. Ensuite, il lui apparaît que le Parlement a renforcé ses pouvoirs, qu'il est mieux considéré[66]. Marie-Anne Isler-Béguin, qui reconnaît un bon bilan international à la présidente, est moins convaincue sur son bilan politique et sur son action en tant que femme : « Elle aurait pu, en tant que femme, faire davantage. Si elle avait voulu défoncer plus de portes elle aurait vraiment pu, le Parlement européen n'attend que cela. »

---

64. Nicole Fontaine, *Mes combats, op. cit.*, pp. 149-153.
65. *Le Figaro*, 30 octobre 2001, « Nicole Fontaine : "Il est vital d'éliminer les talibans" ».
66. *Le Figaro,* 1er janvier 2002, « Nicole Fontaine : "J'ai résolu la crise avec la Commission" ».

Redevenue simple députée en janvier 2002, Nicole Fontaine semble attendre l'élection présidentielle de mai 2002 en France pour avoir une autre destinée : « Quand vous avez présidé le Parlement européen pendant le temps imparti, c'est-à-dire deux ans et demi, il est un peu difficile de se retrouver sur les bancs comme parlementaire ordinaire, pour soi comme pour les autres. J'avais par ailleurs soutenu Jacques Chirac à l'élection présidentielle dès le premier tour en 1995. Une autre route devait s'ouvrir. » En janvier 2002, elle est la seule femme présentée par la presse comme « premier ministrable » aux côtés de cinq hommes. Ses atouts : « être une femme » ! Et, accessoirement, « avoir exercé de hautes responsabilités internationales[67] ». Elle devient ministre déléguée à l'Industrie dans le second gouvernement Raffarin. Comme Nicole Péry, ses compétences européennes ne sont pas directement utilisées. Après deux ans passés au gouvernement, elle revient dans l'hémicycle européen aux lendemains des élections de 2004.

---

67. *Le Monde*, 24 janvier 2002, « Cinq hommes et une femme dans la course ».

Rien n'est jamais acquis

En 1999, la présence de 40 % de femmes parmi les eurodéputés français marque une évolution notable. Mais ce n'est pas seulement la représentation française à Strasbourg qui se féminise. Au Mouvement européen – France, « il y a une surreprésentation des femmes, convient Anne-Marie Idrac, élue présidente cette année-là. C'est un peu un concours de circonstances, je pense. Mais évidemment, je n'en suis pas fâchée, puisque je ne suis pas seulement une militante européenne, mais aussi une militante féministe. » Secrétaire d'État aux Transports dans les gouvernements Juppé (1995-1997), députée des Yvelines, Anne-Marie Idrac sera ensuite réélue en 2001 et en 2003, avant qu'en janvier 2005 un socialiste prenne la relève en la personne de Pierre Moscovici. En décembre 2006, Sylvie Goulard a été élue présidente[1]. De 2001 à 2004, elle était membre du groupe des conseillers politiques à la Commission européenne.

Les femmes sont donc nombreuses dans l'organigramme du Mouvement européen. Pendant les cinq années de mandat d'Anne-Marie Idrac, parmi les membres du bureau, du conseil d'administration ou comme associées on relève les noms de Pervenche Berès (vice-présidente), Catherine Lalumière (vice-présidente), Geneviève Dourthe, Sylvie Goulard, Martine Méheut, présidente de l'AEDE

---

1. Élection du 9 décembre 2006 : Pierre Moscovici, 177 voix ; Sylvie Goulard, 190 voix.

(Association européenne des enseignants) et prix « Femmes d'Europe – France » 1998, Françoise de La Serre, professeur à l'IEP de Paris, Béatrice Marre, maire de Noailles, Jessica Penet, présidente des Jeunes Européens – France. En outre, le ME-F abrite une commission féminine, « Femmes pour l'Europe », créée par Marcelle Lazard en 1961 et présidée depuis plusieurs années par Marie-Claude Vayssade.

Cette grande présence des femmes aux avant-postes du Mouvement européen ne doit pas cacher la réalité bien différente de la relation des femmes à l'Europe. Selon certains observateurs, parmi les gens qui sont les plus éloignés des votes européens, il y a les femmes. Étant plus exposées que les hommes à beaucoup d'insécurités, elles ressentiraient l'État national comme protecteur, et l'Europe comme un vaste espace ouvert à tous les vents : économiques, sociaux, migratoires… Il n'en demeure pas moins que le ME-F constitue un forum où les femmes politiques engagées dans la construction européenne ont su trouver leur place et s'imposer. Est-ce en raison de son caractère transpartisan ? En 2004, Anne-Marie Idrac en est convaincue : « Oui, il y a une solidarité européiste au-delà des partis, oui il y a une solidarité féminine, mais elle existe dans beaucoup de domaines. J'aime beaucoup ce genre de transversalité, mais il y a des gens que cela gêne. Avec Élisabeth Guigou, nous n'avons aucun souci par rapport à cela. » D'autres n'aiment pas l'idée de solidarité transpartisane. Le débat porte sur la manière politique de présenter les enjeux européens, de présenter aux citoyens une Europe souvent considérée comme abstraite, lointaine, contraignante. Certain(e)s pensent qu'il faut politiser le débat européen, d'autres qu'il faut susciter de l'intérêt pour la république européenne et qu'ensuite il y aura des alternances politiques comme il y en a dans la République française.

Peu de Françaises à la Convention sur l'avenir de l'Europe

On cherche en vain les Françaises nommées à la Convention sur les institutions, qui est chargée de rédiger un projet constitutionnel, autrement dit un nouveau traité pour l'Union européenne, précisément pour rapprocher l'Europe des Européens.

Dès décembre 2001, le Lobby européen des femmes note que « les femmes sont absentes de la présidence et de la vice-présidence de la Convention ». En février 2002, à la veille de la session d'ouverture, le LEF ne peut que déplorer la présence de deux femmes seulement au sein du *praesidium* qui compte douze membres. À cette date, sur les quatre-vingt-sept membres de la Convention déjà connus, il n'y a que seize femmes. Un communiqué du LEF le constate : « Le manque de vision et d'innovation affiché dans les nominations jusqu'à présent, à l'exception notable d'un certain nombre de groupes politiques du Parlement européen, ne présage rien de bon pour l'avenir de la Convention et peut-être l'avenir de l'Europe[2]. »

Sept Français font partie des cent cinq membres titulaires de la Convention chargée de proposer un traité établissant une constitution pour l'Union européenne et qui se réunit de février 2002 à juillet 2003. Parmi eux, aucune femme. Il faut chercher du côté des suppléant(e)s pour trouver les noms de trois Françaises, et encore, l'une d'entre elles ne représente la France que jusqu'au changement de majorité de 2002 en France (Anne-Marie Idrac) et une autre après cette échéance (Pascale Andréani). Pour sa part, Pervenche Berès demeure suppléante pendant toute la durée de la Convention. Députée européenne depuis 1994, son engagement est reconnu, puisque le Parlement européen la désigne pour le représenter en qualité de membre suppléant de Klaus Hänsch, eurodéputé socialiste allemand, ancien président du Parlement (1994-1997).

L'eurodéputée française est bien consciente que les femmes sont insuffisamment présentes dans la Convention. Elle avait d'ailleurs fait une proposition à la commission des affaires constitutionnelles du Parlement européen : « Que chaque composante applique la parité en désignant ses représentants à la Convention. Des collègues socialistes m'ont fait comprendre que ce n'était pas indispensable quand la droite, elle, était nettement contre. » Néanmoins, elle réussit à faire appliquer ce principe pour la délégation socialiste qui est la seule composée à parité. Pendant les travaux de la Convention européenne, elle intervient à plusieurs reprises d'une manière remarquée :

---

2. Lettre du LEF aux responsables politiques sur la composition paritaire de la Convention, 18 décembre 2001 ; communiqué de presse du LEF, 26 février 2002.

en octobre 2002, elle propose avec Olivier Duhamel, conventionnel titulaire, une contribution sur les services publics ; en novembre, elle insiste sur la nécessité de réformer l'exécutif européen[3].

La victoire de la droite et surtout de l'UMP aux législatives de 2002 entraîne la nomination à la Convention d'un député RPR, Pierre Lequiller, en qualité de titulaire, avec un suppléant socialiste. Anne-Marie Idrac n'a donc siégé que quelques mois en qualité de suppléante du député socialiste Alain Barrau qui représentait l'Assemblée nationale française. Elle garde de cette expérience le souvenir d'une grande solennité, d'une grande responsabilité historique. Contrairement à Pervenche Berès, elle ne pense pas que les femmes aient été trop peu nombreuses à la Convention, constatant qu'elles y étaient plus nombreuses qu'à l'Assemblée nationale française. « C'est vrai qu'il n'y avait pas tout à fait la masse critique de 30 %. Mais la Convention était un processus très démocratique, qui regroupait les différentes sources de légitimité. Il se trouve que ces légitimités, pour la plupart d'entre elles – et notamment en France – sont portées par des hommes. » Sans doute cette analyse est-elle liée à son expérience politique personnelle. Attachée au scrutin uninominal, gage de démocratie et de véritable représentativité, elle n'a pas été attirée par les élections européennes et n'a connu que l'Assemblée nationale et sa très faible proportion de femmes. On comprend qu'elle considère la Convention comme un progrès en ce domaine, quand Pervenche Berès, habituée de l'hémicycle européen, considère qu'il y a là une forme de régression. De son côté, Olivier Duhamel rejette l'idée d'une Convention peu ouverte aux femmes : « Pascale Andréani, suppléante de Villepin, fut en vérité d'une attention constante et utile pour la cause européenne. Sylvie Goulard, travaillant chez Prodi, eut des idées judicieuses. » Mais pour cette dernière, ce fut en tant que conseillère du président de la Commission, pas comme membre de la Convention.

Pascale Andréani a été désignée comme suppléante du ministre des Affaires étrangères Dominique de Villepin, en tant que secrétaire générale du SGCI et conseillère pour les Affaires européennes auprès

---

3. Secrétariat de la Convention européenne, conv. 119/02, contribution 107, 7 octobre 2002 ; conv. 397/02, contribution 139, 12 novembre 2002.

du Premier ministre, Jean-Pierre Raffarin. Son parcours et son implication dans la politique européenne de la France évoquent un peu le parcours d'Élisabeth Guigou. Elle a été, de 1993 à 1995, directrice de cabinet du ministre délégué aux Affaires européennes Alain Lamassoure ; en 1997-1998, conseillère pour les Affaires européennes à la présidence de la République et, de 2000 à 2002, directrice de la Coopération européenne au ministère des Affaires étrangères. « Logiquement, Pascale Andréani devrait finir au ministère des Affaires européennes », estime Jean-Louis Bourlanges. À la Convention, elle a présenté une contribution sur la place de la culture dans le futur traité, a participé à l'élaboration des propositions communes franco-allemandes en matière de justice et de politique de défense et de sécurité commune[4], et en concertation avec les autres Français de la Convention elle a défendu les propositions faites par la France, notamment pour les modalités des votes en Conseil.

Peu féminisée, la Convention est sous la pression des lobbies féministes, mais ceux-ci ne vont pas tous dans le même sens depuis les négociations sur la Charte des droits fondamentaux adoptée à Nice en 2000. Par exemple, au nom de l'Association des femmes de l'Europe méridionale, Marcelle Devaud et Micheline Galabert avaient alors le souci d'introduire le principe de l'égalité hommes/femmes dans la Convention. Geneviève Fraisse était sur une autre position, considérant que le principe n'est pas la chose essentielle par rapport à l'article 23, qui précise que « l'égalité entre les femmes et les hommes doit être assurée dans tous les domaines, y compris en matière d'emploi, de travail et de rémunération ». « Plutôt que de se battre sur le principe à inscrire dans la Charte et la Constitution, ajoute-t-elle, j'aurais préféré plus de pression des féministes sur la Commission pour une vraie directive sur le sexisme. » L'article 23 de la Charte des droits fondamentaux est devenu l'article II-83 du traité établissant une constitution pour l'Union européenne présenté par la Convention, ce qui n'a pas empêché certain(e)s de voir dans ce texte une régression en ce qui concerne les droits des femmes.

---

4. Secrétariat de la Convention européenne, conv. 460/02, contribution 172, 17 décembre 2002 ; contribution 435/02, contribution 156, 28 novembre 2002.

Nouvelle donne au Parlement européen

En France, la grande nouveauté des élections européennes du 13 juin 2004 a été l'application d'un nouveau mode de scrutin proportionnel par grandes circonscriptions interrégionales (huit) et la réduction à soixante-dix-huit du nombre de sièges à pourvoir après l'entrée de dix nouveaux États dans l'Union européenne. Le calendrier est aussi assez problématique : les élections régionales qui ont lieu en mars sont porteuses d'un enjeu politique national. Tous les partis français attendent qu'elles soient passées pour penser aux européennes. Ce décalage empêche les Français de participer à la préparation de la prochaine législature : candidats à la présidence du Parlement pressentis, organisations des groupes, etc.[5].

Sur les soixante-dix-huit élus français on compte trente-quatre femmes, soit 43,5 %, ce qui est comparable aux 40 % de femmes élues en 1999. La féminisation de la délégation française semble atteindre un palier difficile à dépasser, bien que la parité soit instituée et les listes présentées paritaires.

Jean-Louis Bourlanges explique la limite du nouveau mode de scrutin : « À l'UDF, on aurait pu faire élire seulement des hommes, il suffisait de mettre des hommes en tête de liste dans toutes les régions. Mais on a mis Marielle de Sarnez, Nathalie Griesbeck et Janelly Fourtou en tête, d'autres en seconde position partout ailleurs et, compte tenu de nos bons résultats, elles ont été élues. Mais il est vrai que les adonnés aux joies du machisme pourront encore manœuvrer, malgré la parité. » Sur les onze élus UDF, cinq sont des femmes, la parité est donc à peu près respectée, comme au FN (trois femmes et quatre hommes), ce qui est une grande nouveauté pour ce parti. La parité est parfaite à l'UMP (neuf et neuf) et chez les Verts (trois et trois). On en est plus loin au PS (quatorze femmes pour dix-sept hommes), ce qui peut étonner compte tenu des scrutins antérieurs. Les trois élus communistes et les trois élus du MPF sont tous des hommes.

---

5. *Le Monde*, 3 septembre 2003, « Le nouveau système proportionnel est un casse-tête pour les élus français » ; 30 janvier 2004, « Dans les partis français, la bataille des députés sortants ».

Aucune Française ne fait partie du bureau du Parlement en tant que vice-présidente au sein du nouveau Parlement intégrant les dix nouveaux pays membres entrés en 2004. « Aujourd'hui, les hommes se disputent pour être vice-présidents, indique Marie-Anne Isler-Béguin. Pierre Moscovici et Gérard Onesta (Vert) n'ont pas laissé leur place à d'autres [élus en 2004 et 2007]. Donc on doit se bagarrer d'autant plus en tant que femme. » Jean-Louis Bourlanges veut relativiser les choses : « Aujourd'hui [décembre 2004], sur les quatre présidents de commission français, il y a deux femmes et deux hommes : deux commissions importantes, celle de Mme Berès et la mienne ; deux qui le sont moins : celle de Mme Flautre et celle du général Morillon. Il y a donc un équilibre[6]. » D'autres Françaises jouent des rôles non négligeables au bout de dix ans d'engagement au Parlement et dans des responsabilités très politiques : Françoise Grossetête est vice-présidente du groupe PPE-DE chargée des travaux parlementaires, des temps de parole et des conciliations ; Marielle de Sarnez est vice-présidente du groupe ADLE (Alliance des démocrates et des libéraux pour l'Europe) et présidente de la délégation UDF.

Cet équilibre est essentiel pour l'avenir politique des Françaises. Depuis le bras de fer opposant Bruxelles à Strasbourg en 1999, une certaine notoriété parmi les eurodéputés et une bonne connaissance de l'institution parlementaire sont des sésames indispensables pour accéder à la Commission. Pour Anne-Marie Idrac, ceux qui peuvent passer les auditions pour devenir commissaires européens « sont ceux qui sont déjà soit au Parlement, soit à la Commission, soit ancien ministre des Affaires européennes ». On comprend qu'au-delà des places et des responsabilités au sein du Parlement européen, l'avenir de « carrières » européennes se joue à Strasbourg dans d'autres institutions de l'Union. Les pouvoirs du Parlement européen allant croissant, il n'est pas sûr que les Français, moins nombreux au Parlement, continueront à « laisser » aux Françaises les postes à

---

6. Jean-Louis Bourlanges était alors président de la commission des libertés publiques, de la justice et des affaires intérieures. Il le restera jusqu'en janvier 2005. Pervenche Berès était présidente de la commission économique et monétaire, Hélène Flautre était présidente de la sous-commission des droits humains, Philippe Morillon était président de la commission de la pêche.

responsabilités. On ose espérer que ce n'est pas le signal de la fin d'un certain « âge d'or » des Françaises au Parlement européen.

De la difficulté d'exister
au ministère des Affaires européennes (2002-2005)

Après la période 1984-1993 (hormis la période de cohabitation de 1986-1988), les années 2000 constituent une deuxième période pendant laquelle le portefeuille des Affaires européennes est confié à des femmes. Comme François Mitterrand en son temps, Jacques Chirac nomme successivement trois femmes. Après l'élection présidentielle de 2002, dans le premier gouvernement Raffarin (7 mai 2002), les Affaires européennes sont confiées à Renaud Donnedieu de Vabres. Celui-ci démissionne au bout de quelques semaines en raison d'une mise en examen datant de 1998 dans le cadre du financement occulte du Parti républicain. Parmi les douze nouveaux membres du gouvernement remanié le 18 juin, figurent Nicole Fontaine, en tant que ministre déléguée à l'Industrie, et Noëlle Lenoir, comme ministre déléguée aux Affaires européennes.

Juriste de formation, Noëlle Lenoir a été successivement maître des requêtes au Conseil d'État (1984-1988) et directrice de cabinet du garde des Sceaux (1988-1990), avant de se voir confier une mission sur la bioéthique et les sciences de la vie par le Premier ministre Michel Rocard. Si elle est sensible à la dimension européenne, notamment en tant que maire de Valmondois (élue en 1989), c'est surtout à partir de ces années 1990-1991 qu'elle se trouve impliquée dans les questions européennes par cette mission consistant à faire un état des lieux international sur les législations destinées à encadrer ces sciences hors normes. Le rapport qu'elle remet à Édith Cresson (qui a succédé à Michel Rocard) est remarqué au plus haut niveau international : Jacques Delors lui demande alors de faire partie du Groupe européen d'éthique (GEE) et Federico Mayor, de l'UNESCO, lui confie la présidence d'un Comité international de bioéthique. En février 1992, elle est nommée par le président de l'Assemblée nationale, Henri Emmanuelli, membre du Conseil constitutionnel. Elle est la première femme à rejoindre cette institution ; depuis plusieurs années, le président du Conseil, Robert Badinter, réclamait la nomination d'une femme.

Les nombreux portraits de la nouvelle sage qui paraissent à cette époque dans la presse soulignent sa grande compétence en droit, mais ne manquent pas d'évoquer son physique (« La belle parmi les sages », « Et en plus, elle est jolie… ») et ses tenues vestimentaires (« Elle porte plus volontiers des robes en stretch et des collants opaques que des tailleurs Chanel »)[7]. Pendant les neuf ans de sa charge (jusqu'en 2001), elle insiste sur la dimension européenne et préside par ailleurs le GEE (de 1994 à 2002), ne quittant cette fonction que lors de son entrée au gouvernement.

La nomination de Noëlle Lenoir comme ministre déléguée aux Affaires européennes suscite beaucoup de commentaires, mais bien davantage sur ce qui apparaît à certains comme un revirement politique que sur les compétences de la nouvelle ministre. Alors députée européenne, Geneviève Fraisse accueille cette nomination positivement parce que Noëlle Lenoir connaît bien l'Europe pour avoir présidé le Comité d'éthique européen : « Moi je me suis reconnue un peu là-dedans ; on la met dans un poste où elle n'aura pas de pouvoir, mais elle cherche quand même à faire des choses, c'était un peu ma position quand j'étais déléguée [interministérielle chargée des Droits des femmes]. Et on peut faire des choses. » Est déjà évoquée ici la difficulté majeure de Noëlle Lenoir : comment réussir à être visible alors que le ministre des Affaires étrangères est Dominique de Villepin ? Pour Olivier Duhamel : « On ne lui a pas laissé la place qu'elle n'a pas su arracher. »

Devant composer, comme tout ministre des Affaires européennes, avec les autres ministères, Noëlle Lenoir a un handicap supplémentaire par rapport à une Édith Cresson ou une Élisabeth Guigou : elle manque d'appuis. Selon Anne-Marie Idrac, sa nomination « était aussi le signe que le ministère des Affaires étrangères voulait conserver l'entière tutelle sur les Affaires européennes. C'est très diffi-

---

7. *Le Monde*, 27 février 1992, « Mme Noëlle Lenoir : codifier la bioéthique » ; *Le Journal du Dimanche*, 23 mars 1992, « La belle parmi les sages » ; *Libération*, 27 février 1992, « Noëlle Lenoir, femme et sage » ; « Portrait : et en plus, elle est jolie… » ; *Le Figaro*, 27 février 1992, « Noëlle Lenoir : la première femme ».

cile dans ces conditions de tirer son épingle du jeu ». Peut-être est-ce plus difficile encore pour une femme que l'on présente comme opportuniste : nommée ministre par Jacques Chirac, après avoir été nommée par François Mitterrand (via Henri Emmanuelli, qui ne lui pardonne pas cette « trahison ») au Conseil constitutionnel ? « Je reste persuadée qu'on ne reprocherait pas de la même manière à un homme d'"avoir des ambitions politiques" », dit Noëlle Lenoir, avant de rappeler la manière dont Édith Cresson, Nicole Notat, Dominique Voynet ont été traitées. « Entre la mère et la séductrice, on n'a pas trouvé le personnage de la femme qui assume son métier et son foyer », mais « l'Europe est un champ politique neuf dans lequel les femmes ont un rôle éminent à jouer[8] ».

Un rapport daté de juin 2003 faisant le bilan de « un an d'action européenne » de Noëlle Lenoir illustre parfaitement la difficulté d'exister au sein du gouvernement en tant que ministre déléguée aux Affaires européennes. Le document donne une liste d'actions qui sont toujours communes avec d'autres ministères. Outre le Premier ministre et le ministre des Affaires étrangères, pas moins de douze ministres sont cités, certains d'entre eux plusieurs fois[9]. En ce qui concerne le soutien qu'elle pourrait recevoir des plus hautes autorités, rappelons ce que dit Hubert Védrine : « Il s'est trouvé des ministres des Affaires étrangères étouffant complètement leur ministre délégué aux Affaires européennes. Si, dans ce cas-là, le président ou le chef du gouvernement n'intervient pas pour dire que pour des raisons politiques ou autres il faut lui laisser de la latitude et un espace, on n'entend à peine parler du ministre des Affaires européennes ni de son action. »

Si la marge de manœuvre d'un ministre est proportionnelle à son poids politique, on comprend la situation difficile de Noëlle Lenoir. Le contexte de la Convention sur l'avenir de l'Europe et du grand élargissement est pourtant propice aux négociations bilatérales et multilatérales pour définir des positions et des propositions avec les partenaires européens. Noëlle Lenoir s'investit beaucoup dans l'éla-

---

8. *Elle*, 4 décembre 2002, « Le tête-à-tête de Ruth Elkrief ».
9. « Un an d'action européenne », par Noëlle Lenoir, juin 2003, notamment sur le site Internet du ministère des Affaires étrangères : http://www.diplomatie.fr.

boration des amendements français sur la Constitution, notamment en concertation avec les Allemands. À plusieurs reprises, elle signe des tribunes enthousiastes dans la presse à propos de l'élargissement vers l'Europe centrale et orientale[10]. Même si elle ne siège pas à la Convention, elle peut agir pour que la position de la France y soit renforcée. Chaque séance plénière de la Convention est précédée d'une réunion mensuelle des conventionnels français, placée sous sa présidence.

C'est sans doute du côté des relations entre le gouvernement et les autres acteurs de la politique européenne de la France que Noëlle Lenoir a imprimé une marque différente de ses prédécesseurs. Dès août 2002, elle exprime son souhait d'être un « facilitateur d'Europe », un relais entre les eurodéputés français et Paris[11]. Un an plus tard, elle indique : « Je réunis désormais systématiquement chaque mois, avant chaque session plénière du Parlement européen, en présence du SGCI, les députés européens français pour les informer des positions gouvernementales et répondre à leurs demandes. [...] Il est temps de montrer à nos partenaires européens que la France entend pleinement jouer son rôle au sein du Parlement européen. Il y va de la crédibilité de notre action en faveur de la place de Strasbourg comme siège de ce Parlement[12]. » Geneviève Fraisse confirme que Noëlle Lenoir « a cherché à voir des parlementaires, à rapprocher les gens ». Marie-Anne Isler-Béguin note également une évolution : « On nous propose des réunions pour présenter les positions [du gouvernement français], la Représentation permanente est très ouverte sur tout ce que l'on peut demander... »

Tous les efforts de la ministre n'ont pas été couronnés de succès et elle se bat en vain pour que les députés européens gagnent des places dans l'ordre du protocole. Cherchant à obtenir une certaine unanimité nationale sur la politique européenne, à l'occasion du quarante-sixième anniversaire du traité de Rome, Noëlle

---

10. Notamment dans *Le Figaro*, 18 décembre 2002, « Élargissement : un révélateur d'identité » par Noëlle Lenoir.
11. *Le Figaro*, 17-18 août 2002, « Noëlle Lenoir : "Je veux être un facilitateur d'Europe" ».
12. « Un an d'action européenne », par Noëlle Lenoir, juin 2003, pp. 14-15.

Lenoir reçoit les anciens commissaires européens français, le 25 mars 2003[13]. Un an plus tard, elle quitte le gouvernement à l'occasion d'un remaniement. La presse se faisait l'écho de son possible engagement dans les élections européennes de 2004[14], mais elle choisit de continuer à s'intéresser à l'Europe dans le privé à la tête de l'Institut de l'Europe d'HEC.

Claudie Haigneré, spationaute connue, entre dans le gouvernement Raffarin en 2002 comme ministre déléguée à la Recherche et aux nouvelles technologies. Sa présence est un symbole de rajeunissement et d'une France qui réussit. Confrontée à un contexte difficile pour les chercheurs, elle a du mal à se sortir d'un dossier qui exige de l'expérience politique. En mars 2004, elle passe de la Recherche aux Affaires européennes, sans que cela suscite beaucoup de commentaires dans la presse[15].

Pourtant, le remplacement de Noëlle Lenoir par Claudie Haigneré intervient à un moment clé de la construction européenne et de l'avenir de l'Union : élargissement, ratification du traité instituant une constitution. Pour Raymond Barre, cette nomination « a un peu étonné parce qu'elle n'avait aucune référence dans ce domaine européen mais c'est une femme de qualité ». Hervé de Charette remarque qu'« elle a sûrement une grande habitude de la concertation internationale par ses fonctions précédentes ». Quant à Olivier Duhamel, il ne voit dans cette nomination qu'un simple jeu de chaises musicales : « C'était pour la changer, mais la garder. Il fallait donc la placer. » Marie-Anne Isler-Béguin comprend mal cette nomination : « Aujourd'hui, c'est un poids lourd politique qui doit être en charge des Affaires européennes pour défendre la vision européenne de la France. »

En fait, il y a bien un « poids lourd politique » aux Affaires européennes. Le mercredi 31 mars 2004, invité du journal de 20 heures

---

13. Déclaration du porte-parole du Quai d'Orsay, 24 mars 2003.
14. *Le Monde*, 30 janvier 2004, « Dans les partis français, la bataille des députés sortants ».
15. *Le Monde*, 2 avril 2004, « Le nouveau gouvernement ».

de France 2, Michel Barnier précise ses attributions. Alors qu'on le présente comme le nouveau ministre des Affaires étrangères, l'ex-commissaire européen (Commission Prodi 1999-2004) interrompt le journaliste : « ... et des Affaires européennes ». Dans la suite de l'interview, il annonce qu'il va s'investir pleinement dans les dossiers européens liés à l'élargissement et au nouveau traité constitutionnel, sans évoquer une seule fois l'aide que pourrait lui apporter la ministre déléguée aux Affaires européennes. Pour l'heure il indique sa priorité : mener campagne pour les élections européennes de juin 2004[16].

Comme Noëlle Lenoir aux côtés de Dominique de Villepin, mais avec encore moins d'expérience européenne, Claudie Haigneré n'a donc pas grande latitude et on l'entend peu pendant la campagne de 2004. Au printemps 2005, lors du grand débat national sur la ratification du traité constitutionnel, le ministre des Affaires étrangères est en première ligne. Alors qu'on voit Michel Barnier partout, elle ne participe à aucune des émissions télévisées les plus importantes. On est bien loin de l'engagement déterminé d'Élisabeth Guigou lors du référendum sur le traité de Maastricht qui occupait alors le même poste qu'elle. Le rejet du traité constitutionnel par les Français, à près de 55 %, ne pouvait qu'entraîner le départ de Michel Barnier et de Claudie Haigneré du Quai d'Orsay.

Le 2 juin 2005, Catherine Colonna est nommée ministre déléguée aux Affaires européennes pour assister le nouveau ministre des Affaires étrangères, Philippe Douste-Blazy. Énarque et diplomate de formation, elle a exercé diverses fonctions au sein du ministère des Affaires étrangères, notamment porte-parole adjointe du Quai d'Orsay, sous Alain Juppé (1993-1995). Après l'élection de Jacques Chirac à la présidence de la République, le secrétaire général Dominique de Villepin l'appelle à l'Élysée où elle devient porte-parole du président. Elle suit le chef de l'État dans tous ses déplacements à l'étranger et intègre la cellule diplomatique de l'Élysée où on lui prête un rôle important pendant la crise irakienne de 2003. La presse

---

16. France 2, 31 mars 2004, journal de 20 heures, interview de Michel Barnier.

relève que la compétence européenne de Catherine Colonna tranche avec l'inexpérience du nouveau ministre des Affaires étrangères[17]. Et elle peut s'appuyer sur les deux têtes de l'exécutif pour assumer la politique européenne de la France dans le contexte délicat de l'après-« non » français au traité constitutionnel.

Femmes dans un monde d'hommes

Six femmes ont eu la responsabilité des Affaires européennes au niveau gouvernemental. À peu de frais, puisque le dossier européen est piloté par l'Élysée et par le ministère des Affaires étrangères. Aucune n'a eu alors de véritable poids politique : elles n'ont ni troupes acquises à leur cause ni responsabilité notable au sein des partis nationaux. Édith Cresson apparaît comme une exception, mais son envergure, ministérielle plus que politique, se révèle justement incompatible avec un ministère des Affaires européennes, fût-il de plein exercice.

Les nominations de ces femmes relèvent du pouvoir discrétionnaire du président de la République, et l'autorité dont elles peuvent se prévaloir dépend donc du chef de l'État... si celui-ci les soutient vraiment. Il semble y avoir une nette différence d'attitude sur ce point entre François Mitterrand et Jacques Chirac. Pour Élisabeth Guigou, c'est une évidence. Beaucoup de protagonistes rendent hommage à son engagement à des moments clés de la construction européenne. Les archives consultées comme les témoignages recueillis prouvent que cette réputation n'est pas usurpée : pendant une dizaine d'années, de 1982 à 1993, avec une régulière montée en puissance, elle a bien joué un rôle décisif dans la politique européenne de la France, au même titre qu'un Roland Dumas.

Généralement vue à travers les prismes déformants de son passage à Matignon et de la démission de la Commission Santer, l'action européenne d'Édith Cresson a été davantage éludée. Sans doute convient-il de la réhabiliter. D'une autre génération qu'Élisabeth

---

17. *Le Monde*, 4 juin 2005, « Philippe Douste-Blazy, Catherine Colonna à la diplomatie : le mariage du médiatique et de l'experte ».

Guigou, avec un tout autre parcours et une histoire personnelle marquée par la guerre, elle envisage la construction européenne comme
une épreuve inévitable d'où la France doit sortir renforcée. Dans ses
différents postes ministériels (1981-1986, 1988-1990), puis à Matignon (1991-1992), elle a su tantôt se servir de l'Europe, tantôt la stig-
matiser pour défendre les intérêts français. C'est avec raison plus
qu'avec enthousiasme qu'elle envisage la construction européenne,
notamment les relations de la France avec l'Allemagne, surtout après
la réunification. Nommée commissaire européenne, elle ne change
pas d'approche. De l'avis de beaucoup – et désormais des juges chargés d'instruire les affaires auxquelles elle a été mêlée –, il n'y a pas
de commune mesure entre ce qui peut effectivement lui être reproché
et la manière dont les médias et les institutions européennes l'ont traitée. Son passé de première femme Premier ministre en faisait une
cible désignée et ne lui a pas permis d'échapper à ce qui tient à la fois
de la chasse aux sorcières de la part de certains eurodéputés et de la
désignation d'un bouc émissaire par certains commissaires. Un profil
plus en phase avec les stéréotypes habituels des commissaires,
comme celui de sa prédécesseure française à Bruxelles, aurait peut-
être pu lui éviter bien des désagréments.

Christiane Scrivener, parlementaire européenne dès 1979, s'impose
par sa maîtrise des dossiers à Strasbourg avant d'être nommée à la
Commission (1989-1995). Est-ce un hasard ? Les deux premières
femmes commissaires sont issues des pays européens les moins
avancés en ce qui concerne l'accès des femmes aux mandats nationaux : la France et la Grèce ! Malgré sa grande discrétion, elle
accomplit à Bruxelles un travail de fond dans des domaines réputés
arides, ceci expliquant peut-être cela. Sa reconduite en fonction à la
fin de l'année 1992 en dit long sur la manière dont les autorités françaises la considèrent. Bien qu'elle soit la compétence même, les chaînes de la télévision française ne lui répondent pas lorsqu'elle propose
ses services pour participer à la campagne du référendum pour le
traité de Maastricht : elle ne fait pas partie du paysage politico-
médiatique national. Le service de la France au niveau européen
n'entraîne pas la reconnaissance du pays.

Écartée du secrétariat général du Conseil de l'Europe par quelques
potentats politiques locaux revanchards, Catherine Lalumière en sait

quelque chose. Pendant cinq ans (1989-1994), elle a su donner un nouvel élan au Conseil de l'Europe. La plus vieille institution européenne profite du contexte de l'effondrement du bloc soviétique et de la volonté de sa première secrétaire générale pour retrouver, temporairement, un rôle éminent. Son mandat correspond à ce sursaut et à l'accueil des pays d'Europe centrale et orientale dans le Palais de l'Europe. Mais ces pays une fois intégrés dans l'Union européenne, le Conseil de l'Europe retombe dans une certaine léthargie dont il ne semble pas près de sortir. Pendant vingt ans, l'action politique de Catherine Lalumière a été marquée du sceau européen. Première femme secrétaire d'État aux Affaires européennes, première femme secrétaire générale du Conseil de l'Europe, députée européenne pendant deux législatures, elle non plus n'a pas la reconnaissance qu'elle mérite : ni le monde politique ni les médias ne la lui ont accordée.

Les Françaises qui ont fait l'Europe sont mal connues. Quand les archives seront plus accessibles, les historiens pourront confirmer que la présidence de Simone Veil (1979-1982) a inauguré une nouvelle ère pour le Parlement européen. Personnalité hors du commun, elle a réussi à se débarrasser de l'image de femme-alibi qui était attachée à son nom depuis 1974, en s'éloignant de l'exécutif français. Véritable porte-parole des députés européens, elle a su lutter pour l'indépendance du Parlement face aux États. Au cours des trois élections européennes auxquelles elle a participé en tant que tête de liste, elle est la seule, parmi les personnalités politiques françaises, à parler essentiellement et d'abord d'Europe.

De quel poids pèse un mandat de député européen dans la carrière d'un homme politique français ? Hormis pour quelques-uns, pas grand-chose ! Pour des femmes comme Nicole Péry, Nicole Fontaine et d'autres, le Parlement européen c'est toute leur vie politique. Mises en avant lors des campagnes électorales européennes, ces femmes ont su détourner à leur profit les manœuvres des partis, notamment en faisant preuve de solidarité entre elles (femmes du PS, Simone Veil et Christiane Scrivener, etc.). Davantage connues des députés européens et des chancelleries que des Français qu'elles représentent, leurs parcours illustrent des « carrières européennes » que les hommes politiques ont du mal à envisager en France. Arrivées au Parlement européen sans références à faire valoir, elles s'imposent aux leurs et aux autres eurodéputés par leur présence et leur travail. L'élection de Nicole Fontaine à la présidence du Parlement en 1999 est à cet égard probante. Certes, les Françaises n'ont pas d'autre mandat à exercer, et certains de leurs collègues masculins estiment qu'il leur est facile de s'engager à Strasbourg dans ces conditions. Pourtant, elles sont souvent mères de famille, et ce n'est pas simple de s'engager à temps complet dans une activité politique lointaine à laquelle beaucoup d'hommes rechignent.

Parmi les Françaises qui ont participé à la construction européenne, on remarque beaucoup de « premières » dans des domaines très divers : Simone Veil, Catherine Lalumière, Noëlle Lenoir, Christiane Scrivener, Claudie Haigneré, Édith Cresson... La plupart d'entre elles estiment que c'est aux femmes de faire la preuve de leurs capacités afin d'accéder à des postes jusque-là réservés aux hommes, mais elles ne renient pas l'apport des luttes féministes. D'autres, plus engagées, plus militantes, ont fait de la lutte des femmes une priorité : Yvette Roudy, Françoise Gaspard, Martine Buron, Marie-Claude Vayssade... Certaines enfin se sont engagées dans la dimension européenne parce qu'elle leur semblait propice à l'avancée de leurs luttes féministes : Antoinette Fouque, Geneviève Fraisse... Mais toutes, peu ou prou, dans leurs fonctions, ont agi pour faire avancer les droits des femmes, en France comme en Europe. Au-delà de leur présence, déjà fortement symbolique, par leurs actions, elles ont favorisé l'égalité des chances hommes/femmes au sein du personnel des institutions européennes, elles ont participé à des programmes communautaires, ont exercé un lobbying constant auprès des décideurs, etc. Malgré des difficultés, elles ont réussi à faire avancer les droits des femmes, notamment sur la question de l'égalité professionnelle, et à faire évoluer les stéréotypes sexués.

Plusieurs traits ressortent de la manière dont les médias ont présenté ces Françaises « européennes ». Quand on parlait d'un ministre ou d'un député, il était rare de le décrire comme un « beau brun » ou d'insister sur la couleur de sa cravate assortie à celle de ses yeux. Les députées, ministres ou présidentes françaises ont toutes eu droit à ce genre de traitement, Simone Veil n'y a pas échappé. Les cheveux et la coiffure, éléments caractérisant une femme en tant que telle, remportant la palme de l'intérêt de beaucoup de journalistes et de caricaturistes. En ces années où, en France, la vie privée des hommes publics ne faisait pas la une des journaux, celle des femmes était systématiquement évoquée : le mari, toujours compréhensif, sans qui rien ne serait possible ; les enfants, jamais sacrifiés au profit de la carrière... Des portraits et des évocations qui suscitaient implicitement des interrogations sur l'incompatibilité entre le statut social de la femme et des responsabilités politiques. Les marathons agricoles de Bruxelles, les incessantes navettes entre les trois sièges du Parlement, les luttes interministérielles, les voyages officiels à répétition, tout cela n'était-il pas largement inadapté à des vies « normales » de femmes ? Les femmes étaient-elles bien armées pour exercer ces tâches particulières ?

En même temps, les eurodéputés, français et surtout étrangers, les parent d'innombrables qualités : elles sont compétentes, engagées, présentes, sérieuses, déterminées, efficaces... N'est-ce pas un peu trop ? Sans doute. N'est-ce pas surtout un négatif photographique révélateur de l'image des hommes politiques français en Europe ? Sûrement. Il ne coûtait pas grand-chose de parer les eurodéputées de toutes ces qualités. C'était le vice faisant l'éloge de la vertu.

ANNEXES

Repères chronologiques

1948 : congrès européiste de La Haye.

1949 : création du Conseil de l'Europe.

1951 : signature du traité instaurant la CECA (Communauté européenne du charbon et de l'acier) entre la Belgique, la France, l'Italie, le Luxembourg, les Pays-Bas et la RFA.

1954 : échec de la CED (Communauté européenne de défense), la France ne ratifiant pas le traité signé en 1952.

1957 : signature des traités de Rome instituant la CEE (Communauté économique européenne) et l'Euratom.

1973 : entrée du Royaume-Uni, de l'Irlande et du Danemark dans les Communautés européennes.

1974 : Valéry Giscard d'Estaing est élu président de la République ; loi sur l'IVG défendue par Simone Veil, ministre de la Santé.

1979 : première élection au suffrage universel du Parlement européen. La France élit 81 députés dont 22 % de femmes ; Simone Veil est élue présidente du Parlement européen.

1981 : entrée de la Grèce dans la CEE ; victoire de François Mitterrand à l'élection présidentielle.

1984 : élections européennes, 21 % des députés français sont des femmes ; Catherine Lalumière est nommée secrétaire d'État chargée des Affaires européennes (jusqu'en 1986).

1985 : Jacques Delors, président de la Commission européenne ; Élisabeth Guigou, conseillère de François Mitterrand, est nommée à la tête du Secrétariat général du comité interministériel pour les questions européennes (SGCI).

1986 : entrée de l'Espagne et du Portugal dans la CEE ; signature de l'Acte unique européen ; la droite remporte les élections législatives : première cohabitation (gouvernement Chirac jusqu'en 1988).

1987 : Nicole Péry est élue première vice-présidente du Parlement, elle le restera jusqu'en 1994.

1988 : réélection de François Mitterrand à la présidence de la République ; Édith Cresson est ministre des Affaires européennes dans le gouvernement Rocard.

1989 : pour la première fois, deux femmes sont nommées membres de la Commission européenne dont Christiane Scrivener (jusqu'en 1995) ; pour la première fois, une femme devient secrétaire générale du Conseil de l'Europe : Catherine Lalumière (jusqu'en 1994) ; Charte communautaire des droits sociaux fondamentaux ; élections européennes : 22 % des députés français sont des femmes.

1990 : après la démission d'Édith Cresson, Élisabeth Guigou est nommée ministre déléguée aux Affaires européennes (jusqu'en 1993).

1991-1992 : Édith Cresson Premier ministre.

1992 : signature et ratification du traité de Maastricht sur l'Union européenne ; à l'occasion du premier sommet « Femmes au pouvoir », Déclaration d'Athènes sur la place des femmes dans la vie politique en Europe.

1993 : entrée en vigueur de la législation relative à l'achèvement du marché unique ; la droite remporte les élections législatives, deuxième cohabitation (gouvernement Balladur jusqu'en 1995).

1994 : élections européennes, liste « Chabadabada » menée par Michel Rocard ; la France élit 87 députés, dont 30 % sont des femmes ; Nicole Fontaine est élue première vice-présidente du Parlement européen.

1995 : victoire de Jacques Chirac à l'élection présidentielle ; entrée de l'Autriche, la Finlande et la Suède dans l'Union européenne ; Édith Cresson est nommée par la France à la Commission européenne présidée par Jacques Santer.

1997 : la gauche remporte les élections législatives, troisième cohabitation (gouvernement Jospin jusqu'en 2002) ; traité d'Amsterdam.

1999 : démission collective de la Commission européenne ; élections européennes : 40 % des députés français sont des femmes ; Nicole Fontaine est élue présidente du Parlement européen.

1999-2000 : lois sur la parité en politique en France (les listes pour les élections européennes doivent être paritaires).

2000 : Charte européenne des droits fondamentaux ; traité de Nice.

2002 : entrée en vigueur de l'euro ; réélection de Jacques Chirac à la présidence de la République ; Noëlle Lenoir est nommée ministre déléguée aux Affaires européennes (gouvernement Raffarin) ; ouverture des travaux de la Convention européenne chargée de proposer un traité constitutionnel pour l'Union européenne.

2004 : Claudie Haigneré est nommée ministre déléguée aux Affaires européennes (gouvernement Raffarin) ; élections européennes, régionalisation du mode de scrutin en France pour l'élection de 78 députés ; grand élargissement de la réunification européenne : dix nouveaux États entrent dans l'UE.

2005 : par référendum, les Français rejettent la ratification du projet constitutionnel européen ; Catherine Colonna est nommée ministre déléguée aux Affaires européennes (gouvernement Villepin).

2007 : entrée de la Roumanie et de la Bulgarie dans l'UE qui compte désormais 27 États membres.

Sources
et orientation bibliographique

1) Sources orales

– Entretiens (ordre chronologique) :
Simone Veil, 19 mars 2003 ; Catherine Lalumière, 5 avril 2003 ; Édith Cresson, 16 avril 2003 ; Pervenche Berès, 25 avril 2003 ; Élisabeth Guigou, 14 mai 2003 ; Marcelle Devaud, 25 juin 2003 ; Nicole Fontaine, 16 juillet 2003 ; Marie-Claude Vayssade, 16 septembre 2003 ; Christiane Scrivener, 2 octobre 2003 ; Michel Rocard, 16 janvier 2004 ; Geneviève Fraisse, 17 mars 2004 ; Anne-Marie Idrac, 17 mars 2004 ; Hervé de Charette, 16 avril 2004 ; Raymond Barre, 18 mai 2004 ; Martine Buron, 19 juillet 2004 ; Nicole Péry, 10 août 2004 ; Hubert Védrine, 10 septembre 2004 ; Yvette Roudy, 17 septembre 2004 ; Françoise Gaspard, 26 novembre 2004, Marie-Anne Isler-Béguin, 8 décembre 2004 ; Jean-Louis Bourlanges, 8 décembre 2004 ; Jacques Delors, 1ᵉʳ février 2005.
(Tous ces entretiens ont été réalisés et transcris par l'auteur, vérifiés et agréés par les témoins.)

– Lettres ou/et réponses écrites à un questionnaire (ordre chronologique) :
Nicole Péry, 28 septembre 2003 ; Arlette Laguiller, février-mars 2004, Olivier Duhamel, avril 2004 ; Francine Gomez, janvier-février 2005 ; Pierre Bernard-Reymond, 26 juin 2005

2) Archives écrites

Archives nationales :

Archives de la présidence de la République, Ve République, Valéry Giscard d'Estaing (1974-1981), fonds 5 AG 3.
Fonds des conseillers :
– Philippe Aucouturier, chargé de mission au secrétariat général de l'Élysée
– Jean Riolacci, chargé de mission auprès du Président de la République

Archives de la présidence de la République, Ve République, François Mitterrand (1981-1995), fonds 5 AG 4
Fonds des secrétaires généraux de l'Élysée :
– Archives Jean-Louis Bianco, secrétaire général de la présidence de la République
– Archives Hubert Védrine, secrétaire général de la présidence de la République
Fonds des conseillers du président de la République :
– Archives Élisabeth Guigou, conseiller auprès du président de la République pour les affaires européennes
– Archives Thierry Bert, conseiller auprès du président de la République pour les affaires européennes
– Archives Philippe Bastelica, conseiller auprès du président de la République pour les affaires européennes

Archives de la FNSP (Fondation nationale de science politique),
CHEVs (Centre d'histoire de l'Europe au vingtième siècle) :
Fonds d'archives de l'Union des fédéralistes européens (UEF) et du Mouvement des fédéralistes européens (MFE)

Centre des archives du féminisme (Angers) :
Fonds Yvette Roudy (5 AF) ; Fonds Françoise Gaspard (14 AF) ; Fonds Florence Montreynaud (4 AF) ; Fonds CNFF (Conseil national des femmes françaises) ; Fonds Femmes Avenir ; Fonds UFCS (Union féminine civique et sociale)
Inventaires des fonds sur le site http://bu.univ-angers.fr/EXTRANET/CAF

<u>Institut universitaire européen</u>, Archives historiques de l'Union européenne (Florence)
Fonds « Femmes d'Europe » (FDE) ; Fonds ME : Mouvement européen ; Fonds du Parlement européen : Fonds SV, Simone Veil (non ouvert à la consultation), Fonds CPPE, Coupures de presse du Parlement européen
Inventaire des fonds sur le site : http://www.iue.it/ECArchives/

<u>Bibliothèque Marguerite Durand</u>

– Dossiers documentaires :
Dos 396 EUR : Europe (documentation générale) ; Dos 396 EUR : Le Parlement européen et les femmes ; Dos 396 EUR : Femmes désignées comme commissaires européens ; Dos 396 EUR : *Femmes, nations, Europe* (actes du colloque du CEDREF) ; Dos 115 EUR : Lobby européen des femmes ; Dos 148 EUR : Prix « Femmes d'Europe », France ; etc.
– Dossiers biographiques :
Notamment ceux consacrés à Édith Cresson, Marcelle Devaud, Nicole Fontaine, Antoinette Fouque, Geneviève Fraisse, Marie-France Garaud, Élisabeth Guigou, Gisèle Halimi, Catherine Lalumière, Nicole Péry, Christiane Scrivener, Catherine Trautmann, Simone Veil, Louise Weiss, etc.

<u>Centre de documentation du Bureau d'information à Paris du Parlement européen</u>
Outre les procès-verbaux des séances du Parlement et les documents officiels produits par l'institution (rapports, listes de députés, organigrammes, statistiques, etc.), des fonds d'archives portent sur les grandes étapes de l'histoire du Parlement, notamment chacune des élections européennes, et aussi :
– Commission *ad hoc* Droits de la femme : 5 classeurs, essentiellement bulletin de liaison entre les membres de la Commission, procès-verbaux des auditions, etc.
– Droits des Femmes : 5 classeurs, surtout recommandations et actions contre la discrimination sexuelle, pour l'égalité des chances

3) Documents imprimés des institutions européennes

Les documents des institutions européennes sont consultables au service documentaire du centre d'information sur l'Europe, Sources d'Europe (Grande Arche de la Défense) ; au bureau d'information à Paris du Parlement européen.

– *Eurobaromètre, l'opinion publique dans la Communauté européenne*, DG de l'Information des Communautés européennes, bi-annuel
– Débats du Parlement européen
– Procès-verbaux des séances du Parlement européen
– *Journal Officiel*. Conseil de l'Europe

4) Presse

– Presse nationale et régionale :
La plupart des références de presse utilisées ont été recueillies dans les différents centres d'archives présentés ci-dessus (Centre des archives du féminisme, Bibliothèque Marguerite Durand, Représentation à Paris du Parlement européen, etc.).
Des dépouillements spécifiques soit sur un thème, soit sur une période, soit sur une personnalité ont été effectués en fonction des besoins, en particulier dans *L'Aurore, La Croix, Les Dernières Nouvelles d'Alsace, Elle, L'Express, Le Figaro, France-Soir, L'Humanité, Libération, Le Matin, Le Monde, Marie-Claire, Ouest-France, Paris-Match, Le Quotidien de Paris.*

– Organes des institutions européennes :
7 Jours-Europe ; Bulletin quotidien, Parlement européen ; 30 jours d'Europe ; Femmes d'Europe ; Les Cahiers de Femmes d'Europe ; La Lettre de Femmes d'Europe ; Forum (revue d'information du Conseil de l'Europe).

5) Archives audiovisuelles, Institut national de l'audiovisuel (INAthèque, BnF)

Spots télévisés des campagnes officielles pour les élections européennes de 1979 à 1999, journaux télévisés, campagne officielle et émissions réalisées dans le cadre du référendum pour la ratification du traité de Maastricht (1992), etc.

6) Mémoires, témoignages, ouvrages des protagonistes

ATTALI Jacques, *Verbatim*, Paris, Fayard, t. 1 : *1981-1986*, 1993 ; t. 2 : *1986-1988*, 1995 ; t. 3 : *1988-1991*, 1995.

CRESSON Édith, *Histoires françaises*, Paris, Éditions du Rocher, 2006.

DELORS Jacques, *Mémoires*, Paris, Plon, 2004.

FONTAINE Nicole, *Les Députés européens. Qui sont-ils ? Que font-ils ?*, Centre européen d'initiatives et de coopération (CEIC), 1994.

–, *Mes combats à la présidence du Parlement européen*, Paris, Plon, 2002.

GARAUD Marie-France, *Maastricht : pourquoi non*, Paris, Plon, 1992.

GISCARD D'ESTAING Valéry, *Le Pouvoir et la vie*, t. 1 ; *L'Affronte-ment*, t. 2, 1991 ; *Choisir*, t. 3, 2006, Paris, Livre de poche, Compagnie 12.

GUIGOU Élisabeth, *Pour les Européens*, Paris, Flammarion, 1994.

–, *Être femme en politique*, Paris, Plon, 1997.

–, *Une femme au cœur de l'État*, Paris, Fayard, 2000.

–, *Je vous parle d'Europe*, Paris, Seuil, 2004.

–, *Rallumer les étoiles*, Paris, Calmann-Lévy, 2006.

IDRAC Anne-Marie, *Nous sommes tous des « hommes » politiques*, Paris, Plon, 2002.

RAIMOND Jean-Bernard, *Le Quai d'Orsay à l'épreuve de la cohabita-tion*, Paris, Flammarion, 1989.

ROUDY Yvette, *À cause d'elles*, Paris, Albin Michel, 1985.

–, *Mais de quoi ont-ils peur ?*, Paris, Albin Michel, 1995.

SCRIVENER Christiane, *L'Europe, une bataille pour l'avenir*, préface de Simone Veil, Paris, Plon, 1984.

VÉDRINE Hubert, *Les Mondes de François Mitterrand. À l'Élysée, 1981-1995*, Paris, Fayard, 1996.

VEIL Simone, *Les hommes aussi s'en souviennent. Une loi pour l'histoire*, Paris, Stock, 2004 (Discours du 26 novembre 1974 suivi d'un entretien avec Annick Cojean.)

WEISS Louise, *Mémoires d'une Européenne*, Paris, Albin Michel, 1978-1980, 3 vol.

7) Bibliographie essentielle

ABÉLÈS Marc, *La Vie quotidienne au Parlement européen*, Paris, Hachette, 1992.

–, BELLIER Irène, MACDONALD Marion, *Approche anthropologique de la Commission européenne*, Bruxelles, Commission européenne, décembre 1993.

BARD Christine, BAUDELOT Christian, MOSSUZ-LAVAU Janine (dir.), *Quand les femmes s'en mêlent : genre et pouvoir*, Paris, La Martinière, 2004.

BATAILLE Philippe, GASPARD Françoise, *Comment les femmes changent la politique et pourquoi les hommes résistent*, Paris, La Découverte, 1999.

BITSCH Marie-Thérèse (dir.), *Jalons pour une histoire du Conseil de l'Europe*, Berne, Peter Lang, 1997.

BOSSUAT Gérard, *Faire l'Europe sans défaire la France. 60 ans de politique d'unité européenne des gouvernements et des présidents de la République française (1943-2003)*, Bruxelles, Peter Lang, 2005.

–, *Histoire des constructions européennes au XXᵉ siècle. Bibliographie thématique commentée des travaux français*, Berne, Euroclio, Peter Lang, 1994.

BOZO Frédéric, *Mitterrand, la fin de la guerre froide et l'unification allemande. De Yalta à Maastricht*, Paris, Odile Jacob, 2005.

BURBAN Jean-Louis, *Le Parlement européen*, Paris, PUF, « Que sais-je ? », 1997.

CHARILLON Frédéric, *Politique étrangère : nouveaux regards*, Paris, Presses de Science Po, 2002.

DELAUNAY Jean-Marie, DENÉCHÈRE Yves (dir.), *Femmes et relations internationales au XXᵉ siècle*, Paris, Presses de la Sorbonne Nouvelle, 2006.

DELWIT Pascal, DE WAELE Jean-Michel, MAGNETTE Paul (dir.), *À quoi sert le Parlement européen ? Stratégies et pouvoirs d'une assemblée transnationale*, Bruxelles, Complexe, 1999.

DENÉCHÈRE Yves (dir.), *Femmes et diplomatie. France – XXᵉ siècle*, Bruxelles, Peter Lang, 2004.

–, « La place et le rôle des femmes dans la politique étrangère de la France au XXᵉ siècle », *Vingtième Siècle Revue d'Histoire*, n° 78, avril-juin 2003, pp. 89-98.

DESCAMPS Florence, *L'Historien, l'archiviste et le magnétophone. De la constitution de la source orale à son exploitation*, Paris, Comité pour l'histoire économique et financière de la France, 2001.

DORE-AUDIBERT Andrée, MORZELLE Annie, *Irène de Lipkowski, le combat humaniste d'une Française au xxᵉ siècle*, Laval, Siloë, 1988.

DU RÉAU Élisabeth, *L'Idée d'Europe au xxᵉ siècle*, Bruxelles, Complexe, 2001.

–, FRANK Robert (dir.), *Dynamiques européennes, nouvel espace, nouveaux acteurs (1969-1981)*, Paris, Publications de la Sorbonne, 2002.

DULPHY Anne et MANIGAND Christine, « L'opinion française et les élections européennes (1979-1999) », in *Cinquante ans après la déclaration Schuman*, colloque de Nantes, 2000, pp. 425-449.

FRAISSE Geneviève, *Muse de la Raison. Démocratie et exclusion des femmes en France*, Paris, Gallimard, 1995 (1ʳᵉ éd., 1989).

FRANK Robert (dir.), *Les Identités européennes au xxᵉ siècle : diversités, convergences et solidarités*, Paris, Publications de la Sorbonne, 2004.

FAURÉ Christine (dir.), *Encyclopédie politique et historique des femmes*, Paris, PUF, 1997.

GASPARD Françoise, *Les Femmes dans la prise de décision en France et en Europe*, Paris, L'Harmattan, 1997.

GEORGAKAKIS Didier, « La démission de la Commission européenne : scandale et tournant institutionnel (octobre 1998-mars 1999) », *Cultures et conflits*, nᵒˢ 38-39, été-automne 2000, pp. 39-71.

GERBET Pierre, *La France et l'intégration européenne. Essai d'historiographie*, Berne, Euroclio, Peter Lang, 1995.

Histoire des femmes, histoire des genres, dossier de *Vingtième Siècle*, nᵒ 75, juillet-septembre 2002.

HUBERT Agnès, *L'Europe et les femmes : identités en mouvement*, 1998.

JENSON Jane, SINEAU Mariette, *Mitterrand et les Françaises. Un rendez-vous manqué*, Paris, Presses de Sciences Po, 1995.

JOANA Jean et SMITH Andy, *Les Commissaires européens : technocrates, diplomates ou politiques ?*, Paris, Presses de Sciences Po, 2002.

KESSLER Marie-Christine, *La Politique étrangère de la France. Acteurs et processus*, Paris, Presses de Sciences-Po, 1999.

La Commission européenne en politique(s), dossier dans *Pôle Sud*, nᵒ 15, novembre 2001.

LEBRAS-CHOPARD Armelle, MOSSUZ-LAVAU Janine, *Les Femmes et la politique*, Paris, L'Harmattan, 1997.

LEQUESNE Christian, *Paris-Bruxelles. Comment se fait la politique européenne de la France*, Paris, Presses de la FNSP, 1993.

Les Socialistes et les élections européennes, 1979-2004, collectif, Les notes de la Fondation Jean Jaurès, n° 39, juin 2004.

Louise Weiss, l'Européenne, Lausanne, Fondation Jean Monnet, Centre de recherches européennes, 1994.

MAN Victoria, Marcelle DEVAUD, *Itinéraire exceptionnel d'une femme politique française*, Paris, Eulina Carvalho, 1997.

MOSSUZ-LAVAU Janine, SINEAU Mariette, *Enquête sur les femmes et la politique*, Paris, PUF, 1983.

NONON, Jacqueline, *L'Europe, un atout pour les femmes*, Paris, La Documentation française, 1998.

OLIVI Bino, *L'Europe difficile, histoire politique de l'intégration européenne*, Paris, Gallimard, « Folio histoire », 2001.

QUATREMER Jean, KLAU Thomas, *Ces hommes qui ont fait l'euro. Querelles et ambitions européennes*, Paris, Plon, 1999.

RADAELLI Claudio M., *Technocracy in the European Union*, Harlow, Addison Wesley Longman, 1999.

ROUSSEL Frédérique, *Les Femmes dans le combat politique en France. La République selon Marianne*, Éditions de l'Hydre, Castelnaud-la-Chapelle, 2002.

SCHABERT Tilo, *Mitterrand et la réunification allemande, une histoire secrète*, Paris, Grasset, 2005 (édition originale allemande, 2002).

SCHEMLA Élisabeth, *Édith Cresson, la femme piégée*, Paris, Flammarion, 1993.

SINEAU Mariette, *Des femmes en politique*, Paris, Economica, 1988.

–, *Parité. Le Conseil de l'Europe et la participation des femmes à la vie politique*, Strasbourg, Éditions du Conseil de l'Europe, 2004.

–, *Profession : femme politique. Sexe et pouvoir sous la Ve République*, Paris, Presses de Sciences Po, 2001.

SIRINELLI Jean-François, *Dictionnaire historique de la vie politique française au XXe siècle*, Paris, PUF, 1995.

SZAFRAN Maurice, *Simone Veil. Destin*, Paris, Flammarion, 1994.

VOLDMAN Danièle (dir.), *La Bouche de la vérité ? La recherche historique et les sources orales*, Les Cahiers de l'IHTP, n° 31, 1996.

Index des noms de personnes

Les passages où les actions des personnes sont étudiées spécifiquement figurent en caractère gras

TABLE

II
De l'Acte unique à Maastricht

III
Les chemins de la parité

TABLE   287

ANNEXES

RÉALISATION : NORD COMPO À VILLENEUVE D'ASCQ
IMPRESSION : NORMANDIE ROTO IMPRESSION S.A.S
R.C.L. DÉPÔT LÉGAL : FÉVRIER 2007
ISBN : 978-2-84749-085-5
N° D'IMPRESSION : 07-0185
MAI 2007 IMPRIMÉ EN FRANCE

G